DIANA
VERLAG

PETER AUGHTON

Dem Wind ausgeliefert

JAMES COOK UND DIE ABENTEUERLICHE SUCHE NACH AUSTRALIEN

Aus dem Englischen von
Michael Benthack

Diana Verlag
München Zürich

Die Originalausgabe erschien unter dem Titel *Endeavour. The Story of Captain Cook's First Great Epic Voyage*
bei The Windrush Press, Gloucestershire

1. Auflage

Bearbeitung der Karten für die deutsche Ausgabe:
Achim Norweg, München
Satz: Filmsatz Schröter, München
Druck und Bindung: GGP Media, Pößneck
Printed in Germany

ISBN 3-8284-5037-7

Für Emily

Inhalt

1. KAPITEL

Vorbereitungen

Kein vernünftiger Mensch, behauptete Alexander Dalrymple, könne ernsthaft die Existenz des großen Südlandes bezweifeln. Es lasse sich wissenschaftlich beweisen, dass es in der südlichen Hemisphäre schon allein deshalb eine große Landmasse geben müsse, weil die Erdkugel bei ihren Drehungen um die eigene Achse sonst das Gleichgewicht verliere. Alle bedeutenden Kartographen verzeichneten diesen Erdteil auf ihren Weltkarten. Und habe man Teile dieses Kontinents denn nicht schon entdeckt?

Bereits im Jahre 1642 sei Abel Tasman um den 40. Breitengrad an einem Ort an Land gegangen, den er »Neu-Seeland« nannte. Und die Seeleute eines Schiffs Seiner Königlichen Majestät, der kürzlich von ihrer Weltumsegelung zurückgekehrten *Dolphin*, seien überzeugt, dass sie bei der Überquerung des weiten Stillen Ozeans am südlichen Horizont die schneebedeckten Bergspitzen des unbekannten Kontinents erblickt hatten. Die Kartenmacher hätten der Landmasse den Namen *Terra Australis Incognita* verliehen – das »unbekannte Südland«. Er, Alexander Dalrymple, habe keinerlei Schwierigkeiten, den Umriss der *Terra Australis* zu zeichnen – er gehe wie die Kartographen im 16. Jahrhundert vor: Erst zeichnete man alle bereits befahrenen Routen auf dem Stillen Ozean ein und dann füllte man das ganze nicht bereiste Gebiet mit Land aus.

Die Spanier, die Portugiesen und die Niederländer haben zu

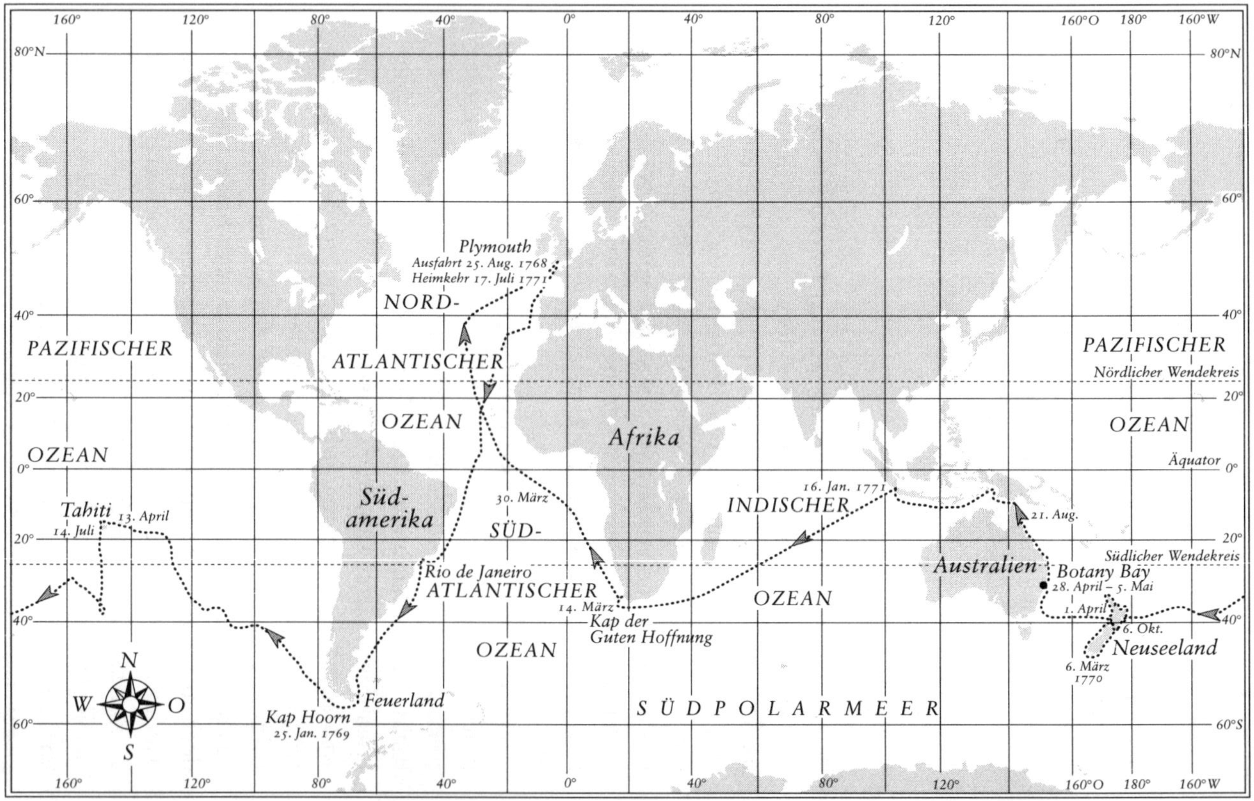
Plymouth
Ausfahrt 25. Aug. 1768
Heimkehr 17. Juli 1771
NORD-
ATLANTISCHER
OZEAN
PAZIFISCHER
OZEAN
PAZIFISCHER
Nördlicher Wendekreis
OZEAN
Äquator
Afrika
Süd-
amerika
Tahiti
13. April
14. Juli
30. März
SÜD-
Rio de Janeiro
ATLANTISCHER
OZEAN
14. März
Kap der
Guten Hoffnung
16. Jan. 1771
INDISCHER
OZEAN
21. Aug.
Südlicher Wendekreis
Australien
Botany Bay
28. April – 5. Mai
1. April
6. Okt.
Neuseeland
6. März
1770
Feuerland
Kap Hoorn
25. Jan. 1769
S Ü D P O L A R M E E R
N
W
O
S
160°
120°
80°
40°
0°
40°
80°
120°
160°O
180°
160°W
80°N
60°
40°
20°
0°
20°
40°
60°
60°S

vielen fernen Regionen der Erdkugel Gewinn bringende Handelswege eröffnet. Auch von der *Terra Australis* könne man sich versprechen, dass sie reich an Seidenstoffen, Gewürzen und Edelmetallen sei sowie an exotischen Luxusgütern, die den ahnungslosen Menschen der westlichen Welt noch unbekannt seien. Die Seeleute früherer Zeiten haben von ihren Reisen merkwürdige Geschichten über ein heidnisches Volk mitgebracht, das seine Pfeile mit Silberspitzen überziehe. Man brauche also nur einen neuen Marco Polo, der in die Südlichen Meere vorstoße und die Handelsrouten erschließe. Es gelte, in großer Eile ein Schiff auszurüsten und in die Südhemisphäre zu entsenden, damit dieser Kontinent entdeckt und für die britische Krone in Besitz genommen werden könne. Schicke man eine solche Expedition nicht sofort los, dann würden gewiss die Spanier oder die Niederländer das Land als Erste entdecken und für sich beanspruchen. Und deshalb sei er, Alexander Dalrymple, Wissenschaftler, Geograph, Entdecker und Mann von Rang – ein Mann von großer Begabung, bedeutenden Kenntnissen und ungeheurem Tatendrang –, in aller Bescheidenheit gesagt, der ideale Mann, die Unternehmung in die Südsee zu führen.

Dalrymples Argumente klangen überzeugend. Denn es stimmte ja: Seit Magellan die gewundene Passage in den Stillen Ozean entdeckt hatte, überquerten die Schiffe diesen stets, indem sie Richtung Norden in wärmere Zonen segelten und dabei sklavisch den in der Nähe der Tropen vorherrschenden Passatwinden folgten. Nur wenige waren südlich des herkömmlichen Weges vorgestoßen und zurückgekehrt, um von dort zu berichten. Erst vor kurzem waren zwei britische Expeditionen aus den Südlichen Meeren zurückgekommen. Beide waren jedoch nur in den Breiten der Tropen gefahren und hatten – so wie andere vor ihnen – die günstige Gelegenheit vertan, die *Terra Australis* zu entdecken.

Die Admiralität erwärmte sich allmählich für den Gedanken, ein Schiff zu entsenden, das die Gegenden weiter südlich, abseits des gebahnten Weges, erforschen sollte. Da war nur ein kleines Problem: Schon bald würden andere Nationen von der Unternehmung erfahren und sie mit Argwohn und Missgunst betrachten. Zudem hatten die Franzosen bereits eine eigene Expedition zusammengestellt. Zwar war der Krieg mit ihnen vorüber, aber sie hatten die Verluste in Kanada beileibe nicht verschmerzt, weshalb man davon ausgehen konnte, dass sie alles in ihrer Macht Stehende tun würden, die britische Expedition zu behindern. Die Holländer betrachteten argwöhnisch jedwedes Fahrzeug, das in die Gewässer ihrer Hoheitsgebiete in Ostindien eindrang, und hüteten die Gewürzinseln wie ihren Augapfel. Die Spanier hegten tiefes Misstrauen gegen Schiffe, die – gleichgültig unter welcher Flagge – in den Pazifischen Ozean einliefen, und sahen nach wie vor jede neue Entdeckung dort als Eigentum an. Zwar reichten diese Faktoren für sich genommen nicht aus, die Expedition bereits im Voraus zum Scheitern zu verurteilen, aber sie verringerten doch deren Aussicht auf Erfolg und bereiteten der Admiralität zusätzliche Kopfschmerzen.

Dann aber bot sich durch eine glückliche Fügung zum richtigen Zeitpunkt die ideale Lösung wie von selbst an. Die Royal Society, die Akademie der Wissenschaften, wollte von sich aus ein Schiff in die Südlichen Meere entsenden; es sollte dort einen Vorbeigang der Venus durch die Sonnenscheibe beobachten – eine Erscheinung, welche Astronomen als »Venusdurchgang« bezeichneten. Selbige Expedition sollte ausschließlich wissenschaftlichen Zwecken dienen mit dem Ziel, das Wissen der Menschheit über das Universum zu mehren. Die Franzosen hielten sowieso alles Wissenschaftliche hoch. Da Naturgesetze keine politischen Grenzen kannten, würden aus den Ergebnissen der Himmelsbeobachtung alle ihren Nutzen ziehen können. Auch die anderen Länder würden deshalb die Unternehmung mit Wohlwollen betrachten und das Schiff unbehelligt lassen. Eine wissenschaftliche Expedition zur Beobachtung des Venusdurchgangs, jedoch mit der geheimen Order, den Pazifischen Ozean zu erforschen und nach noch unentdeckten Landen zu suchen, die man der Krone einverleiben konnte –

was für eine prächtige Idee! Oder, je nach Blickwinkel, welch niederträchtiges Täuschungsmanöver.

Die Beobachtung des Venusdurchgangs würde es den Astronomen ermöglichen, einen genaueren Wert für das zu erhalten, was sie als Sonnenparallaxe bezeichneten. Die Royal Society behauptete zwar selbstbewusst, die Schifffahrtskunde werde in hohem Maße davon profitieren, eigentlich waren sich ihre Mitglieder jedoch darüber im Klaren, dass der Nutzen für die Schifffahrt – abgesehen davon, dass man die geographische Länge des Beobachtungsstandorts genauer bestimmen könne – im Prinzip nichtig war. Aber immerhin, man sah hier eine Möglichkeit, für wissenschaftliche Forschungszwecke Geld herauszuschlagen: Man musste lediglich behaupten, es würden sich Verbesserungen hinsichtlich der Navigation ergeben. Navigation bedeutete Schiffsverkehr, Schiffsverkehr bedeutete Handel, Handel bedeutete Geld und Gewinn, und Profit war eine Sprache, die selbst der verstockteste Regierungsbeamte, der sich keinen Deut um wissenschaftliche Fragen scherte, verstand. Die Königliche Sternwarte in Greenwich war zum Zweck der Beförderung der Seefahrt gegründet worden, vor allem sollte sie das Problem der geographischen Längenbestimmung auf See lösen. Fast ein Jahrhundert war seit der Gründung des Observatoriums vergangen: Man hatte Erkleckliches an astronomischen Kenntnissen angehäuft und zum Frommen der Seefahrer Tafeln über die Mondbewegungen veröffentlicht. Nevil Maskelyne, der Königliche Astronom, hatte der Öffentlichkeit seine Methode zur Ermittlung des Längengrads mittels dieser Tafeln sowie anhand der präzisen Berechnung der Position des Mondes am Himmel vorgestellt. Die Astronomen mussten allerdings widerwillig zugeben, dass die Methode derart kompliziert war, dass nur sie selbst begriffen, wie man sie anwendete – für die Seefahrer war die Frage, wie die geographische Länge auf dem Meer zu ermitteln sei, nach wie vor ungelöst.

Zwar weigerte sich die Admiralität, Alexander Dalrymple das Kommando über die Entdeckungsfahrt zu erteilen, doch hatte man nichts dagegen, wenn er als wissenschaftlicher Beobachter mitführe. Er antwortete hochtrabend, er werde »die Fahrt weder als Passagier noch in irgendeiner anderen Eigenschaft als der des unumschränkten Befehlshabers über das Schiff antreten, das man zu entsenden beabsichtigt«. Seine Hoffnung, die Expedition zu leiten, konnte er jedoch gänzlich begraben, als sein Name Sir Edward Hawke, dem Ersten Lord der Admiralität, vorgelegt wurde – einem Mann, der ebenso gekonnt zu fluchen vermochte wie ein beliebiger Matrose auf den unteren Decks. Sir Edward schlug mit der Faust auf den Tisch und erklärte, eher werde er die rechte Hand opfern, als das Kommando über ein Schiff des Königs einer Landratte wie Dalrymple zu übertragen!

Dadurch ergab sich eine schwierige Frage. Wenn die Admiralität dem Schreihals Alexander Dalrymple die kalte Schulter zeigte, wo sollte man dann einen geeigneten Mann – der für Lord Hawke akzeptabel war – finden, der die Expedition leiten konnte? Ein solcher Mann musste ein erfahrener Seeoffizier sein und über exzellente Führungsqualitäten verfügen. Er musste in Fragen der Seefahrerkunst außerordentlich bewandert und erfahren sein, damit er das Schiff in unbekannten, nicht kartierten Gewässern vor Gefahren bewahren konnte. Er musste ein kundiger Navigator sein, der jederzeit Breite und Länge berechnen konnte, um seine Position auf der Erdkugel zu bestimmen. Idealerweise musste es sich um einen ausgebildeten Kartographen handeln, der die bestehenden Karten des Südkontinents überprüfen und neue anfertigen konnte. Er musste in der Weite des Pazifiks für das Schiff Trinkwasser und Proviant finden und überdies aufgrund seiner astronomischen Kenntnisse bei der Beobachtung des Venusdurchgangs mithelfen können. Gab es irgendwo einen Menschen, der diesen hohen Erwartungen entsprach?

Die englische Marine besaß in ihren Reihen zwar viele gute Offiziere, das Hauptproblem bestand jedoch darin, dass die meisten davon mathematische Berechnungen nur mechanisch beherrschten. So konnten sie die Verfahrensweise, wie man sie im *Nautischen Almanach* vorgegeben hatte, nachvollziehen, hatten aber keine Ahnung von den Grundlagen, die hinter der sphärischen Trigonometrie bezüglich Erd- und Himmelskörper standen. Außerdem besaßen sie keinerlei Kenntnis der für die Vermessungstechniken erforderlichen Trigonometrie. Nur wenige Seeoffiziere – wenn überhaupt welche – wären imstande, Maskelynes Methode zur Ermittlung der geographischen Länge zu meistern – es sei denn, man würde sie beträchtlich vereinfachen. Jemand, der sämtlichen strengen Anforderungen der Admiralität genügte, musste also ein wahrhaft außergewöhnlicher Seemann sein, aber ein solches Genie gab es in der Royal Navy nicht – das war jedenfalls die Auffassung von Hugh Palliser. Palliser behauptete jedoch, einen Mann zu kennen, der einst den Befehl über einen Kauffahrer abgelehnt habe, um stattdessen unterdecks auf einer Fregatte der Marine zu dienen, und sich dann binnen zweier Jahre von ganz unten zum Schiffsmeister (»Master«) eines britischen Kriegsschiffs emporgearbeitet habe.

Sein Schützling sei den Autoritäten der Admiralität kein völlig Unbekannter. Er stehe bereits im Ruf, der beste Navigator der Marine zu sein und seine Position auf See mit größerer Genauigkeit finden zu können als alle seine Standesgenossen. Während seines Dienstes auf Neufundland habe er sich an der Vermessung und der kartographischen Erfassung des Sankt-Lorenz-Golfes beteiligt und eine Seekarte von herausragender Qualität angefertigt, die jeder ungläubige Thomas einsehen könne. Auf eigene Initiative hin habe er eine Sonnenfinsternis beobachtet und diese sorgfältig aufgezeichnet, anhand der Messergebnisse eine Abhandlung verfasst und diese der Royal Society zugeschickt, damit man die Observation zur exakten Bestimmung der geographischen Länge Neufundlands verwenden könne. Er, Hugh Palliser, habe mit diesem Mann während der Blockade der französischen Küste im Golf von Biskaya gedient und kenne ihn deshalb gut. Sein Name sei James Cook.

Aber ja, sagte die Admiralität zustimmend. Natürlich, James

Cook war ein außergewöhnlicher Seemann, der zweifellos über einige der für die Leitung der Expedition erforderlichen Eigenschaften verfügte. Und sollte dieses unbekannte Südland tatsächlich existieren, dann wäre dieser Cook sicher der geeignete Mann, es zu finden. Er erfüllte die meisten Anforderungen, war sogar in der astronomischen Beobachtung bewandert, nur – eine ganz wichtige Qualifikation fehlte ihm eben doch: Er besaß kein Offizierspatent. Und das brachte die Admiralität in eine verflixte Lage: Wenn man Cook das Kommando über ein Schiff des Königs anvertraute, räumte man damit zugleich ein, dass es in den oberen Rängen der Royal Navy niemanden gab, der diese Aufgabe zu bewältigen imstande wäre. Selbstverständlich lag es in der Macht der Admiralität, ihm ein Patent zu gewähren, doch war Cook kein Mann von Stand – sein Vater war irgendein Tagelöhner und lebte in irgendeinem entlegenen Winkel Englands. Die Admiralität war es nicht gewohnt, Patente freigebig an die Söhne von Landarbeitern auszuhändigen. James Cook war ein exzellenter Schiffsführer, und gute Schiffsführer waren selten anzutreffende, wertvolle Leute, aber es ging einfach nicht an, solchen ein einträgliches Amt zu verschaffen, das eigentlich Offizieren und Männern von Stand vorbehalten war.

Palliser sprach sich vehement dafür aus, diese lächerliche Aufgeblasenheit abzulegen. Cook sei der Richtige für die Aufgabe, und es wäre einfach albern, ihm die Leitung über die Expedition zu übertragen, ohne ihn zumindest zu einem Kapitän der Altersrangliste zu ernennen. Die Flottenoberen zeigten sich einverstanden, ihm das Kommando anzuvertrauen, weigerten sich jedoch, ihn zum Offizier zu ernennen. Da es schließlich unumgänglich schien, dass man ihm ein Patent gewähren musste, handelte man einen plumpen Kompromiss aus: James Cook wurde zum Leutnant, aber nicht zum Kapitän ernannt. Zwar würde man ihn offiziell als »Kapitän« ansprechen, und er sollte das Schiff in jeder Hinsicht als solcher befehligen, doch um die konservativen Dickschädel zufrieden zu stellen, beförderte man ihn lediglich in den Rang eines Leutnants zur See.

Die Herkunft des Mannes, der seine Vorgesetzten in der Admiralität unwissentlich in ein derartiges Dilemma stürzte, lag fern der feinen Gesellschaft und des Sitzes der Macht im London des 18. Jahrhunderts. James Cook kam tief im Herzen des ländlichen Englands zur Welt, im nördlichsten Teil Nordenglands. Während die Admiralität und die Royal Society über so intellektuelle Fragen wie unbekannte Kontinente und die Sonnenparallaxe disputierten, kümmerte sich die große Mehrheit der Engländer allein um Themen wie Wetter und Ernteertrag – alltägliche Fragen, die jedoch den Unterschied zwischen Leben und Tod bedeuten konnten.

Am 3. November 1728 begab sich das Ehepaar James und Grace Cook in Marton-in-Cleveland, einem inmitten der schönen Derbyshire Dales gelegenen Dorf, mit ihrem eine Woche alten Sohn zur Gemeindekirche St. Cathbert, um ihn dort taufen zu lassen. Als der Junge herangewachsen war, ging er bei einem Gemischtwarenhändler im nahe gelegenen Fischerdorf Staithes in die Lehre. Hier war es auch, dass er zum ersten Mal den Ruf der See spürte – und die Seefahrt blieb eine Leidenschaft, die er zeitlebens bewahrte. Da er nicht beabsichtigte, sein Leben als Kolonialwarenhändler zu verbringen, zog er nach anderthalb Jahren die Nordseeküste hinunter nach Whitby, wo er auf einem Whitbyer Kohlensegler als Schiffsjunge anheuerte.

Cooks Aufstieg in der Handelsmarine verlief stetig, aber unspektakulär. Als er 26 Jahre alt war, bot man ihm erstmals die Führung über ein Schiff an. An diesem Punkt in seinem Leben tat er – aus Gründen, die ihm wohl nur selbst bekannt gewesen sein durften – einen entscheidenden Schritt: Er verzichtete auf die Möglichkeit, in der Handelsmarine aufzusteigen, und trat stattdessen im Rang eines Vollmatrosen in die Royal Navy ein. Rasch errang er aufgrund seiner Begabung und seiner hart erarbeiteten Fähigkeiten die Anerkennung in der Marine. 1757, nachdem er während der Blockade der französischen Häfen unter Hugh Palliser Dienst getan hatte, erhielt er sein Zeugnis als »Master«; in Kanada diente er während der Belagerung und Einnahme von Quebec. Als er die Aufgabe versah, die Küste Neufundlands und die Mündung des Sankt-Lorenz-Stromes kartographisch zu erfassen, lernte er einen Landvermesser des Heeres namens Samuel Holland kennen. Nach kurzer Zeit beherrschte Cook meisterlich die Techniken der Landvermessung und des Kartenzeichnens, wie sie ihm von Holland beigebracht wurden.

Cook war ein verschlossener, stiller Mann, der vor seinen Kameraden nur selten preisgab, was er fühlte. Aufgrund seines Wesens eher vorsichtig veranlagt, war er doch immer bereit, kalkulierbare Risiken einzugehen. Nie stürzte er sich in ein Vorhaben, ohne die Umstände vorher genau geprüft zu haben. Bei einer seiner Stippvisiten in England fand er irgendwie die Zeit, die 14 Jahre jüngere Elizabeth Batts aus der Grafschaft Essex kennen zu lernen und ihr den Hof zu machen. Elizabeth war so etwas wie eine Ausnahmeerscheinung; sie war – soweit bekannt – die einzige Vertreterin des schönen Geschlechts, die je auf James Cook Eindruck machte. 1762, einige Tage vor Weihnachten, heiratete das Paar – James war 34, Elizabeth 20 – und bezog im Londoner East End ein Haus in der Mile End Road. Elizabeth muss großen Einfluss auf James' Leben genommen haben, und es wäre interessant, mehr über sie zu erfahren, aber Cook war nicht jemand, der Briefe an seine Frau zu Hause mit Klatsch und Tratsch füllte. Von Beginn an muss ihr klar gewesen sein, dass seine zuvörderste Liebe der See galt und dass die Pflicht stets Vorrang vor der Familie haben würde. In regelmäßigen Abständen bekam das Ehepaar Kinder – sie sahen wenig von ihrem Vater, aber er sorgte gut für sie. Elizabeth gehörte nicht zu den Frauen, die sich beklagten.

Die Lords der Admiralität waren sich also zu guter Letzt über den Kommandanten einig. Die nächste Schwierigkeit bestand nun darin, ein geeignetes Schiff zu finden und für die Expedition auszurüsten. Da Cook klare Vorstellungen hinsichtlich des Schiffstyps hatte, der für die vorliegende Aufgabe am geeignetsten wäre, lehnte er alle Vorschläge, eine der schneidigen Fregatten der Navy zu verwenden, ab. Ihm schwebte ein

Schiff mit großem Fassungsvermögen vor, guter Seetüchtigkeit und geringem Tiefgang, damit es auch in wenigen Faden Wassertiefe nahe der Küste fahren konnte. Das mustergültige Fahrzeug, bekundete er, sei ein Schiff mit der Rumpfbauweise jener »Whitby Cats«, mit denen man die Kohle vom nordenglischen Revier am Ufer des Flusses Tyne über die Nordsee in die Hauptstadt verschiffte. Es gebe zwar viele andere Schiffstypen, die für die geplante Entdeckungsfahrt infrage kämen, aber er habe die Seefahrerkunst nun einmal im Kohlehandel erlernt und kenne sich deshalb gut auf Cat-Schiffen aus. Er kenne die Stärken und Schwächen dieses Schiffstyps und fühle sich in seiner Handhabung sicher. Bereitwillig nahm die Admiralität seinen Vorschlag an, und als man sich umhörte, machte man recht bald drei geeignete Schiffe ausfindig – die *Valentine*, die *Earl of Pembroke* sowie die *Ann and Elizabeth*. Die Offiziere in Deptford Yard, Stützpunkt und Werft der englischen Marine, inspizierten die drei Schiffe und erstatteten der Admiralitätsbehörde Bericht:

> Die *Earl of Pembroke* – Eigner: Mr. Thomas Milner – wurde in Whitby gebaut und ist drei Jahre und neun Monate alt. Sie hat ein plattes Heck, einen einfachen Boden, ist voll gebaut, kommt der Tonnage, die in Eurem Gesuch erwähnt wird, am nächsten und ist vierzehn Monate jünger [als eines der anderen Schiffe]. Es handelt sich um ein vielversprechendes Schiff für eine solche Fahrt, das imstande ist, allen nötigen Proviant und alle nötigen Vorräte an Bord zu nehmen.

Die *Earl of Pembroke* war ein Musterexemplar eines dreimastigen barkgetakelten Cat-Schiffs. Sie war 106 Fuß lang, hatte eine Höchstbreite von 29 Fuß und 3 Zoll, verdrängte 371 Tonnen und hatte voll beladen lediglich einen Tiefgang von 14 Fuß. Da sie allen Anforderungen der Admiralität entsprach, wurde sie für 2800 Pfund Sterling erworben. Sie wurde überholt, vollständig neu getakelt, bekam eine zusätzliche Außenhaut aus dünnen Planken über einer Schicht aus geteertem Filz – und wurde schließlich zur Ihrer Majestät Bark *Endeavour* umbenannt.

Man hat der Nachwelt ein ungerechtes Bild übermittelt: Es zeigt den Dreimaster als hässliches, plumpes Segelschiff, das, überzogen von Kohlenstaub, mühselig die Nordseeküste entlangfährt. Es ist längst überfällig, dieser Vorstellung Ade zu sagen und der Bark in Cat-Bauweise den schuldigen Respekt zu erweisen. Gewiss, verglichen mit den Fregatten der Marine, die auf der Reede in Portsmouth vor Anker lagen, war sie kleiner, platter und weniger schnittig. Sicherlich, sie war nicht in schickem Gelb mit schwarzen Streifen gestrichen und verfügte auch nicht über die Reihen scharlachroter Geschützpforten zu jeder Seite wie die großen Dreidecker der Kriegsflotte. Natürlich waren unter dem Bugspriet auch keine Galionsfigur oder Verzierungen angebracht, und die Kapitänskajüte konnte nicht mit dem verschwenderischen äußeren und inneren Zierrat aufwarten, die an Nelsons *Victory* auffiel. Auch wenn viele Leute in der Marine ätzende Kritik am Umriss von Handelsschiffen äußerten, so war die Anordnung der Masten und des Guts auf dem barkgetakelten Cat-Schiff doch der eines Dreimasters der Kriegsmarine sehr ähnlich; wenn ein Binnenländer ein solches Schiff am Horizont sähe, wäre er arg in Verlegenheit, es von einer Fregatte der Marine zu unterscheiden. Die *Endeavour* war robust und wie geschaffen für Fahrten in Küstengewässern, ihre Linien waren klar und bestens tauglich. Die an Back- und Steuerbord angebrachten Kajütenfenster waren außen geschmackvoll verziert; die Rückseite der Kapitänskajüte wies sogar eine Reihe von fünf Kajütenfenstern auf. Der dreimastige Großsegler, ausgelegt auf die Bemannung durch Seeleute, die Mumm und Geschicklichkeit mitbrachten, wurde allein durch die Gewalten der Natur vorangetrieben. Wenn er sich unter vollen Segeln, mit straffen Tauen und gebauschtem Tuch, vor dem Wind neigte, bot er einen Anblick großer Kraft und natürlicher Anmut. Die *Endeavour* war ein schönes Schiff.

Man bestückte sie mit zwölf Drehkanonen und zehn Rollgeschützen samt dem nötigen Schießpulver und den nötigen Kugeln. Die Last wurde mit acht Tonnen Ballast und mehreren Tonnen Kohle zum Heizen und Kochen beladen. Hinzu kamen Ersatzhölzer für die Spieren und Planken, Fässer mit Teer und Pech, Handwerkszeug für die Schiffszimmerer, Leintuch für die Segelmacher, Hanf für das Tau- und Takelwerk, eine Schiffsschmiede, Handwerkszeug und Materialien für die übrigen Schiffshandwerke. 20 Tonnen Schiffszwieback und Mehl wurden geladen, dazu 1200 Gallonen Bier, 1600 Gallonen Schnaps, 4000 Stück gesalzenes Rind und 6000 Stück gepökeltes Schwein, 1500 Pfund Zucker, Talg, Rosinen, Hafergrütze, Weizen, Öl, Essig, Malz, 160 Pfund Senfsamen, 107 Scheffel Erbsen in Bütten gelagert. Dann war da noch die verblüffende Menge von 7860 Pfund geruchsintensiven gegorenen Weißkohls: Sauerkraut – das ergab eine Ration von 80 Pfund pro Mann, von der man annahm – falls man die Seeleute dazu bringen konnte, das Zeug zu essen –, dass sie den Skorbut in Schach halten konnte. Die Admiralität steuerte ein Exemplar der *Historischen Darstellung der neuen Methode zur Behandlung des Skorbuts auf See* bei, die Dr. Macbride erst kürzlich veröffentlicht hatte. Säcke, Gebinde, Fässer und Tonnen aller Formen und Größen wurden im Laderaum verstaut. Außerdem nahm man in beträchtlicher Zahl Eisennägel, Angelhaken, Beile, Scheren, rote und blaue Glasperlen, kleine Spiegel, ja sogar einige Puppen an Bord, Flitterwerk für die Eingeborenen der Südseeinseln, um damit gegebenenfalls Nahrungsmittel und andere Vorräte einzutauschen.

Alle diese Dinge – mit Ausnahme der dreieinhalb Tonnen Sauerkraut – gehörten zur üblichen Versorgung von Marineschiffen. Was die navigatorischen Ausrüstungsgegenstände betraf, so lagen die Instrumente jedoch weit über dem üblichen Standard. Dr. Knights patentierter Azimutkompass in neuerlich verbesserter Ausführung, mit dessen Hilfe man das magnetisch Nord finden konnte, wurde um einen Inklinationskompass zur Messung der Kimmtiefe ergänzt. Zusammen mit einem astronomischen Quadranten aus Messing, der einen Durchmesser von einem Fuß aufwies, wurde ein hochwertiger Sextant angeliefert. Den Quadranten hatte John Bird, den Sextanten James Hadley – zwei der besten Instrumentenmacher der damaligen Zeit – gefertigt; doch neben den beiden sorgfältig verpackten astronomischen Fernrohren, die die Royal Society zur Verfügung stellte, verblassten selbst diese kostspieligen Instrumente. Bei beiden Teleskopen handelte es sich um so genannte Gregorianische Reflektoren mit Hohlspiegeln aus poliertem Spiegelmetall, beide Teleskope besaßen eine Brennweite von zwei Fuß. Das eine Teleskop verfügte über ein Okular mit einem Dolland-Mikrometer, das andere war mit einer Reihe beweglicher Fadenkreuze versehen. Für die von Fachhandwerkern gefertigten Teleskope wurden Stative angeliefert, die für die tropischen Breiten der Südhalbkugel geeignete Polarachsen-Führungen besaßen. Man hatte ein tragbares Observatorium aus Holz und Leinen an Bord, das der Leuchtturm-Ingenieur John Smeaton entworfen hatte. Ferner gab es Aufzeichnungsgeräte, eine astronomische Uhr für die genaue Zeitmessung, zur Verfügung gestellt von der Königlichen Sternwarte in Greenwich, und zwei Thermometer, damit man die Uhren in der Hitze der Tropen leichter kalibrieren konnte. Vermessungs- und mathematische Instrumente wurden herbeigeschafft: ein kompletter Theodolit, ein Messtisch, eine zwei Fuß breite Messingwaage, ein bikonkaver Hohlspiegel und ein Spiegel zum Nachzeichnen von Lichtstrahlen, Zirkel, Parallel-Lineale, ein Proportionszirkel, Schreibgeräte und Schreibmaterialien.

Dann wurde die Mannschaft zusammengestellt. Der aus dem Londoner East End stammende Zachariah Hicks wurde zum Ersten Offizier ernannt, John Gore, der kurz zuvor auf der *Dolphin* zum Ersten Maat befördert worden war, zum Zweiten Offizier bestallt. William Monkhouse aus Cumberland ernannte man zum Schiffsarzt, sein Bruder Jonathan heuerte als Fähnrich an. Der 16-jährige Isaac Smith, der Cousin von Cooks Ehefrau Elizabeth, heuerte ebenfalls als Fähnrich an. Über und unter Deck fand sich eine typische Ansammlung von

Freiwilligen und zum Dienst gepressten Männern, Vollmatrosen, ehrlichen Seeleuten, Spitzbuben und Trunkenbolden, wobei die Mischung der Akzente und Dialekte verriet, dass sie aus allen Gegenden des britischen Inselreichs kamen.

John Satterly war der Schiffszimmerer, ihn unterstützte sein Maat Edward Terral aus Spitalfields. Robert Brown, John Charlton, William Howson, William Harvey, Samuel Jones und Thomas Hardman, der Bootsmannsmaat, waren alle Londoner. Richard Hutchins, Michael und Richard Littleboy, William Dawson und Benjamin Jordan kamen aus der Gegend um Deptford; sie hatte man möglicherweise zum Dienst gepresst. Robert Stainsby stammte aus Darlington. Richard Pickersgill und John Ravenhill kamen aus Cooks Heimatgrafschaft Yorkshire, jener aus West Tansby, dieser aus Hull (er war Segelmacher und mit 49 Jahren der Älteste an Bord). Nicholas Young war – wie passend der Name – vermutlich das jüngste Mitglied der Besatzung, erst elf oder zwölf Jahre alt, aber er schlüpfte bei der Registrierung in der Musterrolle durch. Robert Molyneux aus dem Dorf Hale am Nordufer des Mersey war das einzige Besatzungsmitglied aus Lancashire, bekleidete aber die Schlüsselstellung des Schiffsmeisters. Die Häfen im Westen Großbritanniens waren durch Charles Williams aus Bristol, John Ramsey aus Plymouth und den 13-jährigen Henry Stephens aus Falmouth gut vertreten. Überraschend viele Mitglieder der Mannschaft waren Binnenländer: Isaac Parker kam aus Ipswich, Samuel Moody aus Worcester, William Peckover aus der Grafschaft Northamptonshire, Charles Clerk aus Weatherfield in Essex, William Collett aus High Wycombe, Thomas Symonds aus Brentford und Isaac Johnson aus Knutsford in Cheshire. Schottland war vertreten durch Alexander Weir, dem Quartiermeister aus Fife, Archie Wolf aus Edinburgh, John Sewan aus Dundee, James Nicholson und Robert Anderson aus Inverness sowie Forby Sutherland von den fernen Orkneyinseln. Das walisische Kontingent bestand aus Thomas Jones und Francis Wilkinson, beide aus Bangor. Die »Grüne Insel« war durch Joseph Childs aus Dublin, Timothy Reardon aus

Cork und John Reading aus Kinsale vertreten. Peter Flower stammte aus Guernsey; James Magra aus einer rasant wachsenden Hafenstadt namens New York in den amerikanischen Kolonien. Es gab zwei so genannte »Witwenmänner«, fingierte Matrosen, deren Heuer in einen Fonds für die Witwen von Seeleuten eingezahlt wurde. Außerdem wurden zwei Kinder namens James und Nathaniel Cook, fünf und sechs Jahre alt, in die Musterrolle eingetragen – echte Menschen, nämlich die Kinder des Kapitäns. Beide befanden sich eigentlich – gottlob – behütet daheim bei ihrer Mutter, aber James Cook war durchaus nicht abgeneigt, der völlig illegalen Praxis zu folgen, ihre Namen auf die Mannschaftsliste zu setzen, damit sie für den Fall, dass sie die Marinelaufbahn ihres Vaters einschlagen wollten, einige zusätzliche Dienstjahre vorweisen konnten.

Ein wichtiger »Überzähliger« war auch Charles Green, der offizielle Astronom, seines Zeichens einer der wenigen, die die geographische Länge auf See allein anhand der Beobachtung des Mondes und der Gestirne bestimmen konnten. Green war mit langen Seereisen durchaus vertraut, denn auf der bedeutsamen Fahrt der Jahre 1763–1764, bei der man John Harrisons vierten Chronometer prüfte, hatte er den Atlantik überquert. Bei dem Chronometer handelte es sich um einen ungeheuer teuren Apparat, dessen Entwicklung noch in den Kinderschuhen steckte. Interessanterweise hatte die *Endeavour* kein derartiges Instrument an Bord – es war viel zu wertvoll, als dass man den Verlust auf einer solchen Fahrt riskieren durfte. Allerdings sollten sich die Dinge rasch ändern, und so sei zu erwähnen, dass Cook auf seiner zweiten Reise tatsächlich den Vorteil genoss, einen See-Chronometer an Bord zu haben. Charles Green, Sohn eines Rahmenmachers aus Yorkshire, war ein engagierter und fähiger Mann, dazu ein vorzüglicher Lehrer und Anleiter, der stets bereit war, seine Kenntnisse an andere weiterzugeben. In einer Hinsicht stellte er jedoch eine schlechte Wahl dar, denn um seinen Gesundheitszustand war es nicht zum Besten bestellt. »Er lebte auf eine Weise, welche die Krankheit förderte, an der er schon seit langem litt«, schrieb Cook.

Damit wollte er sagen, dass Green unter einer Durchfallerkrankung litt, die durch seinen Alkoholkonsum verschlimmert wurde. Ein Charaktermangel, der Cook bei niemandem in seinem persönlichen Umfeld entging. Im Fall des Astronomen waren die Perioden der Trunkenheit allerdings selten und von kurzer Dauer. Charles Green hätte seine sorgfältigen und präzisen Messungen auf der Fahrt nicht vornehmen können, wenn er dabei nicht nüchtern gewesen wäre.

Peter Flower, Thomas Hardman, William Howson, John Charlton und Cooks Verwandter, Isaac Smith, kannten sich bereits – sie waren während der Vermessung Neufundlands mit Cook auf der *Grenville* gefahren und brachten daher nützliche praktische Kenntnisse mit. Richard Pickersgill und Francis Wilkinson wurden zu Maaten von Robert Molyneux, dem Schiffsmeister, ernannt. Zudem brachte dieses Kleeblatt, wie auch John Gore, unschätzbare Erfahrungen mit, da alle an der jüngsten Weltumsegelung der HMS *Dolphin* unter Captain Samuel Wallis teilgenommen hatten. Ein fünftes Mitglied der handverlesenen Gruppe von der *Dolphin* war die Schiffsziege, die der gebildete und übergewichtige Dr. Johnson später mit einigen Zeilen aus seiner Feder würdigte:

Perpetui, ambita bis terra, praemia lactis
Haec habet, altrici capra secunda Jovis.

> [In Würdigung dieser Ziege, die zwei Mal die Erde umrundete und in ihre Bedeutung nur der Amme des Zeus nachsteht, für ihre nie versiegende Milch.]

Die Ziege war eine Art »Geheimwaffe« der Marine: Sie sollte die Decks von ungebetenen Gästen leer fegen. Auf Wallis' Reise hatte ein Hufschlag auf den Allerwertesten eines ahnungslosen tahitischen Eingeborenen das Deck so schnell von den Besuchern geräumt, als wäre auf dem Schiff ein Brand ausgebrochen!

Am 30. Juli 1768 verließ die *Endeavour* das Werftgelände in

Deptford im Südosten Londons und segelte nach Plymouth. Das Schiff hielt sich recht gut auf der Fahrt durch den Ärmelkanal; es ließ sich mühelos steuern und lief am besten bei einem Wind ein, zwei Strich achterlicher als querab und machte dann sieben bis acht Knoten. Mit der Trimm war Cook jedoch unzufrieden. »Die unter meinem Kommando befindliche Bark Ihrer Majestät *Endeavour* ist zu kopflastig, weshalb nichts anderes übrig bleibt, als sie am Heck tiefer zu legen, indem nach achter etwas zusätzlicher Eisenballast geladen wird«, beklagte er sich. »Man sorge bitte dafür, dass sie mit so viel davon versorgt wird, wie es sich für diesen Zweck als nötig erweist.« Ferner erbat er für die Kapitänskajüte ein grünes Bodentuch aus Fries; die Admiralitätsbehörde entsprach beiden Gesuchen. Am Ende war Cook sehr zufrieden mit seinem Schiff und schrieb: »Keine See kann ihr etwas anhaben, wenn sie unter einem Großsegel oder Balance-gerefftem Besan angebrasst am Wind liegt. Sie ist ein gutes Schiff, wenn sie auf der Reede liegt, und neigt sich leicht und ohne die geringste Gefahr.« Wenn es hart auf hart kam, konnte sie jeden Sturm ohne große Mühe abwettern, indem sie durch die Wellentäler rollte.

Ursprünglich sollte die vollständige Besatzungsstärke aus 72 Mann bestehen. Die Zahl stieg jedoch auf 85, weil man ein Detachement von Marineinfanteristen anforderte, welches für ein Vorhaben dieser Art als unverzichtbar galt: John Edgecumbe war Marinesergeant, John Truslove sein Schiffskorporal, Thomas Rossiter der Tambour, dazu kamen noch zehn Gefreite. Während man in Plymouth die letzten Vorbereitungen traf, ergriffen 18 Männer, die wenig Lust verspürten, um die Welt zu segeln, die Gelegenheit, zu desertieren. Damit musste man bei einer Mannschaft von der Größe derer auf der *Endeavour* rechnen, zudem konnte man die Männer problemlos durch Freiwillige sowie durch den praktischen Notbehelf der Zwangsrekrutierung ersetzen. Die Schiffsbesatzung war noch immer nicht komplett, da ging die Nachricht ein, dass in Plymouth eine weitere nicht seemännische Gruppe an Bord gehen würde. Um was für einen Personenkreis es sich dabei handelte, wird im Protokoll der Juni-Sitzung der Royal Society festgehalten, in deren Archiven sich die Kopie eines Briefes der wissenschaftlichen Gesellschaft an die Lords der Admiralität befindet:

> Im Namen von Joseph Banks Esq., Mitglied dieser Gesellschaft, einem höchst begüterten Ehrenmann, der auf dem Gebiet der Naturgeschichte außerordentlich bewandert und dem sehr daran gelegen ist, diese Reise zu unternehmen, richtet der Rat an Eure Lordschaften die dringende Bitte, Mr. Banks aufgrund seiner großen persönlichen Verdienste und zum Zweck der Förderung nützlicher Kenntnisse nebst seinem Anhang – bestehend aus sieben Personen, das heißt insgesamt acht Personen – und allem Gepäck an Bord des Schiffs unter dem Befehl Kapitän Cooks zu empfangen.

Dieser Joseph Banks, Mitglied der Royal Society und Besitzer eines großen Vermögens, war ein Gentleman-Abenteurer, der jener glücklichen gesellschaftlichen Minderheit namens »englischer Adel« angehörte. Er war jung, 25 Jahre alt, und hatte einen beträchtlichen Teil der Grafschaft Lincolnshire geerbt; aus seinen Ländereien bei Revesby nahe Boston bezog er darüber hinaus ein jährliches Einkommen von 6000 Pfund Sterling. Im Allgemeinen war es höchst ungewöhnlich, dass ein Angehöriger des englischen Adels das luxuriöse Leben auf seinem Landsitz dagegen eintauschte, auf einer langen Seereise monatelang auf den Wellen zu schaukeln und das Essen und die übrigen Schrecknisse des Lebens an Bord mit dem gemeinen Volk der unteren Decks zu teilen. Joseph Banks jedoch war kein gewöhnlicher Adliger; er nutzte seinen Reichtum und seine herausgehobene gesellschaftliche Stellung nicht dazu, Vergünstigungen bei Hofe zu erlangen oder in der Welt der Politik des 18. Jahrhunderts zu dilettieren. Er gehörte auch nicht dem geschwätzigen, philosophierenden, Kaffee trinkenden intellektuellen Zirkel um Dr. Johnson und James Boswell an. Da er schon sehr früh im Leben beschlossen hatte, sein Leben der Wissenschaft zu widmen, war er bereits als junger Mann Fellow der Royal Society geworden. Auch war er kein Novize in Bezug auf das harte Leben an Bord, denn im Rahmen einer wissenschaftlichen Expedition hatte er bereits den Atlantik bis nach Neufundland überquert und war von dort zurückgekehrt, gesund und bestens gewappnet, eine zweite, sehr viel längere Fahrt zu unternehmen.

Joseph Banks verstand unter »Wissenschaft« etwas ganz anderes als Cook oder Green: Er interessierte sich weder für Newtons *Principia* noch die astronomische Beobachtung der Sterne und Planeten – er sammelte Proben der Flora und Fauna aller bekannten Arten. Seit der schwedische Naturforscher Carl von Linné (1707–1778) die nach ihm benannte Systematik der Biologie veröffentlicht hatte, war es möglich geworden, Pflanzen nach dem Linné-System einzuteilen, und Banks' Ehrgeiz bestand darin, möglichst viele neue Arten zu finden und zu klassifizieren – für ihn bot die Fahrt also eine einmalige Gelegenheit.

Die Linnésche Systematik hielt um das Jahr 1760 in England Einzug, als Linnés Schüler, Dr. Daniel Carl Solander (1736–1772), nach London kam, um das »Evangelium« der Lehre zu verbreiten. Zu den ersten »Bekehrten« gehörte Joseph Banks. Die beiden Sammler kamen recht häufig zusammen, und so waren sie auch bei einer Abendgesellschaft von Lady Anne Monson zugegen, als Joseph Banks das Gespräch auf seine beabsichtigte Reise in die Südhemisphäre brachte. Banks erging sich leidenschaftlich in seinem Thema und meinte, man könne dort sicherlich zahllose noch unentdeckte Tiere und Pflanzen finden. Solander wurde von so viel Enthusiasmus mitgerissen und plötzlich konnte er sich nicht mehr beherrschen: Er sprang auf und verkündete, auch er wolle an dieser Reise in die Südsee teilnehmen. Die beiden Wissenschaftler umarmten sich voll Freude und tanzten sozusagen vor Begeisterung um den Tisch. Durch ein Gesuch gelang es Banks, dafür zu sorgen, dass die Admiralität der Aufnahme des Freundes in die Reisegruppe zustimmte – einer Gruppe, der bereits zwei bildende Künstler, ein Sekretär, vier Diener und zwei Jagdhunde angehörten.

Bei den Künstlern handelte es sich um Sydney Parkinson und Alexander Buchan. Parkinson war ein hervorragender Zeichner, dessen Aufgabe darin bestand, die Pflanzen zu zeichnen, die Banks und Solander sammeln wollten. Auch Alexander Buchan war ein geübter Zeichner; seine wirkliche Begabung lag jedoch eher auf dem Gebiet der Landschaftsmalerei. Dank Banks' Entourage war die *Endeavour* somit bestens gerüstet, die Expedition in all ihren Einzelheiten festzuhalten. Dass man dafür vier Diener brauchte, erscheint zwar reichlich übertrieben, aber seit dem Aufschwung des afrikanischen Sklavenhandels schickte es sich für den Mann von Welt, der über ein so großes Vermögen verfügte, zumindest einen Schwarzen im Gefolge zu haben – und so hatte Banks zwei schwarzhäutige Diener; ihre Namen, die er ihnen persönlich verliehen hatte, waren Thomas Richmond und George Dorlton. Die beiden anderen Diener, James Roberts und Peter Briscoe, stammten von seinem Anwesen bei Revesby in Lincolnshire.

Das unbekannte Südland, behauptete Joseph Banks, müsse über reiche Jagdvorkommen verfügen, woraus folge, dass ein englischer Gentleman bei einem Unternehmen dieser Art auf keinen Fall auf seine Windhunde verzichten könne. Darüber hinaus musste er jede Menge Gepäck unterbringen – darunter Nachschlagewerke, Dosen und Gläser zur Aufbewahrung der Pflanzenproben, Öle und Spirituslösungen, in denen man sie konservieren konnte, Papierbögen zum Zweck der Trocknung und Konservierung. Zu seiner wissenschaftlichen Ausrüstung gehörte auch ein elektrischer Apparat – die Konstruktion dieser großen Neuheit bestand aus Glasscheiben, die sich an einer Filzschicht rieben und beim Drehen einer Kurbel statische Elektrizität erzeugten.

Man mag glauben, dass Cook den Nutzen dieses elektrischen Apparats bezweifelt haben muss, anderen Leuten dagegen imponierte die Ausrüstung. »Noch nie hat sich jemand zum Zweck der naturkundlichen Forschung besser ausgerüstet und auch nicht eleganter auf eine Seereise begeben«, schrieb beispielsweise der Beobachter John Ellis an Linné:

> Sie verfügen über eine hervorragende Bibliothek naturwissenschaftlicher Werke. Sie besitzen alle möglichen Vorrichtungen zum Fangen und Konservieren von Insekten, die verschiedensten Netze, Schleppnetze und Angelhaken zum Fischen in Korallenriffen. Sie haben einen merkwürdigen Apparat, eine Art Teleskop, mit dem man, wenn man ihn ins Wasser hinablässt, bei klarem Wasser bis in große Tiefe auf den Meeresgrund blicken kann; zahlreiche Kisten mit Flaschen und Stöpseln in unterschiedlichen Größen, damit sie die Tiere in Spiritus konservieren können; mehrere Arten von Salz, um die Samen zu bedecken, sowie Wachs, sowohl Bienen- als auch Myrtenwachs; ferner haben sie mehrere Personen dabei, deren einzige Aufgabe darin besteht, sie in ihrem Vorhaben zu unterstützen: zwei Künstler, einen Maler und einen Zeichner, und mehrere Freiwillige, die leidlich gute Kenntnisse auf dem Gebiet der Naturgeschichte besitzen, kurzum: Solander versicherte mir, dass die Expedition Mr. Banks zehntausend Pfund kosten werde.

Es kann für Cook keine erfreuliche Nachricht gewesen sein, dass diese zusätzliche Reisegruppe mit all dem Sondergepäck und den vielen Utensilien auf den bereits überfüllten Decks der *Endeavour* untergebracht werden musste, zumal einer aus der Gruppe eine hoch stehende Persönlichkeit war, die zweifellos eine bevorzugte Behandlung erwartete und über jeden Misserfolg der Expedition in der feinen Londoner Gesellschaft berichten würde. Banks' Tross würde einen großen Teil der Kapitänskajüte in Anspruch nehmen und bei der Anfertigung der See- und Landkarten im Wege sein. Joseph Banks und James Cook nahmen beide für sich in Anspruch, Wissenschaftler zu sein, aber das war auch schon der einzige gemeinsame Berührungspunkt – ihre Interessengebiete überschnitten sich nicht.

Überdies kamen sie von den entgegengesetzten Enden des starren englischen Klassensystems. Es ehrt beide Männer – und es trug nicht wenig zum Erfolg der Reise bei –, dass sie mit der Zeit füreinander Sympathie entwickelten. Banks spricht in seinem Schiffstagebuch über Cook stets in den lobendsten Tönen als »der Kapitän« und Cook nannte seinen adligen Passagier nie anders als »Mr. Banks«.

In Plymouth beschloss Cook, die Schiffszimmerer zu beauftragen, zusammen mit den Schiffsbauern und Tischlern aus den Werften in Plymouth ein Podest zu bauen, und zwar über dem Steuerruder, das als mächtiger Holzhebel hinter dem Besanmast über das Achterdeck der *Endeavour* schwang. Durch dieses Podest erhielt man an Deck etwas mehr Platz zum Promenieren, was insbesondere Banks' Gefolge zu schätzen wusste. Darüber hinaus beauftragte Cook die Zimmerer, die Kajüten umzubauen, um zusätzlich Raum für die Bücher, Kleidung und Ausrüstungsgegenstände der Gruppe um Banks zu schaffen. Am 14. August war Cook fast so weit, in See zu stechen, weshalb es allmählich Zeit wurde, eine Depesche nach London zu entsenden, damit die beiden Herren Wissenschaftler, die das Leben in der Hauptstadt bis zur letzten Minute auskosteten, endlich kamen. »Entsandte einen Expressbrief nach London«, notierte Cook in seinem Tagebuch, »für Mr. Banks und Dr. Solander, sich an Bord zu begeben, da ihre Dienerschaft und das Gepäck bereits an Bord seien.«

Am Abend des darauf folgenden Tages wurde der Eilbrief Joseph Banks zugestellt. Er verbrachte mit einer Bekannten, einer gewissen Miss Harriet Blosset, gerade einen schönen Abend in der Oper. Kennen gelernt hatte er sie in der Baumschule von Kennedy and Lee in Hammersmith; Mr. Lee war ihr Vormund. Banks war von der jungen Dame sehr angetan: »Sie war eine außergewöhnliche Schönheit und besaß eine feinere Bildung, dazu ein Vermögen von zehntausend Pfund.« Bei der Eheanbahnung im 18. Jahrhundert war es durchaus nicht ungewöhnlich, dass beide Seiten möglichst schnell genaue Schätzungen über das Vermögen des künftigen Partners anstellten. Aber einmal ganz abgesehen von Miss Blossets Vermögen – er empfand sie als »die schönste aller Blumen« und war ihren Reizen völlig erlegen. Einigen zeitgenössischen Beobachtern zufolge hatte auch Miss Blosset große Freude an dem Opernabend und war recht vergnügt. Allerdings war sie nicht darüber aufgeklärt, dass ihr vermögender Begleiter am folgenden Morgen zu einer Reise zur *Terra Australis Incognita* aufbrechen würde. Banks machte es nichts aus, den Gefahren einer Fahrt zu den unbekannten Antipoden der Welt ins Auge zu sehen, die Gefühle seiner Bekanntschaft zu verletzen war er jedoch nicht imstande. Da er es einfach nicht übers Herz brachte, Miss Blosset von seinen Reiseplänen zu erzählen, griff er zur Flasche, um das Problem leichter zu bewältigen. Er wurde zwar recht fröhlich, aber der Alkohol half nicht, ihm die Zunge zu lockern, weshalb die bedauernswerte Harriet erst am nächsten Morgen die Nachricht vorfand, ihr Begleiter sei nach Plymouth abgefahren und unterwegs in die fernsten Gegenden der Welt. Aus unverlässlichen Quellen verlautet, die beiden seien sogar verlobt gewesen und Banks habe bei Miss Blossets Vormund einen Ring hinterlassen, um nach seiner Rückkehr seine Ansprüche geltend zu machen.

In Plymouth nahm das Einschiffen seinen Fortgang. Da der Kajütenraum auf der *Endeavour* heiß begehrt war, hatte man auf dem Achterdeck sechs winzige Kabinen gebaut – jede maß ungefähr sieben mal fünf Fuß. Sie wurden dem Kapitän, Charles Green, Joseph Banks sowie drei Personen aus dessen Gruppe zugeteilt. Banks' Kajüte besaß als einzige kein Bullauge – ob das absichtlich geschah, ist unbekannt –, aber die Kabinen unterschieden sich ohnehin kaum hinsichtlich Größe und Komfort, besser gesagt: dem Mangel daran! Auf dem Unterdeck hängten die Besatzungsmitglieder ihre Hängematten zwischen dem Holzwerk auf, wodurch abends ein großer Schlafsaal erstand. Doch auch hier wurden vom Decksraum weitere Kabinen abgeteilt. Diese wurden den Leutnants Hicks und Gore, dem Schiffsmeister Robert Molyneux, dem Arzt William Monkhouse, dem Sekretär des Kapitäns, Richard Orton, sowie Stephen Forwood zugeteilt, der neben seinem Können als Schiffskanonier auch recht geschickt darin war, unerlaubterweise die Rumfässer auf dem Achterdeck anzuzapfen. Die volle Stärke an Bord war also auf 94 Personen angestiegen, weshalb kaum noch freier Raum übrig blieb. Die Seeleute ließen jedoch keine Klage laut werden, eingedenk, dass ihnen pro Nase mehr Platz zur Verfügung stand als auf jedwedem englischen Kriegsschiff.

Am 19. August rief Cook die Mannschaft zusammen und verlas den Heuervertrag; darauf folgte eine zwar langweilige, aber notwendige Verlesung eines Parlamentsbeschlusses, in dem es um gesetzliche Vorschriften bezüglich der Handelsschifffahrt ging. Er bestellte noch einige Vorräte und wartete, bis er bei gutem Wind den Ärmelkanal verlassen konnte. Erst am 25. August drehte der Wind nach Nordwest; Cook hisste eine Signalflagge, um Banks und Solander an Bord zu holen. Am Morgen war es noch wolkig, es ging eine frische Brise, aber am Nachmittag klarte es auf, und der Wind war nicht mehr ganz so stark. Die Seeleute bemannten die Ankerwinde, der Anker wurde gelichtet. Vollmatrosen erklommen die Webeleinen der Wanten, hangelten sich die Rahen entlang und machten die Großsegel los. Weitere Seeleute folgten ihnen, sie setzten die Toppsegel, wieder andere kletterten in die Schwindel erregende Höhe der Quersalings und stellten die Bramsegel in den Wind. Decksmatrosen arbeiteten an den Leinen und Trossen, zwei Seeleute standen am Steuerruder und warteten, bis das Schiff genügend Fahrt machte, um manövrieren zu können. Die *Endeavour* rumpelte, der Wind füllte die gebauschten Segel, man hörte das Knarren der Taue beim Straffen und das Knarzen der Eichenhölzer – dann klatschten die Wellen gegen die hölzernen Bordwände. Die Matrosen riefen sich über den schrillen Schreien der räuberischen Seemöwen etwas zu. Die *Endeavour* wendete, um Wind in die Segel zu bekommen, hinter ihr bildeten sich Strudel und weißes Kielwasser. Mit geblähten Segeln und der am Heck flatternden Schiffsflagge segelte der Dreimaster langsam an Plymouth Hoe vorbei, und als er Drake Island passierte, kam bestimmt nicht wenigen der Männer Francis Drakes große Reise um die Welt in den Sinn. Die *Endeavour* hatte den Hafen verlassen und segelte hinaus aufs weite offene Meer, das die ganze Welt dahinter umfasste. Sie war unterwegs ins Unbekannte.

2. KAPITEL

Passieren der »Linie«

Joseph Banks war seekrank. Das Schiff schlingerte unaufhörlich, und zwar so arg, dass Sydney Parkinson den Stift nicht mehr ruhig genug halten konnte, um seine Zeichnungen anzufertigen. Der Wind aus Südwest frischte auf, der Ärmelkanal versank hinter dem Horizont. Im Golf von Biskaya landeten mehrere schwarze Seevögel im Takelwerk. Banks ging es wieder besser; er bestimmte die Art als *procellaria pelagica*, aber die Seeleute versicherten ihm, die Vögel hießen Sturmschwalben und kündeten untrüglich einen herannahenden Sturm an. Zwar konnte die *Endeavour* jeden Sturm abwettern, den ihr die Naturkräfte entgegenwarfen, doch wurde diese große Seetüchtigkeit mit einem tiefen, schlingernden Rollen in den Wellen – eine der Hauptursachen für Seekrankheit – erkauft. Was den Wind betraf, behielten die Seeleute Recht – vor ihnen lag schweres Wetter. »Sehr schwerer Sturm und mehrere heftige Regenschauer fast während der ganzen letzten 24 Stunden, wodurch es uns südwärts unserer beiden Kurse verschlug und eine der Marspüttings der Großmaststenge zerbrach«, schrieb Cook; doch er war niemand, der ohne guten Grund die Bramsegel strich. Ein kleines Boot, für das der Bootsmann zuständig war, wurde über Bord gespült; das Schiff verfügte damit zwar immer noch über drei Boote, doch zu einem so frühen Zeitpunkt der Fahrt war es dennoch ein ärgerlicher Verlust. Neben zwei Hunden, ein paar Schafen, einer Ziege und der

60°
80°
60°
40° W
20°
0°
40°
20°
0°
20°
40°
60°
Plymouth
25. Aug. 1768
NORD-
Kap Finisterre
ATLANTISCHER
Kap São Vicente
8. Sept.
Madeira
Kanarische Inseln
OZEAN
Nördlicher Wendekreis
Kapverdische Inseln
AFRIKA
Äquator
8. Nov.
SÜD-
SÜD-
AMERIKA
ATLANTISCHER
Rio de Janeiro
13. Nov.
12. Nov.
Raza
Südlicher Wendekreis
PAZIFI-
SCHER
OZEAN
OZEAN
N
W
O
S
St.-Matthias-Bucht
Falkland-inseln
11. Jan. 1769
Feuer-land
Kap Hoorn
SÜDPOLARMEER

Schiffskatze befanden sich noch einige Käfige mit drei, vier Dutzend gackernden Hennen an Deck – der Vorrat an Eiern und Frischgeflügel ging verloren, als auch diese über Bord gespült wurden und in der Biskaya versanken.

Der Sturm zog vorüber, man sichtete Kap Finisterre und fuhr daran vorbei, dann wurde die See ruhiger und das Schiff schlingerte weniger stark. Joseph Banks erholte sich so weit, dass er weiter Tagebuch schreiben und sich seiner alles verzehrenden Leidenschaft widmen konnte: dem Sammeln unentdeckter Pflanzen. Die Matrosen waren vom vornehmen Mr. Banks fasziniert. Nur wenige waren jemals einer solch bedeutenden Persönlichkeit begegnet, und man begriff einfach nicht, warum der Mann dermaßen großes Vergnügen und Interesse an den niederen Formen des Lebens zeigte, beispielsweise Würmern und Insekten, die für erfahrene Seeleute überhaupt nichts Besonderes waren. Zwei Vögel verfingen sich in der Takelage, sie wurden gefangen und Mr. Banks gebracht, und die Überbringer freuten sich, als ihnen der Adlige herzlich dafür dankte. Die Vögel gehörten zu einer Art, die für Banks und Solander neu waren. Bereits jetzt hatten sie also eine Spezies entdeckt, die der große Linné noch nicht kannte.

Als sich der Wind legte und das Schiff in ruhigere Gewässer einlief, hatte man viel Zeit, mit dem Schleppnetz nach Exemplaren der marinen Welt zu fischen. Einer von Banks' schwarzen Dienern erhielt den Auftrag, ein Netz auszuwerfen, um Meereslebewesen jedweder Art zu fangen, es entglitt ihm jedoch und versank zum Verdruss seines Herrn in den Fluten. Irgendwo im Laderaum, an einem absolut unzugänglichen Ort, waren Ersatznetze verstaut, die man nur mit größter Mühe dort hätte herausbekommen können, aber die Seeleute wussten Rat. Sie lösten das Problem auf ihre praktische Art und befestigten an einer Angelrute ein altes Korbnetz – das stimmte die Sammler eine Weile zufrieden. Banks und Solander ging ein kleines Exemplar aus der Gattung der Salpen ins Netz und tauften es *dagysa saccata*. Zunächst glaubten sie, ein einzelnes Exemplar gefangen zu haben, doch als sie es in ein Glas mit Meerwasser taten, trennten sich einzelne Tiere voneinander, und sie erkannten, dass ihr Fang aus mehreren identischen Individuen bestand, die aneinander hafteten. Der Atlantik war mithin reich an nicht klassifizierten Meereslebewesen und schon jetzt entdeckten sie weiter neue Arten; vor allem ein kleines Geschöpf, wieder ein Exemplar aus der Klasse der Manteltiere, schillerte in solch schönen Farben, dass die Naturforscher es nach einem Edelstein benannten:

> ... ein anderes kleines Tier, das wir heute fingen, besaß eine schönere Färbung als irgendein Ding der Natur, das ich je gesehen, mit Ausnahme vielleicht der Edelsteine. Es gehört einer neuen Gattung namens [Auslassung] an, von der wir eine weitere Spezies fingen, die sich keiner Schönheit rühmen konnte; doch dieses, das wir Opalimum nannten, schillerte im Wasser mit all der Pracht und Farbenvielfalt, die wir auch bei einem echten Opal beobachten. Wir legten es einige Stunden in ein Glas mit Salzwasser, um es zu beobachten, während es überaus behände umherflitzte und bei jeder Bewegung eine beinahe unendliche Vielfalt sich wandelnder Farben zeigte.

Einige Tage später schwamm ein großer Schwarm der opalfarbenen Salpen direkt unter dem Heck des Schiffs hindurch. Die einzelnen Tiere waren nur einige Millimeter lang und einen Millimeter breit, aber selbst noch in zwei, drei Faden Tiefe sah man den Schwarm in all seinen prächtigen Farben schillern.

Als der Wind auffrischte, machte das Schiff wieder schnellere Fahrt. Am 8. September kam das Kap São Vicente in Sicht; da wussten die Seeleute, dass sie nun sehr lange nichts mehr von Europa sehen würden. Einige Tage darauf tauchten am Horizont Porto Santo und die Vulkaninsel Madeira auf. Die Insel stieg aus dem Meer empor, Weinberge bedeckten die steilen Hänge, so weit das Auge reichte. Im Hafen lagen mehrere Handelsschiffe und die Marinefregatte HMS *Rose* begrüßte die *Endeavour* mit einem Salutschuss. Der Neuankömmling ging in der Funchal-Bucht vor Anker, bevor man jedoch irgendjemanden auf die Insel ließ, musste man warten, bis die Leute vom »Wasserschutzboot« die Formalitäten erledigt und der Besatzung eine gute Gesundheit bescheinigt hatten.

Cook ging an Land und stellte sogleich fest, dass man jede Menge hochwertiges Fleisch zu günstigen Preisen einkaufen konnte; um die in der Biskaya erlittenen Verluste zu ersetzen, erwarb er Rindfleisch und etwas Geflügel. Das Angebot an Obst und Gemüse war riesig, man füllte die Wasserfässer auf, und natürlich bot man ihnen auch den vorzüglichen einheimischen Wein zum Kauf an. Auf Madeira dienten zum Gütertransport Pferde und Maultiere, es gab weder gepflasterte Straßen noch Fahrzeuge auf Rädern, und den Wein beförderten die Träger in Ziegenschläuchen, die sie auf dem Kopf trugen. Cook kaufte 3032 Gallonen!

Banks und Solander statteten Mr. Cheap, dem englischen Konsul, einen Besuch ab. Sie erhielten die Erlaubnis, die Insel nach botanischen Exemplaren zu durchforsten. Der Kapitän hatte lediglich fünf Tage zur Neuverpflegung zugestanden, was bedeutete, dass den Sammlern keine Zeit blieb, sich die ganze Insel anzusehen. Sie machten Bekanntschaft mit Dr. Thomas Heberden, der führenden ortsansässigen Autorität in Fragen der Naturgeschichte, welcher ihrer Sammlung einige der selteneren Arten der Insel hinzufügen konnte. An einem der fünf Tage, die sie auf Madeira verbrachten, erwies ihnen der Gouverneur die Ehre und lud sie zu sich nach Hause ein. Da die ungeduldigen Botaniker nun einen ihrer wertvollen Sammeltage verloren, indem sie herumlungerten, bis Seine Exzellenz eintraf, beschloss Joseph Banks, sich am Gouverneur zu rächen. Er ließ seinen elektrischen Apparat vom Schiff holen. Eine derartige Neuheit hatte man auf Madeira noch nie gesehen. Er betätigte die Kurbel, und alle sahen zu, wie sich die Glasscheiben drehten und sich eine elektrostatische Ladung aufbaute. Dann wurde der Gouverneur aufgefordert, die Enden anzufassen, wodurch er einen kleinen elektrischen Schlag versetzt bekam. Eine neue Erfahrung, die Seine Exzellenz derart stimulierend fand, dass Banks die Vorführung wiederholte und »ihm einen derartigen Elektroschock versetzte, wie er nur ertragen wollte«.

Nachdem sie den Hafen von Madeira verlassen hatten, waren die Kanaren die nächste Station von Interesse. Der Pik von Teneriffa ragte aus dem Meer über den Horizont und sogar durch die Wolken – ein imposanter Anblick, wie sich der Berg vor dem Sonnenuntergang abhob. Das Schiff segelte Kurs Südsüdwest in den offenen Atlantik. Zugschwalben ließen sich in der Takelage nieder. Ein Fliegender Fisch landete mitten in der Kajüte des Astronomen. Ein junger Hai wurde geködert und gefangen. Er schlug wild um sich, wurde an Deck gezogen und getötet. Banks und Solander aßen das Fleisch mit Appetit, einige der abergläubischen Seeleute fanden das Fleisch dagegen eklig. Als Grund führten sie an, dass Haie, wie man ja wisse, Menschenfleisch fräßen.

Die Offiziere und Fähnriche exerzierten an Deck. Charles Green sah ihnen amüsiert zu. »Wenn sie die [Arme] mal auf die eine und mal auf die andere Schulter legten, sah das fast so aus wie beim Londoner Trane-Orchester«, bemerkte er und spielte damit vermutlich auf eine eher unbekannte Musikergruppe an, die nicht gerade für besonders große Präzision in ihrem Spiel berühmt war. Offenbar war er nicht der Einzige, der meinte, dass etwas mehr Disziplin den jungen Offizieren gut tue, denn ein paar Tage später wies Cook sie an, Ordnung in das abscheuliche Durcheinander zu bringen, das sie in ihren Kojen angerichtet hatten, und das Schiff zwischendecks zu schrubben und zu säubern. Richard Pickersgill, der sich weigerte, diese niedere Arbeit auszuführen, wurde wegen seiner Aufsässigkeit vor den Mast zu den gemeinen Matrosen umquartiert.

»Die Ergebnisse der Beobachtungen am heutigen Tag sind ziemlich gut, da die Luft sehr klar ist«, schrieb der Astronom Charles Green, als er den Längengrad ermittelte. »Aber man hätte mehr – und bessere – anstellen können, wenn die jungen

Herren an Bord richtig und mit Spaß an der Freude mitgewirkt hätten. Außerdem kann man sich auf ihre Beobachtungen nicht verlassen, und wenn sie welche vornehmen, ist es eher eine verdrießliche Angelegenheit denn eine erfreuliche.« Mit Schrecken stellte er fest, dass er als Einziger an Bord die Methode, wie man eine Mondbeobachtung vornahm, korrekt anwenden konnte – selbst der Kapitän beherrschte das anfänglich nicht richtig. Was für einen Sinn hatte es, dass die Königliche Sternwarte in Greenwich den *Nautischen Almanach* veröffentlichte, murmelte er unwirsch, wenn die Offiziere der Marine nicht einmal wussten, wie man Beobachtungen anstellte? Als er so alt wie diese jungen Leute war, gab es den Almanach noch nicht einmal. Die hatten nicht die leiseste Ahnung, wie viel Arbeit man in die Jahrbücher gesteckt hatte, und zwar zu ihrem eigenen Nutzen. Sie sollten sich mal ein Beispiel am Käpt'n nehmen. James Cook hatte größtes Interesse an der Methode gezeigt und sie sehr schnell gemeistert. Als sie Teneriffa erreichten, konnte dieser eine Mondbeobachtung ebenso gut vornehmen wie er selbst und wusste zudem, wie man mit ihrer Hilfe den Standort des Schiffs auf See ermittelte. Charles Green war fest entschlossen, zumindest einigen der jungen Offiziere die Methode beizubringen, ehe noch mehr Zeit verstrich.

Der *Nautische Almanach* enthielt Tafeln, in denen die Distanzen vom Zentrum des Mondes bis zur Sonne und zu neun ausgewählten hellen Sternen verzeichnet waren. Diese Positionen wurden im Abstand von drei Stunden angegeben, samt Anweisungen, wie man die Brechung durch die Erdatmosphäre und die Parallaxe in die Einzelheiten der Berechnung einbeziehen konnte. In der Praxis bedeutete dies, dass man für eine genaue Beobachtung der Monddistanz zur Bestimmung der geographischen Länge vier Beobachter benötigte, was mithin einer der Hauptgründe war, warum Charles Green die Methode den anderen Offizieren beibringen wollte. Der Hauptbeobachter maß mithilfe eines Sextanten den Winkelabstand zwischen dem Mond und der Sonne oder einem ausgewählten Stern. Zwei weitere Beobachter notierten die genaue Zeit mittels einer Decksuhr – einer mit Springfedern versehenen Uhr, die zwar längst nicht so genau ging wie der Meereschronometer, die jedoch kalibriert werden konnte, wodurch sich die Ortszeit einigermaßen gut schätzen ließ. Die Methode erforderte gute Instrumente und sorgfältige Observationen, wobei die Ergebnisse den Schiffsstandort selten genauer als auf einen halben Längengrad bestimmten – was nach den Vorgaben der damaligen Zeit jedoch als gut galt.

Wenn der Atlantik in tiefer Dunkelheit vor ihnen lag, wunderten sich die Seefahrer über das Leuchten auf der Wasseroberfläche und darüber, was für Geschöpfe es wohl verursacht haben mochten. Klar und scharf umrissen, standen die Sterne am Firmament. Allabendlich sank der Polarstern am Nordhimmel tiefer und der Große Bär beschien das Meer hinter dem Horizont. Am südlichen Horizont aber sah man die Magellanschen Wolken, das Kreuz des Südens und andere Sternbilder, die von den nördlichen Breiten aus nicht zu sehen waren. So näherte sich die *Endeavour*, während der Wind in den Segeln und der Takelage ächzte, die Masten und Spiere knarrten und die Wellen stetig gegen den Bug schwappten, dem großen Kreis, der die Nord- von der Südhalbkugel trennt – der Linie, auf der Tag und Nacht immer gleich lang sind und die Dunkelheit dem Licht mit ungewöhnlicher Eile folgt, wenn die Sonne im Westen steil ins Meer taucht.

Mit jedem Tag stand die Mittagssonne ein wenig höher am Himmel. Ein freudiges Gefühl der Erwartung breitete sich auf dem Schiff aus, während sich dieses dem Äquator näherte. Ein bedeutender Augenblick stand bevor; die jungen Leuten sollten ihr Vergnügen haben, und so beorderte man alle Mann aufs Achterdeck, um festzustellen, wer zum ersten Mal »die Linie passiert« hatte. Die Neulinge mussten eingeweiht werden, indem man sie vom äußeren Ende einer der Großrahen drei Mal in den Atlantischen Ozean tauchte; fast alle an Bord brachten die Voraussetzung für den Initiationsritus mit. Joseph Banks und sein ganzes Gefolge kamen in den Genuss, »getauft« zu werden, wie auch Kapitän Cook selbst, so erfahren er als Seemann auch war. Man kam überein, dass sich einige Kandidaten von dem Ritual befreien konnten – allerdings nur durch die Entrichtung einer Strafe, die sich auf eine Viertagesration Spirituosen belief, die der übrigen Besatzung auszuhändigen war. Cook bezahlte klugerweise die Strafprämie, Joseph Banks ebenso – wobei die Organisatoren allerdings deutlich machten, dass auch die Hunde des letzteren die Strafgebühr entrichten mussten.

Einige Besatzungsmitglieder entschieden sich gegen die Äquatortaufe, aber keiner der jungen Matrosen hätte sich bei seinen Kameraden wieder blicken lassen dürfen, wenn er die Teilnahme verweigert hätte. Schließlich wurde zwanzig Pechvögeln der Initiationsritus aufgezwungen und so hatte man einen Nachmittag lang seinen Spaß. Joseph Banks gibt einen ausführlichen Bericht über die Prozedur – die zweifellos von Schiff zu Schiff variierte und von den Seeleuten späterer Generationen sicherlich ausgeweitet wurde. Sein Augenzeugenbericht über eine Äquatortaufe in den Sechzigern des 18. Jahrhunderts gehört zu den besten Schilderungen, die überliefert sind:

> Heute Abend wurde die Zeremonie, die Schiffsbesatzung unterzutauchen, durchgeführt, so wie es immer geschieht, wenn die Linie passiert wird, und diejenigen, die sie bereits passiert haben, das Recht für sich in Anspruch nehmen, alle diejenigen in Wasser zu tauchen, die es noch nicht getan haben; diese Zeremonie will ich nun vollständig beschreiben.
> Zur Mittagszeit brachte man in die Kapitänskajüte eine Liste mit den Namen aller an Bord, wobei auch die Hunde und Katzen nicht vergessen wurden. Der Liste war ein Gesuch beigefügt, das mit »die Schiffsbesatzung« unterschrieben war und in dem um die Erlaubnis gebeten wurde, alle Personen auf der Liste zu überprüfen, um herauszufinden, ob sie die Linie bereits passiert hätten oder nicht. Diesem Gesuch wurde unverzüglich stattgegeben. Daraufhin wur-

den alle Mann aufs Achterdeck beordert, und einer der Leutnants fragte, wer den Äquator überquert habe; sodann markierte er jeden Namen, entweder dass der Betreffende ins Wasser getaucht oder freigelassen werden sollte, je nachdem, wofür er infrage kam. Kapitän Cook und Dr. Solander standen auf der schwarzen Liste wie auch ich selbst und meine Diener und Hunde, die ich »freikaufen« musste, indem ich den Untertauchern eine bestimmte Menge Brandy gab, für die sie uns die Zeremonie bereitwillig ersparten.

Viele der Männer zogen es jedoch vor, untergetaucht zu werden, anstatt auf ihre 4-Tages-Ration Branntwein – der vereinbarte Preis – zu verzichten; was die Jungen betrifft, so werden sie selbstverständlich immer ins Wasser getaucht. Also unterzogen sich 21 der Zeremonie, die folgendermaßen durchgeführt wurde:

Am Ende der Großraa wurde ein Block festgemacht und eine lange Leine hindurchgezogen, an der man drei Dwarsbalken befestigte; der eine Querbalken wurde dem Mann, der untergetaucht werden sollte und der sehr fest gebunden wurde, zwischen die Beine gelegt; den zweiten Balken musste er in den Händen halten, der dritte befand sich über seinem Kopf, damit das Tau nicht zu nahe an den Block gezogen und der Mann dadurch verletzt wurde. Nachdem man ihn an diesen Apparat festgebunden hatte, gab der Bootsmann mit seiner Trillerpfeife das Kommando, während der Mann so weit hochgezogen wurde, wie es der Dwarsbalken unmittelbar über ihm gestattete. Dann ertönte ein zweites Signal, sofort ließ man das Tau los, und das Eigengewicht beförderte ihn nach unten, woraufhin er sofort wieder drei Mal auf dieselbe Weise hochgezogen wurde – das war das Quantum für alle. Damit endete die Belustigung des Tages, denn das Untertauchen dauerte fast bis zum Abend, und es war in der Tat höchst vergnüglich, die unterschiedlichen Mienen der Männer dabei zu sehen. Einige grinsten und freuten sich wegen ihrer Robustheit, während andere fast erstickt wären und gerade noch rechtzeitig hochkamen und sich deshalb nach dem ersten oder zweiten Untertauchen gern freigekauft hätten, wenn dies zulässig gewesen wäre.

Im Morgengrauen des 8. Novembers wurde die Küste Südamerikas gesichtet. Noch am Vormittag kam man mit einem ortsansässigen Fischerboot in Fühlung, dessen Insassen der *Endeavour* unbedingt ihren Fang verkaufen wollten. Für die Besatzung bedeutete Fisch eine willkommene Abwechslung auf dem Speiseplan. Banks hatte etwas spanisches Silbergeld bei sich, mit dem er Tauschhandel treiben wollte, aber zu seiner Verblüffung zogen es die Fischer vor, mit englischen Münzen bezahlt zu werden.

Sie segelten auf Südkurs die Küste entlang und bewunderten die grandiose Berglandschaft, die sich an manchen Stellen unmittelbar bis ans Meer erstreckte. Der brasilianische Seehafen Rio de Janeiro lag einige Segeltage entfernt an der Küste und am Mittag des 12. Novembers sichtete man über der Kimm den Gipfel des Zuckerhuts. Nach einer weiteren Tagesfahrt unter Segeln näherte sich die *Endeavour* Rio bei ruhiger See. Man rechnete damit, dass ihnen ein Lotsenboot entgegenkommen und sie in den Hafen geleiten würde. Da ein solches Boot aber nicht erschien, zog Cook die Segel ein und ankerte unterhalb des Zuckerhuts. Mit dem Auftrag, einen Lotsen zu finden, entsandte er seinen Ersten Offizier Zachariah Hicks in einer Pinasse an Land. Es dauerte lange, bis Hicks zurückkam. Zur erwarteten Zeit erschien die Pinasse ohne ihn und ohne die Fähnriche, die mit ihm losgeschickt worden waren. Stattdessen kamen zwei verdrießliche portugiesische Beamte an Bord und stellten sofort alle möglichen Fragen, was man in den hiesigen Gewässern wolle.

Ein weiteres Boot näherte sich der *Endeavour*, ein großes Fahrzeug mit zehn Riemen und etwa einem Dutzend bewaffneter Soldaten. Es fuhr langsam um die *Endeavour* herum, aber die Männer lehnten es ab, mit irgendjemandem zu sprechen oder Fragen zu beantworten, die ihnen die Seeleute zuriefen. Die Beamten weigerten sich, die Gründe für ihr Verhör zu erläutern. Stattdessen forderten sie den Kapitän auf, an Land zu kommen und mit dem königlichen Statthalter zu sprechen; allen anderen wurde befohlen, an Bord zu bleiben.

Cook war verwirrt und verärgert über die schäbige Behandlung seines Schiffs und seiner Besatzung. Nach der wochenlangen Seefahrt waren alle in freudiger Erwartung, wieder trockenen Boden unter den Füßen zu haben; die Herren Botaniker sehnten sich danach, endlich Exemplare der südamerikanischen Flora in Händen zu halten. Cook erhielt eine Audienz bei Seiner Exzellenz Dom António Rolim de Moura, dem königlichen Statthalter von Brasilien, während der jener erklärte, dass die *Endeavour* ein britisches Kriegsschiff sei und sich auf einer wissenschaftlichen Expedition in den Pazifik befinde. Nachdem Cook alle notwendigen Papiere und Dokumente vorgelegt hatte, um seine Aussage zu belegen, bot er sogar an, zwei echte Naturkundler zu holen, um den Wahrheitsgehalt seiner Aussage zu unterstreichen. Schließlich versuchte er dem Vizekönig den Venusdurchgang und dessen Bedeutung für die Astronomie zu erläutern.

Der Vizekönig war kein Astronom und wusste daher nicht, wovon Cook eigentlich sprach – ihm kam es vor, als wäre die ganze Geschichte erfunden.

Wie es denn überhaupt möglich sei, dass ein Planet wie die Venus vor der Sonnenscheibe vorübergehe? Der Vizekönig erklärte, er habe »keine Vorstellung von dieser Erscheinung, ebenso wenig wie wenn der Nordstern am Südpol vorbeigeht«. Und was die Behauptung des Kapitäns betreffe, das Schiff gehöre zur Flotte Seiner Britannischen Majestät, so erkenne er eines, wenn er es sehe, aber die *Endeavour* sei kein solches Schiff. Gewiss, sie habe einige Drehkanonen und Rollgeschütze an Bord, aber britische Kriegsschiffe seien mit 60 oder mehr Kanonen bestückt und hätten zwei oder drei Decks, mit 32-Pfündern darauf, ausgerüstet mit Pulver und Kugeln, die ausreichten, mit einer doppelten Breitseite jeden Gegner aus dem Wasser zu blasen. Die *Endeavour* sei mithin kein Kriegsschiff, sondern ein Handelsschiff. Die Papiere des Kapitäns seien geschickte Fälschungen und Seine Exzellenz erlebe dergleichen an seiner Küste nicht zum ersten Mal. England sei eine unternehmungslustige, allerdings auch ziemlich hinterhältige Handelsnation, und so stehe für ihn fest, dass es sich bei der wahren Mission des Schiffs entweder um Schmuggel oder das Ausspionieren des Hafens von Rio handele. Und bei den Herren Wissenschaftlern könne es sich nur um Ingenieure oder Spione handeln. Er versicherte Cook, dass das Schiff nicht angetastet werde und es fahren könne, wohin es wolle, dass außer dem Kapitän jedoch niemand an Land gehen dürfe. Darüber hinaus erklärte er, er erfülle nur seine Pflichten – er handele unter dem Befehl des Königs von Portugal.

Für Banks und Solander, die in der Kapitänskajüte schmorten – mit Blick auf einen Kontinent, dessen Flora und Fauna erst noch erforscht werden mussten –, war das alles zu viel. Sie steckten die Köpfe zusammen und heckten einen Plan aus, wie man an Land gehen könne, ohne vom Wachboot, das die *Endeavour* ständig umkreiste, entdeckt zu werden. Nach einigen Tagen kannte sich die Besatzung in der Bucht, im Hafen und den regelmäßigen Bewegungen ihrer Wächter gut aus. Eines Nachts, etwa um Mitternacht, stiegen also der Honourable Joseph Banks, Esquire, zukünftiger Präsident der Royal Society, und der ehrwürdige Dr. Daniel Solander, Hohepriester des Linnéschen Klassifikationssystems, heimlich wie zwei Schuljungen aus dem Kajütenfenster und ließen sich an einem Seil in ein kleines Boot hinab, das darunter vertäut war. Dann ruderten die zwei still und leise vom Schiff fort – hinein in die Stadt Rio de Janeiro. Das nächtliche Abenteuer war ein voller Erfolg. Ihre erste Landung in Südamerika fand an einer ruhigen Stelle an einem der am wenigsten frequentierten Abschnitte des großen Hafens statt.

»Am Morgen nachdem wir an Land gegangen waren«, schreibt Banks, »konnte ich mich an den schönen Ausblicken weiden, die sich mir in allen Richtungen darboten.« Vielleicht hatten die Behörden in Rio etwas von dem Ausflug mitbekommen, jedoch beschlossen, ein Auge zuzudrücken. Denn niemand ähnelte weniger einem Schmuggler als der exzentrische Engländer, der beobachtete, wie ein wunderschöner Kolibri aus einer hellen tropischen Pflanze Nektar saugte, oder der tief in sich versunkene Schwede, der über die *mimosa sensitiva* schier in Verzückung geriet. Die beiden Forscher waren von den tropischen Farben der Vögel und Pflanzen hellauf begeistert. Ihre Exkursion beschränkte sich jedoch beileibe nicht auf das Gebiet der Botanik, denn Banks ließ es sich nicht nehmen, während des Landgangs auch ein paar Einkäufe zu tätigen. Zwar gelang es den Botanikern, sich unbemerkt – oder zumindest unversehrt – wieder an Bord zu stehlen, doch tags darauf kehrte das Wachboot mit der Nachricht zurück, an Land sei eine Suche nach Personen im Gange, die ohne die Genehmigung des Vizekönigs gelandet seien: Aus diesem Grund unterließ es Banks, eine zweite Expedition zu unternehmen, aber immerhin gelang es ihm, seine Diener des Öfteren an Land zu schicken. Noch vor der Abfahrt aus Rio hatte er nicht weniger als 245 brasilianische Pflanzenarten in seinem Taschenbuch aufgelistet.

Der Vizekönig blieb weiterhin höflich, aber standhaft. Immerhin drückte er ein Auge zu, ließ die botanischen Exkursionen durchgehen, von denen man ihm mit Sicherheit Bericht erstattet hatte, und erlaubte sogar einige Ausnahmen von der Regel: Eines der kleineren Zugeständnisse bestand darin, dass Cook frische Nahrungsmittel und Gemüse einkaufen durfte. So konnten sich die Seeleute nach dem ewig gleichen gepökelten Schweinefleisch und dem Zwieback zumindest ein bisschen abwechslungsreicher ernähren. Außerdem wurde Cook gestattet, aus dem öffentlichen Brunnen Wasser zu entnehmen; aber es war von miserabler Qualität und schmeckte schlechter als jenes, das bereits den weiten Weg von Madeira zurückgelegt hatte. William Monkhouse, der Arzt, durfte regelmäßig an Land gehen und konnte daher beim Einkauf der Vorräte mithelfen. Einmal rief man sogar nach ihm, damit er bei einer medizinischen Behandlung assistieren könne. Da den Portugiesen nicht klar war, dass Monkhouse der Schiffsarzt war, beschloss man, stattdessen Dr. Solander an Land zu schicken, der sich als Mediziner ausgab. Durch diese List war Solander in der Lage, noch etwas mehr von Rio zu sehen.

Die *Endeavour* hatte drei kleine Boote an Bord, die in Rio alle regelmäßig zum Einsatz kamen. Das größte und stabilste war die Barkasse, in ihr wurden die Fässer und Schiffsvorräte befördert; das nächstgrößere war die Pinasse, die in erster Linie den Erkundungsfahrten des Kapitäns und des Schiffsmeisters diente. Schließlich war da noch das kleinste Boot, Jolle genannt, das nur vier Riemen besaß, sich aber für kurze Ausfahrten und kleine Gesellschaften eignete. Sydney Parkinson fertigte von allen drei Booten Zeichnungen an, die zeigen, dass sie sowohl mit Segeln als auch mit Riemen ausgerüstet waren – gepullt wurde nur, wenn es unbedingt sein musste.

Als man einmal in Rio vier Fässer Rum von der Barkasse aufs Schiff verlud, riss eine Trosse, und die kräftige Tide riss das Boot mit sich fort. Da die Pinasse gerade anderweitig im Einsatz war, konnte man sie nicht losschicken, um die Barkasse zu verfolgen. Also musste man die Jolle zu Wasser lassen, damit man das größere Boot zum Schiff zurückholen konnte. Aber alles war vergeblich, die Jolle war zu klein und hatte weder genügend Riemen- noch Segelkraft, um das schwerere Boot in irgendeine Richtung bewegen zu können. Der starke Gezeitenstrom trug die Barkasse immer weiter fort vom Schiff – bis es nicht mehr zu sehen war. Als man es vom Deck der *Endeavour* zum letzten Mal sah, trieb es auf eine Gruppe schroffer Klippen zu. Später am Tag kamen Meldungen herein, wonach es an den Felsen zerschellt und leckgeschlagen sei.

Am Tag des Zwischenfalls mit der Barkasse waren einige Besatzungsmitglieder in der Pinasse an Land gegangen, um Vorräte einzukaufen. Aus irgendeinem Grund wurden sie von portugiesischen Soldaten misshandelt und recht unsanft ins Gefängnis geworfen. Die Seeleute protestierten lauthals, sie hätten nichts getan, was die Portugiesen habe provozieren können, aber es half alles nichts. Sie beschrieben das Gefängnis als üblen Kerker, in dem sie die Nacht mit irgendwelchen elendigen, an den Wänden festgeketteten Schwarzen hatten verbringen müssen. Der große Dr. Johnson hat einmal behauptet, das Leben auf einem Schiff sei schlimmer als das in einem Gefängnis (Sir!), da man in jenem auch noch ertrinken könne. Die Seeleute hätten die Gefängniszelle sicherlich mit Freuden gegen das Unterdeck der *Endeavour* eingetauscht.

Die Lage hätte kaum schlimmer sein können. Ein Dutzend Seeleute, gefangen gehalten in einem Verlies der Portugiesen; der englische Händler Thomas Foster, der seinen Landsleuten zu helfen versucht hatte, wurde gleichfalls – auf Grund einer fälschlichen Anklage wegen Schmuggels – ins Gefängnis geworfen; die Barkasse war fort und ein Wrack; die Pinasse hatten die Portugiesen gekapert und in Gewahrsam genommen; von den Booten war nur noch die kleine Jolle übrig. Der Vizekönig behauptete steif und fest, seine strikten Sicherheitsvorkehrungen hätten für alle ausländischen Schiffe Geltung, doch als kurze Zeit später ein spanisches Schiff aus Buenos Aires eintraf, wurde er Lügen gestraft. Empört notierte Cook, wie man den Neuankömmling behandelte:

> Heute kam ein spanisches Handelsschiff (eine Brigg) aus Buenos Aires, unterwegs nach Spanien, in den Hafen; das Schiff gehörte zur Flotte Ihrer Katholischen Majestät, und obwohl der Vizekönig fortwährend so getan hatte, als gälten die Orders, die er in Bezug auf ausländische Schiffe hatte, für alle, wurde dem spanischen Schiff eine ganz andere Behandlung zuteil als unserem: Es wurde keine Wache darauf stationiert, und die Offiziere und Besatzungsmitglieder konnten gehen, wohin sie wollten.

Erzürnt schrieb Cook dem Vizekönig einen langen Brief, in dem er nachdrücklich die sofortige Rückgabe seiner Besatzungsmitglieder und seines Boots forderte. Er bekam zwar weder eine Erklärung noch eine Entschuldigung, zumindest schien dem

Vizekönig jedoch allmählich aufgegangen zu sein, dass die Engländer vielleicht doch die Wahrheit sagten, und er bekam wegen seiner Maßnahmen offenbar ein schlechtes Gewissen. Offenkundig versuchte er seinen Amtspflichten korrekt nachzukommen, aber Cooks Schreiben zeigte die gewünschte Wirkung – der Vizekönig gab tatsächlich nach, und die Besatzungsmitglieder der *Endeavour* wurden aus dem Gefängnis entlassen. Die Pinasse händigte man ihren rechtmäßigen Besitzern aus und zur großen Überraschung aller Beteiligten bekam man sogar die Barkasse unbeschädigt zurück. Die Nachricht, es sei zerschellt, erwies sich also als falsch, ja, sogar die vier Fässer Rum, die man nie entladen hatte, befanden sich noch an Bord. Die Portugiesen halfen eigenhändig bei der Bergung der Barkasse.

Cook war unwirsch, weil es zur Umgehung all der Schwierigkeiten durchaus möglich gewesen wäre, Rio ganz und gar zu meiden, und er stattdessen die Falklandinseln hätte anlaufen können, um sich dort auf die Fahrt um Kap Hoorn vorzubereiten. Allerdings waren die Bevorratungsmöglichkeiten in St. Egremont begrenzter als auf dem Festland, zudem besaß er Nachricht, wonach in früheren Jahren mehrere englische Schiffe überaus höflich in Rio empfangen worden waren. Deshalb hatte er keinen Anlass gehabt, irgendwelche Probleme vorauszusehen. Er war sich der Bedeutung seiner neuen Mission durchaus bewusst, hatte aber mit den langen Verzögerungen und den Enttäuschungen nicht gerechnet, die er nun erlebte. Wenn es darum ging, gegenüber seinen Vorgesetzten seine Pflicht zu erfüllen, bewies er sonst mehr Fingerspitzengefühl. Nun sah sich James Cook, der vollendete Seefahrer, erprobte Navigator, Kartograph, astronomische Beobachter und Mathematiker, jedoch mit einem kleinlichem Beamtenapparat, widersinnigen bürokratischen Verordnungen und den Fallstricken internationaler Politik konfrontiert. Verärgert über den ganzen Zwischenfall, verfasste er einen langen Bericht an die Admiralität, in dem er den Ereignissen weitaus mehr Bedeutung beimaß als eigentlich nötig. Zumindest aber gelang es ihm, das Schiff kalfatern und reinigen zu lassen, er konnte abgenutzte Teile der Takelage ausbessern und ersetzen und die Küfer die beschädigten Fässer reparieren lassen. Überdies konnte er einige genaue Land- und Seekarten des Hafens von Rio samt detaillierten Plänen der Geschützstellungen und Befestigungsanlagen zeichnen – worüber der Vizekönig nun wirklich Anlass zur Sorge hätte haben können, wenn er davon gewusst hätte:

> Ich werde jetzt so genau als möglich die verschiedenen Festungswerke beschreiben, die zum Schutz dieser Bucht errichtet worden sind. Bei dem ersten Festungswerk, auf das man, vom Meer kommend, trifft, handelt es sich um eine am unteren Ende einer feinsandigen Bucht gelegene Geschützabteilung mit 22 Kanonen, die sich an der Südseite des Zuckerhuts befindet und die keinem anderen Zweck dienen kann, als den Feind davon abzuhalten, in jenem Tal zu landen, von dem er – wie ich annehme – in die Stadt beziehungsweise um die Westseite des Zuckerhuts herum marschieren und so die Festungswerke angreifen kann, die sich an dieser Seite des Eingangs in die Bucht befinden; das erste dieser Forts liegt am Fuße des Zuckerhuts an einer tief gelegenen Landenge, die die Halbinsel beziehungsweise Spitze der Bucht mit dem Zuckerhut verbindet; es ist anscheinend quadratisch und aus Stein, hat keinen Befestigungsgraben und ist mit Bastionen und Kanonen ausgestattet. Ein wenig innerhalb dieser Anlage befinden sich zwei Batterien mit jeweils fünf oder sechs Kanonen; sie sollen die Schiffe bestreichen. Doch liegen weder diese Batterien noch das Fort außerhalb der Reichweite von Schiffskanonen.

Rio war also offensichtlich gut befestigt. Cook fährt fort, Fort Lozio zu beschreiben, eine sechseckige Festung aus Stein, gebaut auf einem Felsen am Eingang der Bucht, sowie eine weitere Batterie westlich davon, bestückt mit 17 Kanonen. Im Osten der Bucht stand die Batterie von St. Dominica, ausgestattet mit sieben Geschützen, rings der Bucht waren weitere Kanonen an verschiedenen strategischen Positionen aufgestellt. Cook fand, dass Rio einnehmbar sei. Um den Hafen mit Gewalt zu erobern, würde man fünf, sechs Marineschiffe benötigen, schätzte er. Hatte man den Hafen erst einmal unter Kontrolle, wären in der Stadt selbst noch sieben Regimenter regulärer Truppen zu besiegen.

Schließlich waren die Verproviantierung und die Reparaturen am Schiff beendet. Als die Zeit zum Auslaufen kam, gab es niemanden an Bord, der nicht erfreut war, Rio hinter sich zu lassen. Der Vizekönig – er war höflich wie immer – stellte ein Lotsenboot zur Verfügung, das die *Endeavour* aus dem Hafen und aufs offene Meer geleitete – und dann entbot er ihr einen offiziellen Abschiedsgruß. Auf der Fahrt aus dem Hafen fiel Peter Flower, einer der Seeleute, den Cook seit über fünf Jahren kannte, über Bord und ertrank, ehe man ihm auf irgendeine Weise helfen konnte. Man ersetzte ihn durch einen portugiesischen Freiwilligen. Dann kam es noch zu einem letzten bedauerlichen Zwischenfall während des Rio-Aufenthalts: Als die *Endeavour* aus der Bucht gezogen wurde, gab ihr das Fort bei Santa Cruz zwei Schüsse vor den Bug, um sie zum Anhalten zu bewegen. Offenbar hatte Seine Exzellenz der Vizekönig trotz seines höflichen Abschiedsbriefs vergessen, das Festungswerk offiziell von der Abreise zu benachrichtigen, während die Soldaten den Befehl hatten, kein Schiff ohne Erlaubnis auslaufen zu lassen. »An diesem Tag wurden viele Flüche gegen Seine Exzellenz ausgestoßen«, schrieb Banks mitfühlend, als die *Endeavour* daraufhin bekalmt lag. Ein Trost war ihm, dass sich ein Schwarm farbenfroher Schmetterlinge überall auf dem Schiff und in der Takelage niederließ. Als tags darauf fehlender Wind die Weiterfahrt behinderte, hatten die eifrigen Botaniker Zeit, auf dem kleinen Eiland Raza an Land zu gehen und in der glühenden Mittagshitze Pflanzen zu sammeln.

Auf Südkurs segelnd, steuerte die *Endeavour* die südlichste Spitze des südamerikanischen Kontinents an. Die Tage verstrichen ohne besondere Vorkommnisse, mit Ausnahme des Weihnachtstages, den man im unvertraut sommerlichen Klima der Südhemisphäre feierte. »Alle guten Christen, das heißt, alle Mann betranken sich so fürchterlich, dass sich am Abend kaum noch ein nüchterner Mensch an Bord befand«, beklagte sich Joseph Banks. »Wind gottlob sehr mäßig, sonst weiß der Himmel, was aus uns geworden wäre.« Cook räumte in seinem Tagebuch ein, dass die »Leute nicht die Nüchternsten waren«; es war jedoch ein festlicher Anlass und die Männer bekamen ihre Sonderration Rum – er hatte schon viele Weihnachtsfeste auf See erlebt, die Exzesse waren hier auch nicht schlimmer als sonst.

Gewiss, mitunter ließ die Disziplin an Bord zu wünschen übrig. Fälle von Trunkenheit waren nicht selten, das Exerzieren wurde vernachlässigt, die Offiziere hielten ihre Quartiere nicht sauber und schwänzten ihre Stunden in Navigationslehre, die Barkasse hätte niemals von der Trosse rutschen dürfen und zwei Männer waren bereits über Bord gefallen und ertrunken. Wenn man das Vorankommen der *Endeavour* bis zu diesem Zeitpunkt der Reise zum Maßstab nahm, so hatte sich Cook noch nicht als der große Seemann erwiesen, der er seinen Bewunderern zufolge war – während der Verhandlungen in Rio hatte er nichts Herausragendes geleistet, und bemerkenswert weit war er mit seinem Schiff auch noch nicht gekommen.

Banks, die Landratte, merkte in seinen Aufzeichnungen nichts darüber an. Er war viel zu sehr damit beschäftigt, dass ihm die einmalige Chance entgangen war, Proben der brasilianischen Flora zu nehmen. Bislang hatte es zwar noch keine bedeutenden Prüfungen der Seefahrerkunst des Kapitäns gegeben, aber Cook drückte der Mannschaft bereits seinen Stempel auf, um das Beste aus ihr herauszuholen. Ein paar Mal sah er sich gezwungen, einen Seemann oder Seesoldaten wegen geringfügiger Vergehen zu bestrafen, da man von ihm erwartete, über alle, die sich seinen Befehlen widersetzten oder Vorschriften umgingen, harte Marinestrafen zu verhängen. Cook setzte jedoch alles daran, den Respekt der Männer zu gewinnen, indem er mit gutem Beispiel voranging und an Bord Gerechtigkeit und Ehrlichkeit durchsetzte. Auf Madeira hatten Henry Stephens und Thomas Dunster jeweils zwölf Hiebe für das abscheuliche Vergehen bekommen, frisches Rindfleisch zurückzuweisen; in Rio wurden Robert Anderson zwölf Hiebe für versuchte Desertation verabreicht, und dem Seesoldaten William Judge wurde die gleiche Strafe zuteil, weil er gegenüber einem der Offiziere beleidigend geworden war. Cook war klar, sich auf seinem Schiff nur dann Respekt verschaffen zu können, wenn alle sahen, dass er bei Verstößen hart durchgriff.

Die Gesundheit und die Sicherheit der Besatzung waren für Cook von höchster Bedeutung. Der Verlust von Alexander Weir und Peter Flower brachten ihn völlig aus der Fassung und auch der Zwischenfall mit der Barkasse ärgerte ihn. In der damaligen Zeit gab es so gut wie keine Sicherheitsvorschriften, ein Menschenleben galt nicht viel. Er war lange genug zur See gefahren, um zu wissen, dass die bisherige Zahl der Unfälle für eine derartige Reise im Rahmen lag. Wenige Kapitäne – wenn überhaupt welche – bestraften ihre Männer, weil sie ihr Essen stehen ließen, doch ihm lag die Gesundheit seiner Leute sehr am Herzen, zumal ihnen eine große Aufgabe unmittelbar bevorstand: der Pazifische Ozean. Die Kenntnisse der Ernährung waren damals von abergläubischen Vorstellungen durchsetzt und gründeten sich größtenteils auf Versuche experimentierfreudiger Wissenschaftler und Seefahrer, die immer wieder an der Realität scheiterten. Wie Cook wusste, lag das Geheimnis, Skorbut abzuwehren, darin, während der Fahrt Frischkost zu finden oder durch bestimmte Konserven erst gar nicht ausbrechen zu lassen. Jemand hatte einmal Malz als vorbeugendes Mittel vorgeschlagen, desgleichen mit Zitronensaft gemischten Apfelwein, aber wohlmeinende Diätetiker zerstörten regelmäßig das Vitamin C, indem sie den Saft einkochten, um ihn zu konservieren und auf Flaschen zu ziehen. An Cooks Vorgehen lässt sich mitunter ablesen, dass er kein »normaler« Kapitän war.

Als die Seeleute über den ekelhaften gegorenen deutschen

Kohl, den das Schiff in großen Mengen mitführte, die Nase rümpften, bediente er sich einer verblüffend modern anmutenden psychologischen Methode:

> Das Sauerkraut stieß zunächst auf Ablehnung, bis ich eine Methode anwandte, die meines Wissens bei Seeleuten noch immer Erfolg hat. Ich ließ es nämlich jeden Tag in der Kapitänskajüte servieren und ordnete allen Offizieren ohne Ausnahme an, davon zu essen. Der Mannschaft dagegen stellte ich anheim, so viel davon zu nehmen, wie sie wollte, auch gar nichts. Aber schon nach einer Woche musste ich jedermann an Bord dieselbe Ration gewähren. Denn das Temperament und die Wesensart der Seeleute ist im Allgemeinen so, dass sie alles, was man ihnen üblicherweise austeilt, und wenn es noch so sehr ihrem Wohle gilt, ablehnen und man nichts als Murren gegen den Mann hört, der die Neuerung ersonnen hat; aber sobald sie sehen, dass ihre Vorgesetzten es schätzen, wird es zum köstlichsten Leckerbissen und der Urheber zum verdammt feinen Kerl.

Aus der ihm eigenen Vorsicht strich Cook das Wort »verdammt«, da ihm bewusst war, dass seine Vorgesetzten diese Sätze zu Gesicht bekommen würden.

Zwischen Rio de Janeiro und Kap Hoorn liegen fast 2500 Seemeilen Ozean. Rio liegt nahe dem südlichen Wendekreis, Kap Hoorn dagegen auf 56 Grad südlicher Breite. Bei Überquerung jeden Breitengrads sank die Temperatur, wurde der Wind kälter und stärker und die See rauer und höher. Mehr als einen Monat kämpfte sich die *Endeavour* stetig nach Süden, steuerte weit von der südamerikanischen Küste ab und segelte in zunehmend schlechteres Wetter. Nach dem Jahreswechsel, am 11. Januar 1769, kam in südwestlicher Richtung Land in Sicht: Tierra del Fuego, das Land, das Ferdinand Magellan »Feuerland« genannt hatte, mit seinen abweisenden, düsteren Bergketten und seinem schweren Wolkenbehang. Dieser südlichste Teil des amerikanischen Kontinents war das südlichste bekannte Land in der gesamten Welt. Es lag am letzten Ende der Erde zwischen Atlantik und Pazifik und bewachte gleichsam die Durchfahrt zwischen den beiden Weltmeeren.

Die *Endeavour* näherte sich diesem unwirtlichen Land im Hochsommer, doch auf den Berggipfeln lag noch immer Schnee. Man wusste, dass es bewohnt war, und als Cooks Männer die roten Feuer, die auch Magellan gesehen hatte, entdeckten, war allen klar, sie würden bald mit dem dort lebenden Naturvolk in Berührung kommen. Man landete an einem Ort, an dem Banks und Solander Pflanzen sammeln konnten.

Die Feuerländer waren Nomaden, die irgendwann in ihrer weit zurückreichenden Geschichte vom Festland auf die Insel gekommen waren und sich auf diesem windumtosten Eiland zu einem einsamen Volk entwickelt hatten. Es war ihnen nicht nur gelungen, in dem unwirtlichen Klima zu überleben, sie waren auch derart widerstandsfähig, dass die Männer der Kälte fast nackt trotzten und die Frauen kaum mehr als einen kleinen Schurz aus Leder und gelegentlich einen Umhang aus Seehundsfell um die Schultern trugen. Zum Schutz gegen die Unbilden der Witterung bauten die Feuerländer runde Hütten; sie waren wie Bienenstöcke geformt, hatten Rahmengestelle aus Holz und waren mit Seehundsfell und Reisig bedeckt. Alexander Buchan malte ein Bild von einer solchen Behausung: Die Bewohner hocken, in Umhänge gehüllt, rings um eine Feuerstelle, eine Frau hält einen Säugling im Arm, ein Hund kratzt in der Erde. Im Winter hielten die Feuerländer ständig ein wärmendes Feuer in Gang – an Feuerholz mangelten es ihn nicht.

Cook und Banks beschrieben diese Menschen als dunkelhaarig mit tief bronzener Hautfarbe und notierten, manche Männer würden sich das Gesicht mit waagerechten Streifen aus schwarzer und roten Farbe bemalen. Die Feuerländer fertigten aus Muscheln Schmuckreife; Männer wie Frauen trugen sie um die Handgelenke, die Frauen auch an Fesseln und Beinen. Es war offensichtlich, dass sie keine Boote besaßen, mit denen sie aufs Festland hätten gelangen können, doch trieben sie Handel mit den Siedlungen an der Nordküste; sie besaßen Pfeile, die sie geschickt mit Glasscherben als Spitzen versahen, und kannten die Kraft der Feuerwaffen, welche die Engländer mit sich führten. Nach einem vorsichtigen Auftakt gewannen die Feuerländer Vertrauen – sie waren begeistert von den roten Glasperlen, die ihnen Joseph Banks zum Zeichen der Freundschaft anbot, und so erklärten sich drei der Eingeborenen bereit, an Bord zu kommen. Einer unter ihnen war eine Art Priester oder Weiser; er exorzierte jeden Teil des Schiffs und sprach dabei fortwährend irgendwelche Namen und Sätze. Die Sprache der Feuerländer war den Europäern völlig unverständlich: Wenn sie sich untereinander unterhielten, vernahm Cook nur eine Art Grunzen und Räuspern.

Cook wollte vor dem nächsten Abschnitt der Reise noch einmal Holz und Wasser an Bord nehmen. Banks und Solander waren nach all den Schwierigkeiten und Enttäuschungen in Rio begieriger denn je, die Insel zu erkunden. Also stellte man eine Expedition zusammen. Mit von der Partie waren Banks' und Solanders Diener, außerdem der Arzt William Monkhouse, der Astronom Charles Green, der Maler Alexander Buchan, ein Windhund sowie zwei Vollmatrosen, die beim Tragen helfen sollten. Bald nach dem Aufbruch überquerten sie etwas, was wie ein Streifen Grasland aussah. Tatsächlich handelte es sich um einen mit kräftigen Birkensträuchern bedeckten Sumpf, welcher die Durchquerung des Geländes sehr schwierig und anstrengend machte. Als sie den Morast zu etwa zwei Dritteln durchquert hatten, wurde Alexander Buchan, der an Epilepsie litt, von einem Anfall gebeutelt. Die Gruppe beschloss, ein Feuer zu machen, da man glaubte, so am besten für Buchans Wohlergehen zu sorgen. Banks, Solander, Green und Monkhouse sollten sich allein weiterbegeben, den Maler ließ man in der Obhut der anderen zurück.

Man sammelte bislang unbekannte Pflanzenarten in zufriedenstellender Zahl und bis zum Rückmarsch ging auch alles gut. Dann aber wurde es plötzlich empfindlich kalt und leichter Schneefall setzte ein. Als die Gruppe wieder zusammenkam, beschloss man, sich sofort auf den Rückweg zum Schiff zu machen. Aber es wurde noch kälter, es hörte nicht auf zu schneien und bald lag eine durchgehende Decke Neuschnee. Dr. Solander war mittlerweile so verausgabt, dass er darauf bestand, sich in den Schnee zu setzen und keinen weiteren Schritt zu tun. Alexander Buchan hatte sich glücklicherweise von seinem epileptischen Anfall erholt und ging voraus; er wollte versuchen, ein ordentliches Feuer in Gang zu setzen. Thomas Richmond und George Dorlton, die beiden schwarzen Diener, litten so sehr unter der Kälte, dass sie keinen Schritt mehr weitergehen konnten. Joseph Banks musste seine Diener zurücklassen, um dem Freund Dr. Solander beim Feuermachen zu helfen. Als er mit den Seeleuten zurückkehrte, um seinen Bediensteten zu helfen, fand er diese in äußerst geschwächtem Zustand vor. Man brachte Richmond zwar wieder auf die Beine, aber er konnte keinen Fuß mehr vor den anderen setzen. Dorlton lag wie ein Stein auf dem Boden. Da entdeckte man den Grund, warum die beiden überhaupt nichts mehr spürten – sie hatten so gut wie allen Rum, den die Expedition mitführte, ausgetrunken! Als es noch heftiger zu schneien begann, war allen klar, dass ihnen auf Feuerland eine höchst unangenehme Nacht im Freien bevorstand.

> Nun hätte man unsere Lage wirklich schrecklich nennen können: Von den ursprünglich zwölf Teilnehmern kam für zwei bereits jede Hoffnung zu spät; der eine war so krank, dass er zwar noch unter uns weilte, ich jedoch wenig Hoffnung hatte, dass er am Morgen würde gehen können, und der andere würde wahrscheinlich wieder seine Anfälle bekommen, entweder vor dem Aufbruch oder auf dem Rückweg: Wir befanden uns weit entfernt vom Schiff, wussten allerdings nicht, wie weit, sondern nur, dass wir fast den ganzen Tag durch pfadlose Wälder gegangen waren. Bis auf einen Geier, den wir während der Exkursion geschossen hatten, besaßen wir keinerlei Verpflegung. Die magere Ration reichte nicht einmal für eine halbe Mahlzeit. Und wie um

> unser Unglück vollständig zu machen, steckten wir in einem Schneesturm fest, in einem Wetter, mit dem wir völlig unvertraut waren, von dem wir aber allen Grund hatten anzunehmen, dass es so unangenehm werden würde wie nur irgendeines in der Welt, und das nicht nur aus allen Berichten zu schließen, die wir gehört oder gelesen, sondern auch aufgrund der Menge des Schnees, die vom Himmel fiel, obgleich es Spätsommer war: ein in Europa unbekannter Umstand, wo bekanntlich im Sommer selbst in Norwegen oder Lappland kein Schnee fällt.

Am nächsten Morgen fand man die beiden schwarzen Diener, tot, erfroren – nur der treue Windhund, der bei ihnen geblieben war, lebte noch. Joseph Banks fühlte sich seinen Bediensteten tief verbunden, und weil *er* sie an diesen Ort gebracht hatte, gab er sich weitgehend die Schuld an ihrem Tod. Peter Briscoe war ernsthaft krank, meinte aber, allein gehen zu können. Buchan ging es gottlob viel besser. Zum Frühstück verzehrten sie den Geier – das ergab pro Person drei Mund voll einer heißen Mahlzeit. Gegen acht Uhr morgens kam ein leichter Wind auf, und da auch die Sonne hinter den Wolken hervorkam, begann es zu tauen. Als das Wetter besser geworden war, bemerkten die Expeditionsmitglieder, dass sie nicht in gerader Linie, sondern einen Bogen gegangen waren, was bedeutete, dass das Schiff nicht so weit entfernt war, wie sie befürchtet hatten. Die desaströse Expedition kehrte ohne zwei ihrer Mitglieder zum Schiff zurück. »Sobald sie an Bord gekommen waren und sich erfrischt hatten, legten wir sie in warme Betten«, schreibt Robert Molyneux. Dass es in der Nähe von Feuerland den Luxus warmer Betten gab, muss den Männern ein großer Trost gewesen sein.

Es gab keinen Grund, weiter am Schauplatz dieser Katastrophe zu verweilen. Das Schiff hatte frisches Wasser und Holz an Bord genommen. Das Wetter war so gut, wie es in diesen Breiten nur sein konnte. Für den nächsten Abschnitt der Reise würden sie ihren ganzen Mut und all ihre Befähigung aufbringen müssen. Vor ihnen lag Kap Hoorn, die stürmischste und schwierigste Meerespassage der Welt. Der Kapitän hatte nicht vor, nach See zu liegen, um auf eine weniger raue Durchfahrt zu hoffen, er war bereit zu segeln und entschlossen, die Breite und Länge dieses sturmumtosten Kaps an der äußerten Südspitze der bekannten Welt zu messen.

3. KAPITEL

Kap Hoorn

Seit der legendären Fahrt im Jahr 1519, als Ferdinand Magellan eine Passage durch Südamerika gefunden hatte und in einen Ozean gesegelt war, den er den Pazifischen, den Stillen, nannte, kämpften sich die holzbeplankten Schiffe vieler Länder durch die nach ihm benannte Meeresstraße. Karten aus dem 16. Jahrhundert, beispielsweise die des Flamen Abraham Ortelius, zeigen, dass man lange Zeit davon ausging, Feuerland sei Teil der *Terra Australis Incognita*. Dabei vermutete man – mit dem für dieses Jahrhundert typischen Optimismus –, es handele sich um einen großen Kontinent, der sich über viele Breitengrade westlich wie östlich der Magellanstraße erstrecke. Zwar war von Anfang an bekannt, dass die Einfahrt in den Pazifik zu den gefahrvollsten Meerespassagen der Welt zählte, doch hielt dies die großen Seefahrer des Elisabethanischen Zeitalters nicht davon ab, schon bald Magellans Spuren zu folgen. Zu diesen bedeutenden Entdeckern gehören unter anderem Francis Drake, Thomas Cavendish und John Hawkins. Als Drake 1578, aus der Magellanstraße kommend, in den Pazifischen Ozean einlief, geriet er in derart ungestümes Wetter, dass es sein Schiff viele Seemeilen südlich vom geplanten Kurs in Richtung der Südküste Feuerlands verschlug. Daher vermutete er als Erster, Feuerland sei nicht ein neuer Kontinent, sondern lediglich eine Insel an der südlichsten Spitze Amerikas mit offenem Meer zum Süden. Seine Annahme traf zu,

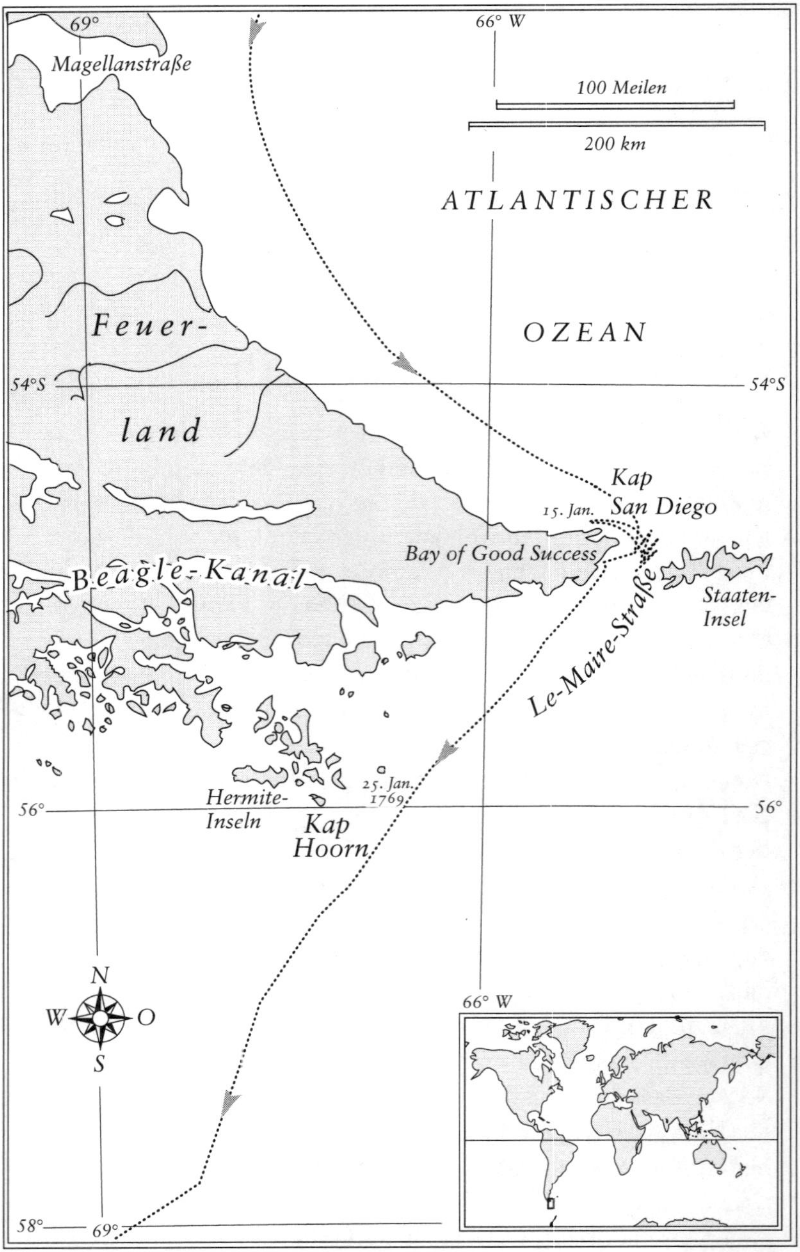
69°
Magellanstraße
66° W
100 Meilen
200 km
ATLANTISCHER
OZEAN
Feuer-
land
54°S
54°S
Kap
San Diego
15. Jan.
Bay of Good Success
Beagle-Kanal
Le-Maire-Straße
Staaten-
Insel
25. Jan.
1769
Hermite-
Inseln
56°
56°
Kap
Hoorn
N
W
O
S
66° W
58°
69°

dennoch verfolgte er sein Vorhaben, nordwärts zu steuern und das spanische Festland zu plündern, derart beharrlich weiter, dass ihm keine Zeit blieb, seine Hypothese mit Fakten zu untermauern.

1516 führten W. C. van Schouten und Isaac Le Maire von Amsterdam aus eine Expedition, die irgendwo an der Ostküste Feuerlands eintraf. Dort fanden sie eine Meerenge und ein sich nach Osten erstreckendes Land, das sie Staaten Landt (Staaten-Insel) nannten. Als sie die Meeresstraße passierten, entdeckten sie eine Gruppe verstreut liegender Inseln, denen sie den Namen Hermite-Inseln gaben. Das Kap auf der südlichsten Insel wurde nach Schoutens Heimatstadt Hoorn getauft. Schouten und Le Maire umrundeten Kap Hoorn und waren damit die Ersten, die die berüchtigte Passage durchfuhren und einen noch nicht entdeckten Weg in den Pazifik erschlossen. Die neue Passage war beinahe ebenso schwierig zu befahren wie die alte. Generationen von Seeleuten liebten es, die Vorzüge der einen Strecke mit der anderen abzuwägen. Tatsächlich aber hatten sehr wenige Seefahrer Erfahrungen mit beiden Routen. Jahrhundertelang konnte man diejenigen, die beide Passagen in den Pazifik befahren hatten, an einer Hand abzählen.

Die immensen navigatorischen Schwierigkeiten sowie der Umstand, dass sich durch die mitunter als Südwestpassage bezeichnete Durchfahrt kaum Gewinn bringende Handelswege erschlossen, führten dazu, dass bis ins 17. und 18. Jahrhundert nur wenige Schiffe in den Pazifik vorstießen. Im Fall Englands wurden bedeutende Anstrengungen und Mittel in die profitablere Kolonisierung Nordamerikas umgeleitet. Erst Mitte des 18. Jahrhunderts begannen die Engländer, sich ernsthafter für die Welt jenseits von Amerika zu interessieren. 1741 umrundete Kommodore George Anson während seiner vier Jahre dauernden Weltumsegelung Kap Hoorn. Er kehrte mit seiner Beute, einem spanischen Manila-Schatzschiff, nach England zurück und faszinierte die allgemeine Leserschaft durch einen Bericht über die Orte und Abenteuer, denen er auf seiner Fahrt begegnet war.

Die nächste britische Expedition fand erst 1764 statt, als John Byron mit zwei Schiffen, der *Dolphin* und der *Tamar*, die Magellanstraße durchfuhr. Als erstes Schiff der englischen Marine hatte man die *Dolphin* versuchsweise am Rumpf mit einem Kupferbeschlag ausgerüstet, der vor den Verheerungen durch den Schiffsbohrwurm Schutz bieten sollte. Der Beschlag erwies sich als Erfolg, aber die Expedition schlug fehl. Zwar brauchte Byrons Schiff nur zwei Jahre für die Umsegelung der Erdkugel, doch blieb seine Reise wegen der furchtbaren Leiden der Besatzung mit einem Makel behaftet. Dass viele Seeleute an Skorbut starben, war der wesentliche Grund, warum er keine größeren Entdeckungen machte.

Die *Dolphin* blieb nur kurze Zeit in England, dann brach sie zum zweiten Mal, nun unter Befehl von Captain Samuel Wallis, in Begleitung eines weiteren Schiffs, der *Swallow*, in den Pazifik auf. Wie Byron vor ihm folgte auch Wallis dem Befehl, die Magellanstraße zu durchfahren. Gehorsam kämpfte er zwölf Wochen lang gegen die Elemente, dann hatte er sich in den Pazifik durchgeschlagen. Er verlor Fühlung zu seinem Begleitschiff, der *Swallow*, und musste schließlich ohne dieses nach England zurückkehren. Wallis' große Entdeckung war eine wunderschöne Insel im Pazifik, auf 17 Grad südlicher Breite gelegen, die er König-George-III.-Insel nannte – Beleg für eine wichtigtuerische Namensgebung, die später zugunsten der Bezeichnung der Ureinwohner aufgegeben wurde: Tahiti. Wallis' Fahrt litt, so wie Byrons, unter dem schlechten Gesundheitszustand der Mannschaft, der wieder einmal Entdeckungen verhinderte, die sonst hätten gemacht werden können. Sein Begleitschiff, die kleine *Swallow*, war aber mitnichten im Pazifik untergegangen. Auch sie hatte die Erde umsegelt und kehrte schließlich ein ganzes Jahr später als die *Dolphin* nach Hause zurück.

Die Kenntnis dieser jüngsten Reisen überzeugte Cook – mehr als alles andere –, dass die Gesundheit und die Kost seiner Männer von herausragender Bedeutung waren, wenn er auf der Südhalbkugel bedeutende Entdeckungen machen wollte.

Als die *Swallow* nach England zurückkehrte, hatte die *Endeavour* schon den Hafen von Plymouth verlassen. Vier Männer waren bereits mit Wallis auf der *Dolphin* gefahren – der Schiffsmeister Robert Molyneux, Leutnant John Gore, der Maat des Schiffsmeisters, Richard Pickersgill, sowie der Waliser Francis Wilkinson. Als sich Cook Kap Hoorn näherte, waren die vier Veteranen von der *Dolphin* guter Dinge, sich bald der auserwählten Schar von Seeleuten zuzugesellen, die sowohl Kap Hoorn umsegelt als auch die Magellanstraße durchfahren hatten.

Die Admiralität hatte nicht nur Byrons und Wallis' Reiseberichte studiert, sondern auch die früheren Erfahrungen von Lord Anson berücksichtigt. Daher entschied man sich bei der *Endeavour* zugunsten der Kap-Hoorn-Route. Die Segelinstruktionen waren in dieser Hinsicht unmissverständlich; unter ihnen befanden sich auch einige gut gemeinte Ratschläge, wie das Kap zu umrunden sei: »… wir empfehlen, dass Ihr bei der Fahrt um das Kap weit nach Süden steuert, um einen guten westlichen Kurs segeln zu können.«

Einige Tage nach der Abfahrt von Feuerland kam aus Südost ein kalter Wind auf, wobei die Temperatur rasch auf neun Grad Celsius fiel. Weil dieser scharfe Wind sich so unvermittelt nach dem Verlassen der Tropen erhob, erschien er den Seefahrern zunächst lediglich ein eisiger Windsturm zu sein; vor ihnen lagen jedoch noch schlechteres Wetter und noch schwerere Stürme. Joseph Banks zog sich eine warme Weste samt Jacke und eine feste Hose an – und auch der Kapitän fand es an der Zeit, dicke Hosen und wetterfeste Flauschjacken, die so genannten Magellan-Jacken, auszuteilen, welche die Admiralität zum Schutz gegen Wind und Wetter zur Verfügung gestellt hatte. Der Südatlantik wurde seinem stürmischen Ruf gerecht: Er warf sich der *Endeavour* mit einer heulenden steifen Brise entgegen und ließ sie wie einen Kork auf der stürmischen See tanzen.

Im Laufe des Tages wurde das Wetter zusehends schlechter; am Abend toste der Wind derart, dass Cook beschloss, beizudrehen und die Wellen abzureiten. Er brachte das Schiff zum

Halten und ließ alle Segel bis auf ein Großsegel reffen. Die Ziege wurde unterdecks in Sicherheit gebracht, die Segel wurden beschlagen, die Luken verschalkt. Alles an Deck wurde sicher verschnürt und vertäut. Die Wellen donnerten mit Wucht gegen die Flanken des Schiffs, die See strömte über das Deck, brach sich in wildem weißem Gischt und wirbelte um Mast, Reling und Takelage. Im Schiff schleuderten sämtliche nicht befestigten Gegenstände umher. Stampfend und gierend, vollführte die *Endeavour* ihr berühmtes Rollen. Eine Welle warf sie derart heftig herum, dass Banks' Schreibtisch umstürzte. Die Bücher fielen herunter und landeten in der ganzen Kajüte. Nach Einbruch der Dunkelheit fanden die Männer keinen Schlaf, weil die Hängematten heftig hin- und herschwangen und die darin Liegenden bei jedem starken Überlegen des Schiffs unvorhersehbar gegen die Wände prallten:

> Am Abend blies ein starker, in der Nacht ein schwerer Sturm, das Schiff wurde unter ein Großsegel gebracht; währenddessen stürzte mein Schreibtisch um, und die meisten Bücher fielen auf den Kajütenboden. So verbrachten wir bei dem Lärm des ächzenden Schiffs, den umherrutschenden Büchern etc. und all dem Schlagen unserer Hängematten oder Schlingerkojen gegen die Decke und die Wände der Kajüte eine höchst unerquickliche Nacht …

Die Seeleute wussten zwar, dass das barkgetakelte Cat-Schiff einem solchen Sturm beharrlich widerstehen konnte, aber selbst die erfahrensten Leute waren beeindruckt, wie leicht sie die schweren Seen abritt. »Das Schiff hat während des Sturms seine herausragenden Fähigkeiten bewiesen, indem es bemerkenswert gut beilag«, schrieb Banks. »Es nahm kaum Wasser über, obwohl es mehrmals ungeheuer stark blies; fast alle Seeleute sagen, sie kennten kein Schiff, dass so gut beiliege wie dieses, so lebhaft und zugleich so mühelos.«

Tags darauf konnten sie kurz verschnaufen. Cook schickte die Männer hinauf in die Webeleinen, weil er die Bramsegel wieder setzen wollte. Banks, der den Leuten hin und wieder Seefahrergeschichten entlockte, weiß eine interessante kleine Anekdote zu berichten:

> Wie man erlebt hat, fährt das Schiff viel besser, seit es im letzten Sturm so richtig durchgerüttelt wurde. Nach Ansicht der Seeleute ist es eine allgemeine Beobachtung, dass Schiffe besser fahren, wenn sie, wie sie es nennen, »in den Gelenken gelockert« worden sind, und zwar so sehr, dass es bei Verfolgungsjagden üblich ist, Relingstützen etc. abzuschlagen, um das Schiff möglichst stark zu lockern.

Das Schiff näherte sich Land und steuerte auf eine Meerenge zu, die Le-Maire-Straße, so benannt nach dem niederländischen Seefahrer, der sie im Jahr 1615 entdeckte. Die Meeresstraße teilt Feuerland von einer langen, öden Insel, die sich nach Osten erstreckt. Charles Green wollte eine Mondbeobachtung vornehmen, aber die Wellen stiegen derart hoch, dass das Achterdeck allein dreimal Brecher überkam, während er die Höhe bestimmen wollte. Das Schiff schlingerte dabei so stark, dass sogar der passionierte Astronom Cook darauf verzichtete, unter diesen scheußlichen Bedingungen Observationen vorzunehmen.

Die Einfahrt in die Le-Maire-Straße wurde im Westen durch das Kap San Diego und im Osten durch einen Felsvorsprung flankiert. Gesäumt wurde sie von lang gestreckten wüsten Brechern, die unablässig gegen die Klippen brandeten und schäumenden Gischt hochschießen ließen. Die *Endeavour* segelte voller Hoffnung in diese Sturzbäche hinein, wollte dort eine Einfahrt in die Meerenge finden, aber das Meer zeigte sich störrisch und warf das Schiff nach Belieben hin und her. Das Heck wurde emporgeschleudert, der Bugspriet so heftig nach unten gedrückt, dass er mitunter ins Wasser tauchte. Gegen Mittag, nachdem man zwei Stunden dieser Tortur über sich hatte ergehen lassen, beschloss Cook, sein Vorhaben aufzugeben – er zog sich zurück und wartete, bis der Wind abgeflaut war, um es dann noch einmal zu versuchen. Um vier Uhr nachmittags unternahm er einen zweiten Angriff, dieses tosende Gewässer zu durchqueren, und wieder war das Stampfen so heftig wie beim ersten Mal. Diesmal aber widerstand die *Endeavour* dem Gröbsten und konnte Kap San Diego passieren, um in die dahinter gelegene Meeresstraße einzulaufen.

Doch es half alles nichts. Aus der Meerenge kam ihnen eine derart gewaltige Strömung entgegen, dass das Schiff dorthin zurückgeschlagen wurde, woher es gekommen war, und erneut die grässlichen schweren Schläge über sich ergehen lassen musste.

Die reißende Strömung, die die *Endeavour* aus der Le-Maire-Straße hinausgedrängt hatte, war ein Tideneffekt, der durch den schmalen Kanal am Ausgang der Meeresstraße erzeugt wurde. »Steuerten auf Landspitze St. Diego zu, wo das Schiff bei der Überquerung einer kabbeligen Strecke mit starkem Gezeitenstrom so unruhig fuhr, dass das Sprietsegel mehrere Male ins Wasser tauchte«, schrieb Molyneux. »Gleichzeitig rollte es überraschend tief, [während] uns diese Ström[ung] aus der Meeresstraße hinausdrängte.« Cook wollte, bevor er einen dritten Versuch unternahm, zunächst einmal ankern, um der Mannschaft eine Verschnaufpause zu gönnen, weshalb er Molyneux mit dem Auftrag entsandte, eine kleine Bucht hinter Kap San Diego zu untersuchen. Die Lotungen zeigten jedoch einen harten, felsigen Meeresboden, auf dem der Anker keinen Halt finden würde. Das Schiff unternahm also einen dritten Versuch, in die Meeresstraße vorzustoßen, wurde aber ein drittes Mal zurückgeschlagen.

»Während wir das Kap passierten, mussten wir die unruhigste Kabbelung durchfahren, die ich je erlebt habe«, ereiferte sich Richard Pickersgill. »Diese wird meiner Ansicht nach durch das Zusammentreffen der Gezeitenströme mit dem Zustand des Meeresgrunds verursacht, der aus nichts als Korallenfelsen besteht und sehr uneben ist.« Die *Endeavour* zog sich hinter Kap San Diego zurück, wo es zwar keinen Ankergrund gab, aber geschütztes Gewässer lag. Da schwer zu erkennen war, wie ein Schiff in die Le-Maire-Straße hineingelangen oder gar bis zur anderen Seite durchkommen sollte, erlaubte Cook den Botanikern, in einem der Boote an Land zu gehen. Er selbst machte währenddessen eine Bestandsaufnahme der Lage und kreuzte die Meeresstraße hinauf und hinunter. Schließlich kam er zu dem Schluss, dass der kabbelige, reißende Strom durch das Zusammenspiel der Kaps und Landzungen und durch zwei entgegengesetzte Gezeitenströme verursacht wurde, die von verschiedenen Seiten der Staateninsel kamen und an dieser Stelle aufeinander prallten. Falls diese Annahme zutraf, bestand die Lösung darin, den richtigen Zeitpunkt bei der Tidenkenterung zu finden, wenn man dort hindurchkommen wollte.

Der nächste Versuch wurde also pünktlich bei dem ihrer Ansicht nach richtigen Tidenstand gestartet. Cook liefert in seinem Logbuch keine näheren Angaben, aber bei diesem vierten Versuch schaffte es die *Endeavour* schließlich. Kaum war das Schiff in die Meeresstraße gelangt, kam es auch gut vorwärts, und man konnte in den geschützten Gewässern der Bay of Good Success (»Bucht des guten Erfolges«) ankern. Kein besonders treffender Name, wenn man die katastrophale Expedition Joseph Banks' und seiner Gruppe ins Landesinnere bedachte. Hier wurden die Vorbereitungen für die endgültige Umsegelung der Hoorn getroffen: Um dem Schiff mehr Stabilität zu verleihen, verstaute man die Geschütze und schweren Gegenstände im Laderaum. Kein leichtes Unterfangen bei solch unruhiger See, während deren die Wellen heftig gegen die nahe Küste brandeten. Ein Wurfanker ging verloren, nachdem im Sturm ein Kabeltau gerissen war. »Der Sturm riss das Kabeltau und das Bojenreep entzwei und begrub den Anker im Sand«, schrieb Wilkinson. »Hagel- und Schneeschauer und eine übermäßige Kälte. Bereiteten uns zur Freude aller Männer darauf vor, in See zu stechen.« Ungeachtet des stürmischen Wetters und der niedrigen Temperaturen brannte die Besatzung darauf, die vor ihr liegende Aufgabe anzupacken.

Der Himmel war bedeckt, der Wind äußerst böig, aber die Seeleute hatten sich an die schweren Seen gewöhnt und machten sich nichts aus dem Wetter. Während sie die Meerenge durchfuhren, betrachtete Sydney Parkinson fast ehrfürchtig die steilen, hohen Klippen der Staaten-Insel, die während der Weiterfahrt in Richtung Kap Hoorn hoch über dem Schiff thronten. Er war so tief bewegt, dass er sogar seinen Schöpfer anrief:

> Wie verblüffend unterschiedlich sind doch die Werke des HErrn in den engen Grenzen dieser Erdenkugel, die wir bewohnen und die im Vergleich mit der riesigen Ansammlung der Formationen, aus denen das Weltall besteht, doch nichts als ein dunkler Flecken in der Schöpfung zu sein scheint. Eine Neugier, die vielleicht der des Salomo gleichkommt, jedoch mit weniger Weisheit verbunden, als der königliche Philosoph besaß, brachte einige von uns dazu, ihr Heimatland zu verlassen und die Himmelskörper in fernen Gegenden genauestens zu untersuchen, wie auch um dem Stempel des Höchsten Macht und Geist auf zahlreiche unterschiedliche Arten von Tieren und verschiedene Gattungen von Pflanzen im vegetabilischen System nachzuspüren ... das kleinste Objekt ist, durch ein Mikroskop betrachtet, seinem Ursprung nach göttlich wie auch jene größeren, die man mit bloßem Auge betrachten kann ...

Die *Endeavour* segelte aus der Le-Maire-Straße auf das offene Meer und die Spitze der großen Landmasse Südamerikas zerfiel plötzlich zu einer Ansammlung öder Inseln: Die Hermite-Inseln waren kleine, zerklüftete Felsen mit spitzen vorgelagerten Klippen, die so nadelscharf waren, dass sie die Planken jedweden Schiffs durchdringen konnten, welches unglücklicherweise mit ihnen in Berührung kam. Neugierig kreischende Seevögel, darunter mehrere große Albatrosse, die mühelos am Himmel kreisten, folgten dem Schiff in der Hoffnung, Lebensmittelreste aufzupicken. Am 25. Januar lagen die Hermite-Inseln in Luv an Steuerbord voraus. Kap Hoorn war die Spitze der südlichsten Insel der Hermite-Gruppe, doch konnte man sich nicht recht darauf einigen, welcher Insel diese Ehre gebührte. Cook brachte sein Tagebuch auf den neuesten Stand:

Winde aus Süd bis WNW, zunächst steife Brisen und böig, dann wenig Wind, mit Hagel und Regen, schließlich steife Brisen, die Luft dunstig vor Regenschauern ... gegen Mittag lag die Südspitze der südlichsten Insel bei NWzW, Entf. 3 Leagues, hatten zu diesem Zeitpunkt auf 55 Faden Kieselgrund; diese Landspitze ist recht hoch und besteht aus spitzen, schroffen Felsen, nicht so weit davon entfernt ragten mehrere andere hoch aus dem Wasser; es liegt auf 55° 53' südl. Breite und 26 Leagues südwestlich der Le-Maire-Straße; einige an Bord meinen, es sei Kap Hoorn, aber ich war anderer Meinung, und zwar mit guten Grund, denn etwa 3 oder 4 Leagues südlich davon war Land zu sehen. Es ähnelte in etwa einer Insel mit einem hohen, runden Hügel: dieses halte ich für das Kap Hoorn, denn nachdem wir etwa 3 Leagues südwärts gefahren waren, klarte es etwa eine Viertelstunde lang auf, wodurch wir das Land erkennen konnten; wir steuerten zu dem Zeitpunkt nach WSW, konnten aber weder nach Süden noch nach Westen davon Land erkennen; daher kamen wir zu dem Schluss, dass es das Kap sein müsse, doch ob es ein einzelnes Eiland, ein Teil der südlichsten Hermite-Inseln oder Teil von Feuerland ist, vermag ich nicht mit Gewissheit zu sagen.

Das Wetter wurde besser, und die *Endeavour* hatte großes Glück, das Kap unter vergleichsweise moderaten Bedingungen zu umrunden. Das gute Wetter hielt so lange, dass die Bark nicht nur die Segel aller drei Masten, sondern auch noch die Leesegel setzen konnte – der Anblick von so viel Segelfläche in dieser Region war etwas, dem künftige Seefahrer eher mit Unglauben begegnen würden. Nebel zog auf, aber er war leicht und so durchscheinend, dass man trotzdem astronomische Messungen vornehmen konnte. Der Kapitän, einige der Offiziere und der Astronom nahmen die Höhe, wann immer die Umstände es zuließen, sodass man am Ende nicht weniger als 24 Beobachtungen angestellt hatte, aus denen sich die Position der Hoorn ermitteln ließ. »Nun aber darf ich wagen zu behaupten, dass es wohl kaum einen Ort auf der Welt gibt, dessen Länge besser bestimmt ist als die der Le-Maire-Straße und des Kap Hoorn«, schrieb Cook voll Stolz und gewährte damit einen seltenen Einblick in seine Gefühlswelt. »Bestimmt wurde sie durch mehrere Beobachtungen der Sonne und des Mondes, die sowohl ich als auch Mr. Green, der Astronom, vornahmen.«

Einige Tage nach der Umrundung der Hoorn gab einer der Fähnriche eine andere, fast unverständliche, aber interessante Darstellung der Bestimmung des Längengrads:

> ... um 3 Uhr nachmittags beobachtete Länge von Sonne & Mond bei 90:05 und pr Do [?] beobachtete Länge von Mond und Stern Regulus 91:09 W von Greenwich; ein Beispiel für die Genauigkeit dieser Methode, die Länge zu entdecken, und für den großen Nutzen, den sie für Navigatoren auf diesen langen Reisen bietet, und die meiner Ansicht nach gar nicht zu sehr gefördert werden kann.

Diese schwärmerischen Sätze über die Methode der Bestimmung der geographischen Länge mittels der Monddistanz äußerte der junge Pickersgill, der Mann, der mitten im Atlantik vor den Mast befohlen worden war, weil er seine Schlafstelle nicht sauber machen wollte. Zudem macht er die interessante Bemerkung, dass man eine Verfinsterung des Planeten Saturn, als dieser nahe dem Mond vorbeiging, beobachtete habe – ein Indiz dafür, dass die Astronomen keine Gelegenheit ausließen, die Position des Schiffs anhand des Mondes zu ermitteln. Charles Green, dessen beharrlicher Unterricht nun endlich Früchte trug, muss Pickersgills neu erwachten Enthusiasmus außerordentlich begrüßt haben.

Immer wenn das Schiff nahe der Küste fuhr, bemühten sich Cook und Green, die Länge der Landspitzen und wichtigsten topographischen Merkmale zu bestimmen. In der Le-Maire-Straße stellte Cook fest, dass seine Berechnungen, die auf der herkömmlichen Koppelrechnung beruhten, von denen des Astronomen um fast einen Grad abwichen – auf dieser Breite machte das einen Unterschied von etwa 30 Seemeilen. Daraus schloss er, dass eine starke, aus der Magellanstraße nach Osten führende Strömung das Schiff nach Westen verschlagen hatte. Unter solchen Bedingungen, wenn die See über das Achterdeck spülte und das Schiff enorm stampfte, waren die Beobachtungen des Astronomen nicht verlässlicher als die Besteckrechnungen des Kapitäns. Später auf der Fahrt fand Cook die Ursache, die seinen Irrtum teilweise erklärte. Die Geschwindigkeit des Schiffs im Wasser wurde damals mittels einer »Logleine« gemessen. Dabei handelte es sich um ein Tau, das durch in regelmäßigen Abständen angebrachte Knoten gemarkt wurde und an dessen einem Ende ein Schwimmer befestigt war. Der Schwimmer wurde übers Heck geworfen, dann drehte man eine Sanduhr, die nach 30 Sekunden durchgelaufen war. Die Anzahl der Knoten, die von der Rolle abliefen, gaben die Geschwindigkeit des Schiffs in Knoten an. Als Cook herausfand, dass die Abstände zwischen den Knoten zu weit waren, sodass man einen zu geringen Wert für die Fahrtgeschwindigkeit erhielt, ließ er die Logleine neu eichen, um den Fehler zu beheben.

Lange Zeit blieb Kap Hoorn die letzte Landkennung. Jetzt lag meilenweit offenes Meer vor ihnen. Da Cook wusste, dass ihn die Stürme jederzeit nach Norden verschlagen konnten und er deshalb weit vom Ende des Kontinents absteuern musste, bevor er wieder nach Norden kreuzen konnte, sorgte er dafür, dass er weit nach Westen gelangte und weiter vom Land abhielt. Nachdem Feuerland außer Sicht war, notierte er seine Erkenntnisse in seinem Tagebuch, nebst Kommentaren und Ratschlägen für künftige Seefahrer:

> … wir sind nun etwa 12° westlich auf Höhe der Magellanstraße und $3^1/_2$° nördlich davon vorgerückt; 33 Tage waren vonnöten, um Kap Hoorn oder Tierra del Fuego zu umsegeln und in die Breite und Länge zu gelangen, wo wir uns jetzt befinden. Seit Verlassen der Le-Maire-Straße mussten

wir kein einziges Mal die Marssegel reffen; so glücklich traf es wohl kein Schiff zuvor in jenen Seen, welche man ihrer heftigen Stürme wegen fürchtet; die Umsegelung der Hoorn gilt etlichen als waghalsiges Unterfangen, und andere geben bis zum heutigen Tag der Magellanstraße den Vorzug. Da ich nie durch jene Straße segelte, vermag ich mein Urteil nur auf eine sorgfältige Vergleichung der Logbücher derjenigen Schiffe zu gründen, die selbige passierten, und der anderen, die Kap Hoorn umsegelten. Mein Augenmerk richtet sich dabei insbesondere auf die beiden letzten Reise der *Dolphin* und auf unsere Fahrt; da hier die Jahreszeit die gleiche ist, mag man mit Grund annehmen, dass auch dieselben Winde vorherrschen. Die *Dolphin* brauchte auf ihrer letzten Reise 3 Monate, durch die Straße zu gelangen, ungerechnet die Zeit, da sie in Port Famine lag; und so ich die Winde bedenke, welche wir hatten, so gelange ich zu der festen Überzeugung, dass wir, wären wir durch jene Passage gekommen, nicht in diese Seen gelangt sein würden, abgesehen von der Erschöpfung unserer Männer und dem Schaden an unseren Ankern, Trossen, Segeln und der Takelage, von welchen wir allesamt verschont blieben bei der Umsegelung von Kap Hoorn.

Nachdem Cook deutlich gemacht hatte, warum er die Route um Kap Hoorn vorzog, hielt er es für nötig, zu erklären, warum er sich entschloss, die Le-Maire-Straße zu durchfahren, obwohl man ihm geraten hatte, östlich an der Staaten-Insel vorbeizusegeln. Merkwürdigerweise berichtete er an dieser Stelle in seinem Schiffstagebuch nichts von den Schwierigkeiten, denen er bei der Einfahrt in die Le-Maire-Straße begegnete, da solche Anmerkungen ja späteren Seefahrern hätten nützen können. Vermutlich wollte er jedoch nur seinen Entschluss rechtfertigen, dass er diese besondere Route eingeschlagen hatte:

Aus dem oben Gesagten mag es den Anschein haben, als befürwortete ich die Magellanstraße, aber man darf wohl erwarten, dass ich etwas über die Le-Maire-Straße sage, die wir durchfuhren; dies ist mir insofern eine Pflicht, als es mein eigener Entschluss war und gegen den Rat von Mr. Walter verstößt, des kenntnisreichen Verfassers der Reise Lord Ansons, der allen Schiffen riet, nicht diese Meeresstraße zu durchfahren, sondern östlich von der Staateninsel zu fahren und sich zudem bis 61° oder 62° Süd nach Süden zu halten, bevor man sich bemüht, nach Westen zu gelangen. Die Frage, ob man die Le-Maire-Straße durchfahren oder die Staaten-Insel umfahren soll, scheint mir von geringer Bedeutung zu sein; je nach den Umständen sollte man sich für die eine oder andere Route entscheiden …

Der Januar ging zu Ende und am 1. Februar war die See wieder ruhig. Cook gestattete, dass Banks in einem der Boote losfuhr und seine Schrotflinte ausprobierte. Der begeisterte Jäger und Sammler erlegte ein Dutzend Vögel. Nach den Maßstäben späterer Jahrhunderte könnte man den Naturforscher als wahllosen Schlächter betrachten, der auf alles schoss, was sich bewegte – Banks hätte sich jedoch zu Recht beleidigt gefühlt, denn er brachte ebenso viel Mitgefühl für wilde Tiere auf wie nur irgendeiner seiner Zeitgenossen. Gelegentlich ging er auf Jagd, um seiner Sammlung neue Exemplare hinzuzufügen, wobei große Vögel und Tiere allerdings schwierig zu konservieren waren, aber seine Begeisterung entsprang wohl zum großen Teil der traditionellen Jagdleidenschaft des englischen Landadels. Forscher wie Seeleute waren stets bereit, neue Gerichte für den Kapitänstisch und die unteren Decks auszuprobieren. Banks hatte die Albatrosse, die dem Schiff folgten, schon wochenlang beobachtet, wobei er sich langsam fragte, was für eine Mahlzeit sie wohl abgeben würden. Um das herauszufinden, schoss er einen dieser Vögel.

In den Mythen und Legenden der Seeleute galt der Albatross als heiliger Vogel, der den Geist ihrer toten Kameraden verkörperte. Joseph Banks muss gewusst haben, in welch großer Verehrung sie ihn hielten. Sein Tagebuch beweist, dass er die abergläubischen Vorstellungen der Matrosen bis zu einem gewissen Grad respektierte, auch wenn er selbst den Seefahrergeschichten keinen Glauben schenkte. Dennoch war das Töten eines Albatross eine gedankenlose Handlung und dazu eine, die die Seeleute verärgern musste, die ja glaubten, dass dadurch nichts als Unheil über das Schiff kommen werde.

Am darauf folgenden Tag vermeldete Banks, dass er sich unwohl fühle, aber das ging schnell wieder vorüber, und so wurde der Albatross, wie es sich gehörte, zum Dinner serviert und mit großem Appetit verzehrt. All jenen, welche die Kunst, einen Albatross zuzubereiten, erlernen möchten, werden sogar einige nützliche Anweisungen erteilt:

> Heute fast windstill: Mir selbst geht es etwas besser als gestern, gut genug, um einen Teil des Albatrosses zu verspeisen, den ich am 3. geschossen hatte. Er mundete so gut, dass alle voll des Lobes waren und ordentlich davon aßen, obwohl frisches Schweinefleisch aufgetragen worden war. Man bereitet ihn folgendermaßen zu: Rupfen und über Nacht in Salzwasser einlegen, halbgar kochen und das Wasser wegschütten, dann mit sehr wenig Wasser gut schmoren. Wenn das Fleisch genügend zart ist, mit einer schmackhaften Sauce servieren.

In diesem Abschnitt des Pazifiks kamen die vorherrschenden Winde und Meeresströmungen aus West. Zusammengenommen bewirkten die beiden Naturkräfte, dass es recht schwierig war, in westlicher Richtung von der Küste Südamerikas fortzukommen und in den Stillen Ozean zu gelangen. Früheren Entdeckern waren diese westlichen Winde wohlbekannt gewesen, weshalb sie nahe der Küste fuhren, aus Sicherheitsgründen und weil man leichter navigieren konnte, wenn man nach Norden in die Tropenregion vordrang, in der die Meeresströmungen aus östlicher Richtung kamen und die Schiffe über den Pazifik in wärmere Breiten beförderten. Cooks Anweisungen lauteten hingegen, er habe auf der Suche nach dem

Südland von Kap Hoorn aus nach Nordwesten in den Pazifischen Ozean zu segeln. Trotz der widrigen Winde und Strömungen hielt er sich streng an diese Instruktionen und steuerte dadurch in nicht kartierte Gewässer. Endlich hatte die Suche nach der *Terra Australis* begonnen, und so fuhr die *Endeavour* nach einigen Tagen in Gewässern, in die noch nie zuvor ein Schiff vorgestoßen war.

Die Tage verstrichen, während die *Endeavour* ihren nordwestlichen Kurs beibehielt. Sie gelangte in eine Gegend des Stillen Ozeans mit wunderschönen Sonnenuntergängen und einem scharlachroten Morgenrot; wenn die Morgensonne den Dunst vertrieben hatte, sah man am Horizont jedoch nichts als ein riesiges, leeres Meer. Manchmal täuschte eine Wolkenbank die Seeleute, sodass sie meinten, es läge Land voraus, doch immer wieder verriet sich die unstete Kumuluswolke, indem sie Form und Farbe änderte, während sie darauf zufuhren. Tag um Tag fuhr die *Endeavour* langsam nördlich, hinein in den grenzenlosen Ozean, den Magellan den Stillen genannt hatte. In den nächsten Wochen hellten sich das graue Meer und der Himmel gelegentlich kurz auf, aber der große unbekannte Kontinent war nirgends zu erblicken.

Es heißt, Cook sei der erste Kapitän gewesen, der in den Pazifik vorgedrungen sei und der genau gewusst habe, an welcher Position sich sein Schiff auf dem Erdenrund befand.

Dieser Anspruch mag begründet sein, aber man sollte dabei nicht vergessen, dass das Verdienst für den Erfolg dieser ersten Reise zum überwiegenden Teil Charles Green gebührt, denn er war es, der Cook und den Offizieren die Methode lehrte, die geographische Länge mittels Beobachtung der Monddistanz zu errechnen. Green war der Einzige an Bord, der von den Observationen noch begeisterter war als der Kapitän. Er nahm die Höhe, wann immer er konnte, selbst bei abscheulichstem Wetter, wenn die Wellen nur so übers Deck spülten.

Die geographische Länge auf See zu finden war ein Problem mit einer langen und wechselvollen Geschichte. Wenn keine Küste in Sicht war, bestand die herkömmliche Methode, den

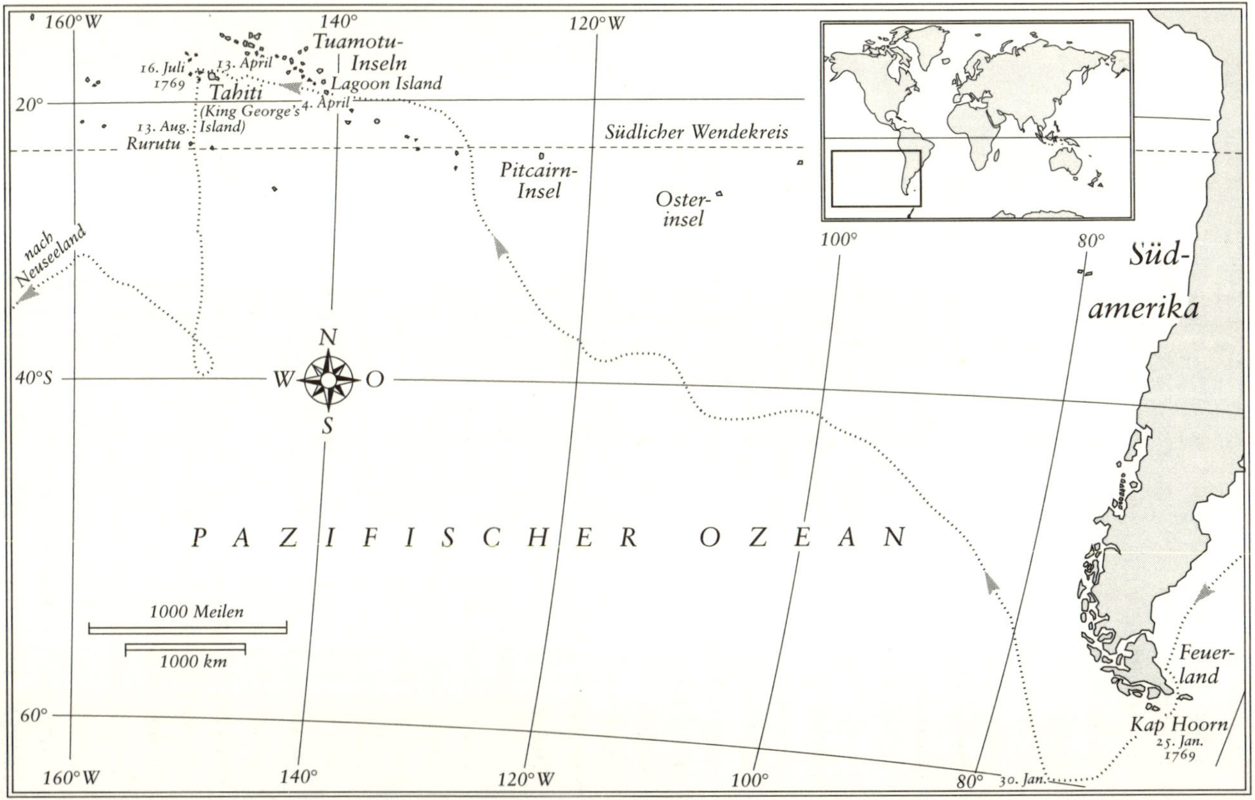
160° W
140°
120° W
Tuamotu-
Inseln
Lagoon Island
16. Juli
1769
13. April
Tahiti
(King George's
Island)
4. April
20°
13. Aug.
Rurutu
Südlicher Wendekreis
Pitcairn-
Insel
Oster-
insel
100°
80°
Süd-
amerika
nach
Neuseeland
N
W
O
S
40° S
P A Z I F I S C H E R O Z E A N
1000 Meilen
1000 km
Feuer-
land
Kap Hoorn
25. Jan.
1769
60°
160° W
140°
120° W
100°
80°
30. Jan.

Standort eines Schiffs zu bestimmen und die alle frühen Seefahrer verwendeten, in der so genannten »gegissten Besteckrechnung«. Dazu gehörte, dass man in regelmäßigen Abständen Fahrt und Richtung des Schiffs maß. Nach Einbeziehung der Meeresströmungen ermöglichten es diese Daten den Seefahrern, in Verbindung mit dem Kompassstrich und der Position der Sterne, Entfernung und Richtung des Schiffs ausgehend vom bekannten Landfall zu schätzen. Zwar konnte ein geübter und erfahrener Seefahrer auf einer kurzen Reise mit der gegissten Besteckrechnung recht ordentliche Ergebnisse erzielen; die Strecke, die das Schiff im Wasser zurücklegte, konnte er jedoch nur annäherungsweise bestimmen, und die Messung der Abdrift war aufgrund der Meeresströmungen nahezu unmöglich. Auf diese Weise entstanden bei der Ermittlung des Schiffsstandorts sich häufende Fehler aller Art. Da die Angaben über den Längengrad ferner Inseln im Pazifik bekanntermaßen unverlässlich waren, ließ sich die Position nur sicher ermitteln, indem man sich allein nach der Breite richtete und einen bestimmten Breitenkreis entlangfuhr, immer in der Hoffnung, das Land zu entdecken, auch wenn man die Länge um mehrere Grade verfehlte.

Als sich im 17. Jahrhundert der internationale Handel mit Amerika und dem Fernen Osten ausweitete, wurde allmählich deutlicher, dass verbesserte Navigationsmethoden nötig waren. Da die Astronomie entscheidende Kenntnisse zur erfolgreichen Navigation beisteuern konnte, gründete man in England im Jahr 1675 die Königliche Sternwarte in Greenwich, die an der Lösung des Problems, die Länge auf See zu finden, mitarbeiten sollte. Bekannt war, dass man den Längengrad jedweden Ortes der Erde berechnen konnte, indem man die lokale Zeit, die man mittels der Position der Sonne oder der Sterne erhielt, mit der Zeit auf einem feststehenden Meridian, beispielsweise dem Greenwicher, verglich. Eine offensichtliche Lösung war daher, eine Uhr, die an Bord eines Schiffs die Zeit nahm, nach der Zeit in Greenwich zu stellen. Der Haken dabei war: Diese Uhr musste so genau gehen, dass sie auf einer mehrere Monate währenden Seereise nicht mehr als einige Sekunden vor- oder nachging. Isaac Newton schrieb: »Es ist freilich noch keine Uhr hervorgebracht worden, die in der Lage wäre, unbehelligt von den Schiffsbewegungen, den Temperaturschwankungen, der unterschiedlichen Luftfeuchtigkeit und der unterschiedlichen Gravitation an verschiedenen Breitengraden genaue Ergebnisse anzuzeigen.« Newton behauptete nicht, dass dies unmöglich sei, sondern nur, dass es die technischen Möglichkeiten der damaligen Zeit überstieg. Daher schrieb das »Board of Longitude«, das »Längen-Amt«, einen Preis in Höhe von 20 000 Pfund aus, der demjenigen winkte, der eine Uhr konstruierte, die allen diesen hohen Anforderungen gerecht wurde.

Es gab jedoch noch ein anderes Verfahren, den Längengrad zu ermitteln, und zwar eine theoretische Methode, die während des 17. Jahrhunderts praktikabler schien, als eine Uhr herzustellen. Am Firmament gab es ja bereits eine Uhr, die alle sehen konnten – sie war das vertrauteste Objekt am Nachthimmel: der Mond. Wenn man die Bewegung des Mondes nach einer Reihe von Tafeln berechnen und vorausbestimmen konnte, dann befähigte dies einen Beobachter, die geographische Länge überall auf der Erde zu finden, entweder mittels der beobachteten Position des Mondes vor dem Hintergrund der Fixsterne oder vor der Position der Sonne. Das einzige Erfordernis war eine Tafel mit den Mondbewegungen. Die Bewegung des Mondes, ebenso wie die der Planeten, unterlag dabei Newtons Allgemeinem Gravitationsgesetz.

Newton selbst widmete sich mehrere Jahre diesem Problem. Die Kräfte, die den Mond in seiner Umlaufbahn hielten, gehorchten seinem Gesetz des »inversen Abstandsquadrats«. Kompliziert wurde das Ganze dadurch, dass der Mond zwei Kräften der Gravitation unterlag – der Erde und der Sonne – und daher jener elliptischen Umlaufbahn folgte, die Kepler anhand der Bewegung der Planeten um die Sonne entdeckt hatte. Die Krux dabei war, dass man nicht nur den genialen Verstand eines Isaac Newton besitzen musste, um die nötigen mathematischen Berechnungen anstellen zu können, sondern auch viele Jahre sorgfältige Beobachtungen des Mondes vernehmen musste, bevor man die Konstanten seiner Umlaufbahn korrekt bestimmen konnte.

Unterdessen schlugen die Franzosen mit der ihnen eigenen praktischen Herangehensweise eine weitere Methode zur Bestimmung der geographischen Länge vor, wobei sie sich einer anderen Uhr am Himmel bedienten. Die französische Methode bestand darin, die Position der Monde des Planeten Jupiter zu beobachten. Mithilfe dieser Trabanten, von denen jeder einer eigenen Bahn um den riesigen Planeten folgt, ließ sich die Zeit auf jedem bestimmten Meridian von jedem Ort der Erde ermitteln, an dem Jupiter zu sehen war. Die Methode war zwar recht praktikabel, wenn man sie von der Pariser Sternwarte aus ausführte und gute, landgestützte Teleskope verwendete; für die Seefahrer, die auf der Meeresdünung hin und her geworfen wurden, war es jedoch eine unlösbare Aufgabe, ein so winziges Objekt wie einen Trabanten des Jupiters zu finden und zu bestimmen.

In Großbritannien gab es Befürworter sowohl der praktischen Methode der Uhrmacher als auch der theoretischen Methode der Astronomen. Zufällig wurde die Anwendung beider Verfahren zur selben Zeit möglich. John Harrison, ein Uhrmacher aus dem entlegenen Dorf Barrow on Humber, stellte sich der Herausforderung des Längen-Amts und widmete sein Leben dem Bau eines Chronometers, der die Zeit auf See präzise zu messen imstande war. Er baute vier exzellente Zeitmesser, wobei sein viertes Modell so erfolgreich war, dass es während einer Versuchsfahrt nach Jamaica den Standort des Schiffs bei einer Abweichung von weniger als einer Seemeile vorausbestimmte. Auf seiner nächsten Fahrt – sie führte 1764 nach Barbados – nahm Charles Green als offizieller Astronom teil, wobei Harrisons Chronometer unter überaus schwierigen Bedingungen eine Fehlerabweichung von ungefähr zehn Meilen aufwies. Damit hatte das Instrument die Anforderungen erfüllt, die zum Erhalt der 20 000-Pfund-Prämie berechtigten, und das Längen-

Amt bezahlte Harrison widerstrebend die Hälfte des Preisgeldes. 10 000 Pfund machten den Uhrmacher zwar zu einem sehr reichen Mann, doch behauptete er völlig zu Recht, dass ihm der Gesamtbetrag in Höhe von 20 000 Pfund zustehe. Nach einem langen Streit, bei dem sogar der König seiner Unterstützung für Harrison Ausdruck verlieh, sah sich das knauserige Board of Longitude schließlich gezwungen, Harrison – zu jenem Zeitpunkt ein Mann im hohen Alter von achtzig Jahren – die andere Hälfte des Preisgeldes auszuzahlen. (Der Londoner Uhrmacher Kendall fertigte von Harrisons viertem Chronometer eine exakte Nachbildung an, die auf Cooks zweiter Reise in den Pazifik zum Einsatz kam.)

Als die *Endeavour* im Jahr 1768 von England aus in See stach, stand ihr auf der Fahrt zwar kein solcher Chronometer zur Verfügung, aber der Königliche Astronom, Nevil Maskelyne, hatte seine Methode der Bestimmung der Monddistanzen in der ersten Ausgabe des *Nautischen Almanachs* veröffentlicht, und somit hatten die Theoretiker das Längengrad-Problem gelöst. Die Fahrt der *Endeavour* war in navigatorischer Hinsicht einzigartig, da es sich um die erste Seereise handelte, bei der die Methode, die Länge mittels der Beobachtung des Mondes zu bestimmen, mit Erfolg angewendet wurde – was einen großen Fortschritt gegenüber dem Verfahren der gegissten Besteckrechnung darstellte. Trotzdem war die Methode im Grunde schon bei Beendigung der Reise hinfällig, da Harrisons Chronometer inzwischen von anderen Uhrmachern nachgebaut worden war und die leichtere, praktikablere und genauere Methode mittels des Chronometers die Monddistanzen-Methode abgelöst hatte.

Mit jedem neuen Sonnenaufgang drang die Bark *Endeavour* weiter in die unbekannten Gewässer des Pazifiks vor und jeden Morgen kannte der Kapitän präzise die Koordinaten seines Schiffs auf der Erdoberfläche. Jeden Tag suchte der Ausguck im Mastkorb den Horizont nach Zeichen für Land ab. Die Seefahrer wussten, dass sie sich den Karten zufolge mitten in der Gegend der hypothetischen *Terra Australis Incognita* befanden, hatten jedoch noch immer kein Land gesichtet. Bald schrieb man den 1. März. Es war Herbst und nicht Frühling, trotzdem gelangte das Schiff in gemäßigtere Breiten, und Joseph Banks konnte seine warme Weste wieder ausziehen. »Ich hoffte allmählich, dass wir uns jetzt so nahe dem stillen Teil des Pazifischen Ozeans befanden, dass wir keine weiteren Stürme mehr befürchten mussten«, sinnierte er. Die Position des Schiffs bewies, dass keine Strömung es nach Westen verschlug. Und das Fehlen einer Strömung bedeutete, dass es in der Nähe kein Land gab, wie Cook aus Erfahrung wusste:

> … dies muss ein wichtiger Hinweis darauf sein, dass es in unserer Nähe kein größeres Land gibt, da man in dessen Nähe im Allgemeinen Strömungen vorfindet. So ist es wohl bekannt, dass man in der Nordsee, an der Ostseite des Kontinents, noch mehr als 100 Leagues vom Lande entfernt Strömungen begegnet; diese Strömungen findet man selbst inmitten des Atlantischen Ozeans zwischen Afrika und Amerika. Ich kann deshalb keinen Grund erkennen, warum nicht auch in dieser See Strömungen herrschen sollten, angenommen, nicht weit westlich von uns läge ein Kontinent oder Land, wie manche vermutet haben. Falls ein solches Land jemals existiert, dürften wir uns aber nicht weit entfernt davon befinden, liegen wir doch bereits 560 Leagues westlich der Küste Chiles.

An den folgenden Tagen wurde es zwar wärmer, aber es tauchte kein Land auf, obwohl man sich inzwischen auf 25° südlicher Breite, 130° westlicher Länge von Greenwich befand. Joseph Banks macht einige interessante Bemerkungen darüber, dass kein Land zu sehen war, und gestattete sich einen wohlverdienten Seitenhieb gegen die Lehnstuhlphilosophen, die es sich daheim gemütlich machten:

> Ich kann nicht umhin, mich zu wundern, dass wir bislang noch kein Land gesichtet haben. Es bereitet mir freilich

> durchaus Vergnügen, etwas zu widerlegen, was lediglich in der Vorstellungswelt theoretisierender Autoren besteht – wobei zu dieser Sorte zumeist jene gehören, welche alles Mögliche über diese See geschrieben haben, aber noch nie selbst dort gewesen sind. Im Allgemeinen nehmen sie an, dass jeder Fuß Meer, den ihrer Meinung kein Schiff durchmessen hat, Land sei, auch wenn sie zur Untermauerung dieser Hypothese wenig oder gar nichts in Händen halten als vage Berichte, von denen viele von eben jenen Verfassern erwähnt werden, die sie zum ersten Mal veröffentlichten. Ein Beispiel dafür ist der Fahrtbericht der *Orange Tree* von der Nassau-Flotte. Nachdem sie von ihren Begleitschiffen getrennt worden war und in Richtung Westen fuhr, berichtete sie nämlich, als sie sich ihnen wieder anschloss, sie habe zweimal das Südland gesehen; diese beiden Orte werden von Mr. Dalrymple viele Grade nach Osten von unserer Route verlegt, wobei allerdings wahrscheinlich ist, dass er diese Orte so weit nach Westen platzierte, wie die *Orange Tree* seiner Meinung nach zu fahren imstande war.

Im Folgenden kritisiert Banks noch andere interessante Theorien, welche die Vertreter der Dalrymple-Schule zur Stützung ihrer Hypothesen über den unbekannten Südkontinent aufgestellt hatten. Gleichzeitig offenbart er die eigene Unwissenheit bezüglich des Sonnensystems, da er von einer präkopernikanischen Auffassung ausgeht. Astronomie war eindeutig nicht seine Stärke:

> Um diese schwachen Argumente zu stärken, hat man eine weitere Theorie entwickelt. Ihr zufolge müsse ein bestimmter Teil der südlichen Meere, welche die Verfasser als Kontinent bezeichnen, tatsächlich Land sein, weil sich unsere Welt sonst nicht im Gleichgewicht befinde, wo doch die in der nördlichen Hemisphäre gelegene Erdmasse kein Gegengewicht habe. Die Anzahl der Quadratkreise ihres Landes, die wir bereits in Wasser verwandelt haben, widerlegt dies

in genügendem Maße. Auch lehrt es mich zumindest, dass wir – da wir wissen, dass dieser Globus an jenem Ort fixiert ist, der ihm seit der Schöpfung im Weltall zuerkannt wird – uns nicht ereifern sollten, Gründe anzuführen, wie sich der eine Teil mit dem Rest im Gleichgewicht hält.

Allmählich begann die lange Reise die Gesundheit der Männer anzugreifen: Banks klagte über einen geschwollenen Gaumen – ein sicheres Anzeichen für Skorbut. Das Schiff hatte ein Fässchen mit Zitronensaft, gemischt mit Brandy, an Bord, das jedoch beschädigt war, wobei einiges von dem Saft herausgesickert war. Nachdem Banks eine Woche lang täglich etwa sechs Unzen davon getrunken hatte, war der Gaumen wieder in seinem ursprünglichen Zustand. Seit der Landung auf Feuerland waren die Seeleute nun schon mehrere Monate auf See, und Tag für Tag die Monotonie und das melancholisch stimmende, leere Meer ringsum zu erleben bedrückte zunehmend den einen oder anderen. An einem Sonntagmorgen wurde einer der Seesoldaten als vermisst gemeldet: William Greenslade. Der unerfahrene, etwa 21-jährige Mann wird als ruhig und fleißig geschildert. Tags zuvor hatte er vor der Kammer, in der ein Matrose Seehundsfellstücke zurechtschnitt, um Tabaksbeutel daraus zu machen, Wache gestanden. Greenslade bat um einen der Beutel, doch schlug man ihm die Bitte ab. So nutzte er die Gelegenheit, einen Teil des Seehundsfells aus jener Kammer zu stehlen, die er während seines Diensts hatte bewachen sollen. Das kam seinen Kameraden rasch zu Ohren, die zu Recht fanden, dass er sich eines schweren Vergehens schuldig gemacht und den Ruf ihres Korps beschädigt hatte. John Edgecumbe, der Feldwebel der Seesoldaten, empfand das Vergehen als genügend schwer, um Kapitän Cook davon in Kenntnis zu setzen; gegen sieben Uhr in der Früh befahl er den Seesoldaten zu sich, um mit ihm gemeinsam die Kapitänskajüte aufzusuchen. Greenslade schlich sich in Richtung Vorderdeck davon, und dies war das letzte Mal, dass ihn irgendjemand sah. Cook kam unverrückbar zu dem Schluss, dass Greenslade zu gedemütigt gewesen war, um für die Folgen seines Vergehens geradezustehen, und sich durch einen Sprung über Bord das Leben genommen hatte.

Der Freitod warf einen Schatten auf die ganze Besatzung. Mittlerweile hatte das Schiff jedoch eine Breite von unter 19 Grad erreicht, die Länge wurde auf 139°'29' westlich von Greenwich geschätzt, und deshalb konnte das Land nicht mehr sehr weit entfernt liegen. An einem Dienstagmorgen im April – Peter Briscoe, einer von Banks' Dienern, schob gerade die zweite Wache – erscholl dann der Ruf, auf den alle gewartet hatten. Land in Sicht! Es war zwar nur ein winziges Eiland, ein bloßer Flecken in dem gewaltigen Ozean, doch handelte es sich auch um einen Hinweis auf die bedeutenderen Dinge, die da kommen sollten. Auf dem ganzen Schiff breitete sich eine Atmosphäre der Erleichterung und ein Gefühl der Hochstimmung aus. Einige Seeleute kletterten die Takelage hinauf, um einen besseren Blick zu haben; jene, welche an Deck blieben, klammerten sich an die Reling und legten die freie Hand schützend vor die Augen. Die Offiziere richten ihre Fernrohre auf das Fleckchen Erde. Alle an Bord gierten danach, das winzige Eiland willkommen zu heißen.

Das Land lag meilenweit südlich des geplanten Kurses, trotzdem änderte die *Endeavour* die Richtung. Gegen Mittag war sie nur noch eine Meile von dem Land entfernt. Die Männer in den Toppen sahen, dass es sich bei der Insel um ein kreisrundes Riff handelte, das eine große Lagune umschloss. Die Insel hatte einen Durchmesser von etwa drei Kilometern und war mit Bäumen und anderem Grün bedeckt. Zwei große Kokospalmen, deren Wedel wie Flaggen im Wind flatterten, überragten die kleineren Bäume. Es gab keinen geeigneten Ankergrund, aber Cook wollte ohnehin erst auf Tahiti Halt machen. Am interessantesten war, dass auf dem winzigen Eiland Menschen lebten, auch wenn sie es offenbar nicht ständig bewohnten. Die Inselbewohner liefen den Strand hinunter, um das Schiff aus der Nähe zu betrachten. Man zählte 24 Eingeborene, elf gingen auf gleicher Höhe mit dem Schiff am Strand entlang; alle hatten ihr Geschlecht mit einem Lendenschurz bedeckt und trugen eine lange Stange oder Keule in der Hand. Während das Schiff vorbeifuhr, zogen sich die Eingeborenen auf eine höher gelegene Stelle am Strand zurück und kehrten dann, hell gekleidet, zurück – Cooks Meinung nach handelte es sich bei den bekleideten Eingeborenen allerdings um die Frauen, die sich bislang unter den Bäumen versteckt gehalten hatten. Die Insulaner hatten im Schatten eines Palmengehölzes einige Hütten errichtet, den Boden dort gerodet und auf diese Weise eine schöne Lichtung geschaffen. »Schönere Haine kann man sich nicht vorstellen«, schrieb Banks bedeutungsvoll, »wenigstens erweckten sie bei uns, die wir nun so lange außer Wasser und Himmel nichts gesehen hatten, einen solchen Eindruck.« Sie nannten das Eiland Lagoon Island, »Lagunen-Insel«.

Bald darauf tauchte eine weitere Insel auf: Sie war kreisrund und mit grünen Büschen bedeckt, die struppig über die Kanten der Klippen hingen. Man sah weder Palmen noch Einwohner und wegen ihres Aussehen benannte Cook sie Thrum Cap, »Pudelmütze«. Es folgte noch eine Insel, die der Lagunen-Insel ähnelte, aber so klein war, dass sie mehr einem schmalen Kreisbogen und weniger einem Kreis glich – man taufte sie auf den Namen Bow Island, »Bogen-Insel«. Dann kamen zwei Inselgruppen – eine Ansammlung kleinerer, nur durch Riffe verbundener Inseln –, danach erschien Bird Island, so benannt nach ihren einzigen Bewohnern, den Vögeln, gefolgt von einer weiteren Gruppe von Inseln, die durch Riffe verbunden waren und Chain Island, »Ketten-Insel«, benannt wurden.

Bald tauchte die Insel Osnaburg auf, die wie ein hoher Hut aussah. Die Erwartung an Bord stieg, da sie der Beschreibung und Position entsprach, die Samuel Wallis gegeben hatte, und das hieß, dass King George's Island (der bedeutungslose und kurzlebige Name, den man Tahiti gegeben hatte) nicht mehr weit entfernt sein konnte. Die *Endeavour* segelte unbeschwert bei schönem Wetter und kam entlang des Breitenkreises, auf dem sie nach Tahiti gelangen würde, gut vorwärts.

Am 10. April waren Joseph Banks und mehrere andere in den Toppen und spähten angestrengt in Richtung Westen. Um ein Uhr mittags glaubten einige Männer, am Horizont die Umrisse von Bergen zu erkennen. An Bord brach ein Streit darüber aus, ob man in der Ferne Tahiti oder eine Wolkenbank gesichtet habe. Bei Einbruch der Dunkelheit zogen Wolken auf, und es wurde neblig, sodass man nicht mehr sehr weit sehen konnte. Ein Hai schwamm ans Heck heran und griff das Netz an, das man im Schlepptau hatte. Dabei stahl er das Abendessen für den nächsten Tag, das man im Wasser aufbewahrte hatte, um es frisch zu halten.

Die wechselhaften Winde verlangsamten die Fahrt, doch schon bald zeichnete sich ab, dass es sich bei den Bergen am Horizont tatsächlich um Tahiti handelte. Es war nur eine Frage der Zeit, bis das Schiff wieder sicher vor Anker lag. Nach den Maßstäben der damaligen Zeit hatte eine navigatorische Glanztat sie hierhergeführt: Drei Monate ohne ein Anzeichen von Land zu segeln und den Zielort in guter Zeit zu erreichen – das war eine große Leistung. Cooks wettergebräunte Seeleute wussten, sie würden bald trockenes, festes Land betreten, frische Lebensmittel essen und statt des brackigen Inhalts der Fässer sauberes Wasser trinken. Man würde Fühlung zu Menschen mit brauner Haut und dunklem Haar aufnehmen, die zu den freundlichsten und großzügigsten auf der ganzen Welt gehörten. Was mag den Männern durch den Kopf gegangen sein, die sich um Kap Hoorn herumgekämpft hatten und seit mehr als achtzig Tagen über den endlosen Pazifik aufgekreuzt waren, die seit der eisigen Bucht von Feuerland keinen Fuß mehr an Land gesetzt hatten? Als die *Endeavour* am 13. April in den Hafen der Matavai-Bucht einlief, wurde sie überragt vom Vulkangipfel des Orohena und dessen steilen, von Wäldern und tiefgrüner Vegetation bedeckten Hängen, die sich bis ans Wasser hinabzogen. Dies also war Tahiti, mit seinen strahlenden Farben und dem tropischen Sonnenschein! Tahiti, ein smaragdgrünes Juwel, umgeben von einem Korallenriff, eingefasst von azurblauem Meer. Tahiti, Insel schlanker Kokospalmen mit unbeschnittenen Kronen und mit überreichen Brotfruchtbäumen. Die tahitischen Kanus mit hohen Bugschnäbeln kamen aus der Bucht, um das Schiff willkommen zu heißen, und aufgeregt plappernd boten die Insassen den Neuankömmlingen tropische Früchte und Inseldelikatessen zum Tausch an. Zu den Reizen der Insel Tahiti gehörten aber auch die leicht bekleideten Mädchen mit ihren schönen, schlanken Beinen, die von Land aus die ausländischen Seeleute begrüßten. Gab es einen Mann an Bord, dessen Blut nicht in Wallung geriet, dessen Herz nicht höher schlug beim Anblick der Tahitianerinnen, die nicht durch westliche Prüderie gehemmt waren, sondern begierig, den Männern im Tausch gegen einen Schiffsnagel oder eine Glasperlenkette ihre Gunst zu schenken? Es waren dunkelhäutige Mädchen mit großen, freundlichen Augen, weichen Lippen und schönen weißen Zähnen und dem Duft des Südpazifiks im langen dunklen Haar. Für die Männer der *Endeavour* war Tahiti jeden Augenblick ihrer langen, schweren Reise wert. Es war ein Arkadien, der Inbegriff eines Südseeparadieses.

4. KAPITEL

Venusdurchgang

Die Ehre, das erste europäische Schiff zu sein, das auf Tahiti vor Anker ging, gebührt nicht der *Endeavour*, sondern der *Dolphin*, die im Sommer des Jahres 1767, zwei Jahre vor Cook, in der Matavai-Bucht geankert hatte. Ihr Kapitän, Samuel Wallis, war zu krank gewesen, um selbst an Land gehen zu können. Darum entsandte er seinen Ersten Offizier, Tobias Furneaux; er sollte den ersten Kontakt mit den Inselbewohnern herstellen. Zunächst reagierten die Tahitianer feindselig, ja, man empfing Furneaux mit einem Steinhagel und einem derart entschlossen geführten Sturmangriff, dass man sich auf der *Dolphin* gezwungen sah, zur Abschreckung der Angreifer die großen Geschütze einzusetzen.

Den erschreckenden Donner und die Feuerkraft einer Breitseite – das hatten die Tahitianer noch nie erlebt. Die Kanonen erzielten die gewünschte Wirkung, denn die Gegenwehr erlahmte, und so blieb den Inselbewohnern nichts anderes übrig, als die Neuankömmlinge zu respektieren. Es ist zum großen Teil Wallis und seiner Mannschaft zu verdanken, dass man die Eingeborenen nach diesem kompromisslosen Beginn überzeugen konnte, man sei in freundlicher Absicht gekommen. Die warmherzigen Tahitianer machten ihre erste Reaktion jedoch mehr als wett, und in der Folgezeit blieben sie zwar weiterhin leicht reizbar, waren aber höflich und freundlich. Schon bald wurden Handelsbeziehungen geknüpft, man lud Königin

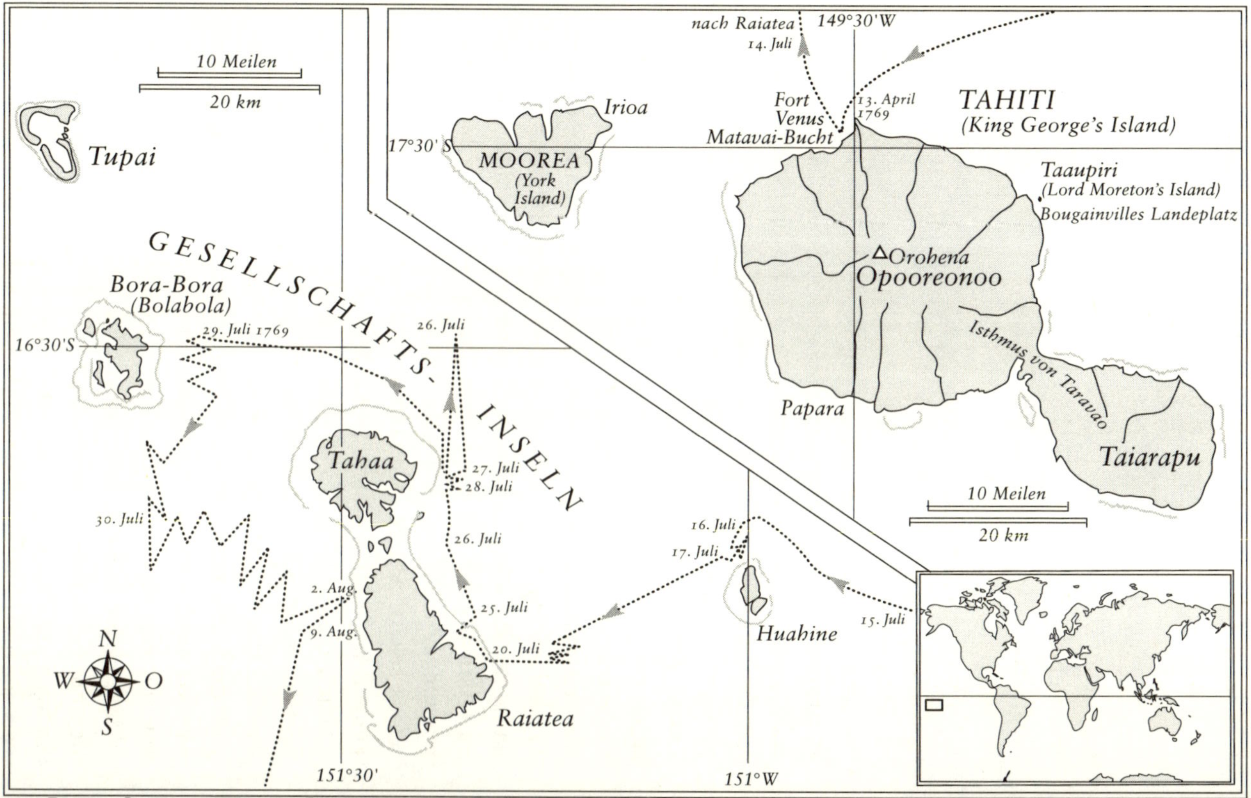
TAHITI
(King George's Island)
Taaupiri
(Lord Moreton's Island)
Bougainvilles Landeplatz
nach Raiatea
14. Juli
149°30'W
13. April 1769
Fort Venus
Matavai-Bucht
Orohena
Opooreonoo
Isthmus von Taravao
Taiarapu
Papara
10 Meilen
20 km
Irioa
MOOREA
(York Island)
17°30' S
Tupai
GESELLSCHAFTS-INSELN
Bora-Bora
(Bolabola)
16°30'S
29. Juli 1769
26. Juli
27. Juli
28. Juli
26. Juli
25. Juli
20. Juli
30. Juli
2. Aug.
9. Aug.
Tahaa
Raiatea
16. Juli
17. Juli
15. Juli
Huahine
151°30'
151°W
N
W
O
S

Oborea auf das Schiff ein, die auf der Insel lebenden Schweine wurden gegen Glasperlen und andere kleine Gegenstände getauscht, und die Insulanerinnen schenkten den Besatzungsmitgliedern der *Dolphin* ihre Gunst zum Preis eines Schiffsnagels. Die Seeleute gingen so bereitwillig auf die amourösen Avancen der Mädchen ein, dass die *Dolphin* schon bald auseinanderzufallen drohte, da die Schiffsnägel, der Preis der Liebe, unerlaubterweise von ihren angestammten Plätzen in der Schiffskonstruktion entfernt wurden.

Andere Nationen folgten den Briten auf dem Fuße. Im darauf folgenden Jahr lief ein französisches Schiff unter dem Befehl des berühmten Seefahrers und Entdeckers Chevalier de Bougainville Tahiti an und fand einen Ankerplatz an der Ostseite der Insel. Es dauerte nicht lange und die Franzosen hatten die Aufmerksamkeit der jungen Tahitianerinnen auf sich gezogen. Kaum hatte Bougainvilles Schiff den Anker geworfen, als eines der liederlichen Mädchen auf das offene Luk kletterte und sich der spärlichen Kleidung entledigte, die es am Leibe trug, während die Männer unter ihm das Ankerspill bedienten. Das Spill drehte sich mit einer bis dahin unerreichten Winkelgeschwindigkeit. Wie Cook nach ihm, leitete auch Bougainville eine wissenschaftliche Expedition und hatte daher einen Astronomen und einen Botaniker an Bord. Der Botaniker war eine Frau, Jeanne Beret, die den Franzosen vorgespielt hatte, sie sei ein Mann – die Tahitianerinnen ließen sich jedoch keinen Augenblick hinters Licht führen.

Die *Endeavour* war also das dritte europäische Schiff, das im Laufe von zwei Jahren vor Tahiti ankerte. Cook und die humanistisch gesinnten Europäer waren sich durchaus im Klaren, dass die Inseln und Völker des Pazifiks der Ausbeutung, ja, der Versklavung durch die europäischen Nationen ausgesetzt waren. Es war das Zeitalter, als der Handel mit afrikanischen Sklaven seine Höhepunkt erreichte: Die Schwarzafrikaner wurden mit Gewalt über den Atlantik verfrachtet und mussten als Sklaven auf den Zuckerplantagen Westindiens arbeiteten, wo man sie oft mit kaum mehr Achtung als einen Packesel behandelte. Die etwas fortschrittlicher eingestellten Weißen versuchten, diesem unmenschlichen Handel Einhalt zu gebieten. Da er jedoch enorm profitabel war und zudem zahlreiche monopolistische Interessen im Spiel waren, dauerte es noch lange Jahre, bis man ihn abschaffte. Dies im Hinterkopf, war Cook fest entschlossen, von Anfang an klarzustellen, dass man im Umgang mit dem Inselvolk höchsten Respekt und größtmögliche Menschlichkeit zu zeigen habe und er jeden, der auch nur im Geringsten gegen seine Anordnungen verstoße, auf der Stelle bestrafen werde.

Cooks Beharren, die Eingeborenen gerecht zu behandeln, spiegelte lediglich bis zu einem gewissen Grad die Haltung seiner Vorgesetzten in der Admiralität, und auch nur der aufgeklärteren, wider. Dennoch blieb die Achtung vor den Sitten und dem Eigentum der so genannten primitiven Völker Cooks oberster Grundsatz im Umgang mit den »neu entdeckten« Völkern; dass er diesen Respekt zeigte, war eine seiner hervorstechenden Eigenschaften. Überdies war er sehr praktisch veranlagt, und ihm war klar, dass die *Endeavour* für unbestimmte Zeit, sicherlich lange bis nach dem Venusdurchgang, in Tahiti bleiben müsste und dass die Speisung achtzig zusätzlicher Männer während eines Vierteljahres zwangläufig ein großes Loch in die Lebensmittelvorräte der Insel reißen würde. Daher wollte er die Beziehung zu den Bewohnern dieses Arkadiens während des gesamten Aufenthalts so herzlich wie möglich gestalten. Zu seinen ersten Handlungen gehörte es, eine Reihe von Verhaltensvorschriften zu erlassen, nach denen sich jedermann auf dem Schiff zu richten hatte:

Regeln, welche jedermann zu beobachten hat, welcher Seiner Majestät Bark *Endeavour* angehört, zum Zwecke der besseren Einrichtung eines geregelten und einheitlichen Handels mit Vorräten etc. mit den Einwohnern von George's Island.

1. Alle erlaubten Mittel sind anzuwenden, Freundschaft mit den Eingeborenen zu unterhalten, und sie mit aller nur erdenklichen Leutseligkeit zu behandeln.

2. Es sollen eine oder mehr tüchtige Personen ernannt werden, mit den Eingeborenen um alle Arten von Lebensmitteln, Früchten und andern Erzeugnissen der Erde zu handeln; und kein Offizier, oder Seemann, auch keine andere zum Schiffe gehörige Person soll um irgendeine Gattung von Lebensmitteln, Früchten oder anderen Erzeugnissen der Erde mit ihnen handeln, oder zu handeln sich anerbieten, woferne sie keine Erlaubnis dazu haben.
3. Wer am Ufer, es sei was es wolle, zu tun hat, soll seine Pflicht mit allem Fleiße ausrichten, und wenn er aus Nachlässigkeit ein Stück von seinen Waffen oder Gerätschaften verliert oder sich stehlen lässt: so soll der volle Wert davon von seiner Bezahlung abgezogen werden, der bei der Flotte in solchen Fällen eingeführten Gewohnheit gemäß, und er soll dazu noch so bestraft werden, wie die Beschaffenheit des Versehens es verdient.
4. Mit eben derselben Bestrafung sollen diejenigen belegt werden, die irgendetwas von dem Schiffsvorrat, von welcher Art es auch sei, rauben, damit handeln, oder handeln wollen.
5. Für keine Gattung von Eisen, oder aus Eisen gemachten Dingen, noch für irgendeine Gattung Tuch, oder anderer nützlichen oder notwendigen Artikel soll etwas anders als Lebensmittel eingetauscht werden.

J. C.

Kaum hatte die *Endeavour* den Anker fallen lassen, als sie schon von den typischen tahitischen Kanus umringt wurde. Einige der Fahrzeuge waren 60 bis 70 Fuß lang, verfügten über einen Doppelrumpf, den eine Kabine überspannte, verzierte Bugpartien und waren mit Segeln und Auslegern versehen. Die Insassen tauschten ihre Brotfrüchte, Kokosnüsse, Fische und Äpfel gegen Glasperlen und Stoffballen. Ein Tahitianer bot ein Schwein zum Verkauf – er wollte ein Beil dafür, aber Cook lehnte ab, weil man einerseits nur wenige Beile dabeihatte und weil man andererseits, wäre der Handel einmal geschlossen, nie wieder ein Schwein für weniger als diesen Preis erhalten würde.

Die Boote wurden zu Wasser gelassen und bemannt. Kurz darauf ging eine Landungsgruppe an Land. Hunderte Insulaner umringten die bärtigen, hellhäutigen und seltsam gekleideten Ankömmlinge aus der unbekannten und ihnen unverständlichen Welt jenseits des Horizonts. Einer der ersten Eingeborenen, der sie begrüßte, kroch »beinahe auf Händen und Füßen« auf sie zu und bot ihnen grüne Zweige beziehungsweise Palmwedel als Symbol des Friedens. Die Fremdlinge nahmen jeder einen Wedel und trugen sie als Zeichen dafür, dass sie in friedlicher Absicht auf die Insel gekommen waren. Die ganze Gesellschaft kam zu einer Lichtung, wo einer der Anführer seinen grünen Zweig zu Boden warf und Zeichen machte, die anderen sollten es ihm nachtun. Tahitianer und Engländer folgten seinem Beispiel. So wurde mit einem kleinen Stapel von Zweigen der Frieden besiegelt.

Die Neuankömmlinge gingen bei ihrem ersten Ausflug auf Tahiti mehrere Meilen zu Fuß und genossen es, nach den vielen Monaten auf See wieder *terra firma* unter sich zu spüren. Überallhin folgten ihnen die Insulaner durch die Haine der Kokosnuss- und Brotfruchtbäume, die voller Früchte hingen. Die *Endeavour* war zur Erntezeit eingetroffen; es schien eine hervorragende Ernte zu werden, man musste die Früchte nur noch einsammeln. Die schwer beladenen Bäume machten großen Eindruck auf die Landungsgruppe. »Die Szene, die sich uns bot, war das wahrhaftigste Bild eines Arkadiens, das sich nur denken lässt«, notierte Joseph Banks. Er war sehr angetan von der Schönheit der Insel und den freundlichen, arglosen Menschen.

Die erfahrenen Seeleute, die schon auf der *Dolphin* gefahren waren, waren nicht ganz so glücklich – es war nicht genau auszumachen, woran es lag, aber irgendetwas stimmte nicht; seit ihrem letzten Aufenthalt auf der Insel hatte sich einiges verändert. Sie konnten niemanden von ihren alten Bekannten finden und hielten vergeblich Ausschau nach Oborea (Oborea wird oft als Königin Purea bezeichnet. Die Engländer hatten große Schwierigkeiten mit den tahitischen Namen. Die Insulaner besaßen keine Schrift, sodass die Tagebuchschreiber die Namen notierten, wie sie es für richtig hielten), der Inselkönigin, welche einst die Leute der *Dolphin* mit so großer Gastfreundschaft behandelt hatte. Man machte sich auf die Suche nach dem Haus der Königin und den Häusern der höchsten Würdenträger und stellte schließlich fest, dass die bewussten Häuser verlassen waren. Zwei Jahre zuvor waren sie noch in vollem Glanz erstrahlt, jetzt lagen sie verfallen da. An einer der Stellen, an denen früher ein Haus stand, befand sich nun eine große geschnitzte Säule nach einheimischer Handwerkskunst. Die Holzschnitzereien zeigten vier, fünf Männer, einer auf den Schultern des anderen – die Säule lag umgestürzt auf dem Boden:

> Zwischen den Häusern Schweine und Hühner ... Wir fanden einige vorübergehende Hütten, die von geringeren Einwohnern bewohnt wurden, welche offenbar auf das Eigentum ihrer Herren Acht gaben. An mehreren Stellen, [an denen] zuvor schöne Häuser gestanden hatten, fanden wir Haine des Papiermaulbeerbaums, an anderen nichts als Gras und übrig gebliebene Fundamente der Häuser.

Robert Molyneux suchte unter den Tahitianern nach alten Bekannten, die er bei seinem Besuch mit der *Dolphin* gewonnen hatte – aber vergeblich. »Ich habe gewissenhaft nach einigen meiner alten Freunde gesucht«, beklagte er sich. »Konnte aber nicht mehr als 3 finden, an die ich mich mit Bestimmtheit erinnerte – einer war ein älterer Mann [namens Owhaa] mit seinem Sohn, den er angekleidet und Jack genannt hatte: Die dritte Person war eine etwa 19 Jahre alte junge Frau. Mit diesen drei war ich damals sehr glücklich, doch vom Verbleib der Königin habe ich noch immer keine Nachricht.« Molyneux wollte vor allem Königin Oborea wiedertreffen, aber keiner der Insulaner schien ihm behilflich sein zu wollen. Pickersgill und Gore waren ebenfalls verblüfft und enttäuscht bei diesem zweiten Besuch auf Tahiti: Von den Schweinen, die es in großer Zahl gegeben hatte, war kaum eines zu sehen. Allmählich wurde deutlich, dass nach ihrer Abreise zwei Jahre zuvor eine Art Revolution stattgefunden hatte und dass Königin Oborea entthront worden war. Wenn sie überhaupt noch am Leben war, dann lebte sie irgendwo im Exil. Zu den Problemen, die dieser Umsturz mit sich gebracht hatte, gehörte auch, dass niemand genau sagen konnte, wer an die Stelle Königin Oboreas als neue Anführerin des Volkes getreten war. Cook und seine Offiziere steckten daher in einer gewissen Klemme: Sie wussten nicht, wer über welche Befugnisse verfügte und mit wem sie also verhandeln sollten.

Einige Tage nach der Ankunft in Tahiti erlitt Alexander Buchan, der Landschaftsmaler, wieder einen epileptischen Anfall. Diesmal war er so schlimm, dass er sich nicht mehr davon erholte und in den Morgenstunden des 17. April an Bord verstarb. Buchan hatte zu Joseph Banks' Entourage gehört und Bilder von Menschen und Landschaften malen sollen, mit denen Banks seine Freunde in London zu beeindrucken gedachte:

> Ich bedauere seinen Tod zutiefst, er war ein begabter und guter junger Mann; sein Verlust ist unersetzlich. All meine schönen Träume, meine Freunde in England mit den Szenen, die ich hier sehen werde, zu unterhalten, sind verflogen. Kein Bericht über Gestalt und Bekleidung von Menschen kann irgend befriedigend sein, es sei denn, er ist bebildert: Hätte uns die Vorsehung einen Monat länger verschont, welch Nutzen hätte meine Unternehmung daraus gezogen …

Das war eher eine maßvolle Einschätzung, denn der Tod Alexander Buchans stellte einen großen Verlust für die Nachwelt dar. Denn, obwohl sich Banks dessen nicht bewusst sein konnte – selbst wenn der Maler noch einen Monat länger gelebt hätte, er hätte nicht die Zeit gehabt, in seinen Gemälden auch nur mehr als einen winzigen Bruchteil der Reise festzuhalten.

»Mr. Banks hielt es nicht für ratsam, den Leichnam an Land zu beerdigen, an einem Ort, an dem wir mit den Gebräuchen der Eingeborenen bei solchen Anlässen völlig unvertraut waren«, schrieb Cook. »Der Leichnam wurde daher der See übergeben und dem Element mit all dem Anstand anvertraut, den die Umstände des Ortes gestatteten.« Buchans Tod legte Sydney Parkinson, den man in erster Linie als Zeichner eingestellt hatte, um Tiere und Pflanzen zu zeichnen, eine große Bürde auf. Er zeigte sich der neuen Aufgabe jedoch gewachsen, denn seine Landschaftsskizzen sind voller Details und von großem künstlerischen Reiz. Die Künstler an Bord waren zwar Bestandteil von Banks' Gefolge gewesen, aber mittlerweile versuchten sich auch viele der Offiziere im Zeichnen, sogar der Kapitän fertigte ein paar Skizzen an, wenn ihm die Zeit dafür blieb. Zahlreiche Zeichnungen fanden auf diese Weise ihren Weg nach England. Zwar wären die Skizzen der Seeleute größtenteils besser an der Wand eines Schulzimmers aufgehoben als in der Royal Academy, doch haben sie ihren eigenen Wert, da somit zahlreiche Ereignisse der Reise festgehalten wurden.

Ein gravierendes Problem ergab sich daraus, dass sich die Vorstellungen der Tahitianer hinsichtlich Besitz und Eigentum von denen der Europäer deutlich unterschieden. Schlicht gesagt: Die Tahitianer waren geschickte und entschlossene Diebe, die alles Wertvolle an Bord, das sie in die Finger bekommen konnten, mitgehen ließen. Das ging so weit, dass sie das Glas aus den Bullaugen und die Spitze des Blitzableiters stahlen. »Ich habe bisher unerwähnt gelassen, wie sehr diese Menschen zum Diebstahl neigen«, schrieb Banks nach einigen Tagen Aufenthalt auf der Insel:

> Ich will heute mein Versäumnis nachholen, indem ich sage, dass große und kleine Anführer und Männer aus dem gemeinen Volk der festen Meinung sind, dass ein Gegenstand, haben sie ihn einmal an sich gebracht, sofort in ihren Besitz übergeht. Hiervon waren wir bereits am zweiten Tag unseres Hierseins überzeugt, da die Anführer aus der Kajüte stah-

len, was sie nur konnten; ihre Untertanen hingegen entwendeten alles, was nicht befestigt war, wobei sogar die Bullaugen aus Glas nicht verschont blieben, von denen sie zwei mitnahmen.

Der Kapitän sah das nicht anders. »Es war äußerst anstrengend, sie vom Schiff fern zu halten, da sie wie die Äffchen klettern«, behauptete Cook. »Noch schwieriger aber war es, sie vom Stehlen abzuhalten, denn sie greifen nach allem, was in ihre Reichweite kommt; darin sind sie wahre Experten.«

Da Tahiti eine Steinzeit-Gesellschaft war, in der Metall und Glas unbekannt waren, faszinierte die Eingeborenen jeder Gegenstand, der ein gewisses Maß an Handwerkskunst zeigte. Sydney Parkinson entdeckte, dass man aus seiner Kammer ein Steingutgefäß entwendet hatte. Dem Arzt kam eine Schnupftabaksdose abhanden: Man hatte sie ihm einfach aus der Tasche gezogen; und selbst dem peniblen Dr. Solander wurde das Fernglas gestohlen. Die Diebereien kamen ans Licht, als Joseph Banks im Hause einer der örtlichen Häuptlinge gastlich bewirtet wurde und einer jungen Einheimischen Avancen machte. Als man ihn über die Diebstähle informierte, schleuderte er sein Gewehr aus lauter Wut mit solcher Wucht auf den Boden, dass das Mädchen und fast alle anderen Eingeborenen wie eine Herde Schafe hinausrannten. Die Frau des Häuptlings, die Banks als »hässlich in jedem Betracht« beschreibt, gehörte zu den wenigen, die nicht die Flucht ergriffen; stattdessen nutzte sie die Abwesenheit ihrer Rivalin, um sich dem widerstrebenden Banks in eindeutiger Absicht zu nähern.

Der örtliche Häuptling, den der in alten Sprachen ausgebildete Banks Lykurgos nannte, weil er an seinen strafbar gewordenen Untertanen große Gerechtigkeit übte, bot seinen Gästen im Austausch gegen das gestohlene Eigentum freundlicherweise tahitische Stoffe oder einen beliebigen anderen Gegenstand aus seinem Besitz an. Lykurgos wird beschrieben als »Mann in den mittleren Jahren, mit freundlichen, aber ruhigen Gesichtszügen, dickem Kraushaar und einer Art Bart. Sein

Gebaren und Aussehen strahlten eine natürliche Hoheit aus.« Als man die Geschenke nachdrücklich ablehnte, folgte Lykurgos den Missetätern, um das Eigentum der Besatzung zurückzubekommen. Nach etwa einer halben Stunde kehrte er mit der leeren Schnupftabaksdose und dem Kasten zurück, der das Fernglas hätte enthalten müssen, sich aber ebenfalls als leer erwies. Dann stellte er weitere Erkundigungen an und führte seine Gäste schließlich eine Meile an der Küste entlang, bis sie zum Haus einer Frau kamen. Er bot ihr Stoffe und Glasperlen zum Tausch, aber sie wollte beides nicht annehmen. Zur großen Erleichterung aller holte sie jedoch das gestohlene Fernglas hervor und gab es dem rechtmäßigen Besitzer zurück. Der Streit wurde gütlich beigelegt, indem man Dr. Solander als Entschädigung für seinen Verdruss ein Stoffgeschenk aufdrängte, und die tahitische Dame wurde dann doch mit den Glasperlen beschenkt, die sie zuvor höflich abgelehnt hatte.

Nicht alle Streitigkeiten endeten allerdings so glimpflich. Am nächsten Tag entstand ein großer Radau, weil einer der Eingeborenen einen Seesoldaten während dessen Wachdienst niederschlug, sich dessen Muskete schnappte und damit davonlief. In der Hitze des Gefechts befahl der junge Fähnrich Jonathan Monkhouse, das Feuer zu eröffnen: Der Dieb wurde tödlich getroffen. Sydney Parkinson, der die Schüsse durch die Baumwipfel hatte dröhnen hören, war entsetzt über das Verhalten der Seesoldaten:

> Der befehlshabende Offizier war ein junger Bursche, ein Fähnrich. Als er den Befehl gab zu schießen, gehorchten die Männer mit der größten vorstellbaren Freude, als schössen sie auf Wildenten, wobei sie einen kräftigen Mann töteten und viele andere verletzten. Welch Schande, dass zivilisierte Menschen gegen unbewaffnete, unschuldige Indianer mit solcher Brutalität vorgehen.

Die Eingeborenen, die sich versammelt hatten, um bei dem Schauspiel zuzusehen, stoben nach den Schüssen sofort auseinander. Rasch verbreitete sich die Nachricht auf der Insel. Die Folge war, dass die Tahitianer es fürderhin vermieden, sich dem Schiff zu nähern, und sich weigerten, weiterhin Handel zu treiben.

Auch Joseph Banks war entsetzt über den Vorfall. Trotz ihrer kleinen Diebereien hielt er die Eingeborenen für ein im Grunde unschuldiges und friedliches Volk. »Beim Gezänk mit den Indianern sollten wir jede Selbstgerechtigkeit ablegen«, lautete sein Kommentar. Cook dagegen war mit Jonathan Monkhouse' Verhalten nicht unzufrieden: Er sah in ihm einen seiner verlässlichsten Offiziere und war auch dessen eingedenk, dass man etwas unternehmen musste, um die Diebstähle einzuschränken und die Eingeborenen davon abzuhalten, Feuerwaffen in die Finger zu bekommen.

Eine Zeit lang war der alte Owhaa, mit dem sich Molyneux bei seinem Besuch mit der *Dolphin* angefreundet hatte, der einzige Eingeborene, mit dem sie noch auf gutem Fuß standen. Dieser überredete auch eine Gruppe von ungefähr zwanzig Einheimischen, zu einer Unterredung mit Cook zurückzukehren, um sich erklären zu lassen, warum der Mann getötet worden sei. Die Gespräche dauerten von mittags bis tief in den Abend, doch schließlich schienen es die Eingeborenen verstanden zu haben und wieder bereit zu sein, den Tauschhandel fortzusetzen. Wahrscheinlich um einen Ausgleich für seine Bemühungen zu erwirken, kam Owhaa – er entsann sich offenbar der Feindseligkeiten, als die *Dolphin* damals vor Tahiti eintraf – einige Tage später aufgeregt herbeigeeilt, um von Cook zu verlangen, er müsse in vier Tagen die großen Kanonen des Schiffs abfeuern. Der Grund für dieses Ansinnen lag auf der Hand: Der alte Mann konnte auf diese Weise eine Weissagung erfüllen, die er gegenüber seinem Volk gemacht hatte. Cook dachte allerdings nicht daran, ihm in einer Angelegenheit einen Gefallen zu tun, die weit reichende Folgen haben konnte.

Binnen weniger Tage nach der Ankunft begannen Cook und Green, die geographische Länge von Tahiti zu bestimmen, indem sie die Monde des Jupiters beobachteten. Den ersten Versuch vereitelte eine Wolkendecke, als der Himmel jedoch wieder wolkenlos war, gelang es ihnen, einige gute Messergebnisse zu erzielen. Nachdem man den Längengrad ermittelt hatte, bestand als weitere vordringliche Aufgabe, die nötigen Vorkehrungen zur Beobachtung des Venusdurchgangs zu treffen. Als Warte wählte man eine geeignete Stelle an der Nordspitze der Matavai-Bucht.

Zwar war es eher unwahrscheinlich, dass sich die Eingeborenen gegen das Schiff wenden würden, aber Cook misstraute nach wie vor ihren flinken Fingern. Daher nahm er sich vor, die Beobachtungsstelle gut zu befestigen, um nicht Gefahr zu laufen, dass die wertvolle Ausrüstung gestohlen wurde und Scharen von aufgeregten Tahitianern die Messungen des Venusdurchgangs behinderten. Er ließ von der zuständigen Person die Genehmigung zur teilweisen Nutzung der Bucht einholen, damit er das Fort errichten konnte, und ersuchte zudem um Erlaubnis, in der näheren Umgebung Bäume zu fällen und rings um die Warte einen Staketenzaun zu errichten. Die Eingeborenen, denen entging, dass der Staketenzaun ihretwegen errichtet wurde, halfen ihnen vergnügt bei den Bauarbeiten. Man errichtete zu allen Seiten des Forts Brustwehren, wobei die Palisaden an der Vorder- und an der Rückseite von einem Fluss beziehungsweise einer Reihe Wasserfässer geschützt wurden. Zachariah Hicks beschreibt das Innere des Forts:

> Unsere Arbeiten waren beendet, da die beiden Enden ein Wall aus Gras und Schlamm bewehrte, vorne ein Palisadenzaun, hinten eine Reihe mit Wasserfässern, zwei Vierpfünder zeigten ins Landesinnere, 6 Drehbassen flankierten die Wälle. Vorne an der Westseite beenden Mr. Banks' Glockenzelt und zwei Offizierszelte im No[rden] das Observatorium, an der NW-Ecke Waffenschmiede, Ofen & Kochraum, am Sü[d]-Ende ein Zelt für die Schiffsbesatzung, an der Ostseite eines für den Kapitän, den Astronomen und die

Offiziere, außerhalb der Befestigung ein Zelt für den Fassbinder und Segelmacher als Werkstatt …

Auch Cook fertigte eine Skizze von Fort Venus an: Sie zeigt den hohen Palisadenzaun, der mehrere Zelte im Inneren schützt, sowie das Glockenzelt mit der Unionsflagge, die auf einem hohen Mast flattert. Die Drehgeschütze wurden an jeder Ecke des Forts aufgestellt, die beiden schweren Lafetten-Geschütze des Schiffs auf die Wälder ausgerichtet, damit man für den – unwahrscheinlichen – Fall eines Angriffs der Eingeborenen aus dieser Richtung Deckung hatte.

Während des Baus des Forts kamen die Tahitianer aus allen Teilen der Insel herbeigeeilt; sie wollten den Engländern einen Besuch abstatten, um mit ihnen Handel zu treiben. Joseph Banks bewirtete in seinem Zelt gerade einige weibliche Gäste, als Robert Molyneux hereinkam. Molyneux musterte eine der Frauen und erklärte, das sei doch Oborea die Inselkönigin, die er bei seinem ersten Besuch vor zwei Jahren kennen gelernt und seit seiner Ankunft gesucht habe. Oborea und ihre Begleiterinnen erkannten ihn und ringsum wurden Begrüßungen ausgetauscht. Molyneux freute sich, denn die Besatzung der *Endeavour* zeigte großes Interesse an der entthronten Inselkönigin. »Sie war wohl um die vierzig«, schreibt Banks. »Groß und sehr kräftig. Ihre Haut war hell, die Augen waren voller Schalk; als junges Mädchen mag sie hübsch gewesen sein, aber inzwischen war davon wenig oder nichts mehr zu erkennen.« Cook schätzte ihr Alter ebenfalls auf vierzig, hielt sich mit seinem Lob aber zurück und schilderte sie als recht maskulin – ein Urteil, mit dem er jedoch ungerechterweise alle Tahitianerinnen bedachte. Sydney Parkinson dagegen war großzügig, er beschrieb Oborea als zwar wohlbeleibte, jedoch »lebhafte, gut aussehende Dame«. Oborea mochte die Blüte ihrer Jahre hinter sich haben, und sie war auch nicht mehr die Königin der Insel, aber sie steckte noch immer voller Temperament und Energie. Sie hatte einen kräftigen etwa 25-jährigen einheimischen Geliebten, der mit ihr das Bett teilte, und ihr Alter hinderte sie auch mitnichten, den Engländern Avancen zu machen. Außer ihrem Galan und ihrem weiblichen Gefolge begleitete sie ein intelligenter junger Mann namens Tupia. Er behauptete, ein im Exil lebender Priester von der Insel Raiatea zu sein, die nicht sehr weit entfernt in Richtung der untergehenden Sonne liege. Die Engländer sollten Tupia noch oft wiedersehen. Er besaß ausgezeichnete Ortskenntnisse und lernte schneller als jeder andere, die fremde Sprache zu sprechen und sich mit den Briten zu verständigen.

Am 28. Mai entschloss sich Cook, einen Häuptling namens Tootaha aufzusuchen, der unweit der Küste, etwa acht Meilen östlich der Matavai-Bucht residierte. Der Hauptgrund des Besuchs war, dass Tootaha den Leuten vom Schiff mehrere Inselschweine versprochen hatte. Cook wollte mit der Barkasse zu der kleinen Expedition aufbrechen, musste aber feststellen, dass der Schiffsbohrwurm den Kiel zerfressen hatte, und stattdessen die Pinasse nehmen. Da man nicht den ganzen Weg per Boot zurücklegen konnte, musste die Gruppe die zweite Hälfte der Strecke zu Fuß zurücklegen. Als man schließlich bei Tootaha eintraf, war es bereits dunkel. Als Zeichen der Gastfreundschaft bot Tootaha Cook und seinen Leuten ein Schwein an. Cook hielt es für eine große Verschwendung, ihretwegen ein ganzes Schwein zu schlachten, und handelte diplomatisch aus, dass er das Schwein erwerben und mit zurück aufs Schiff nehmen durfte.

Als sich abzeichnete, dass man bei Tootaha würde übernachten müssen, stellte sich die Frage, wo man sein Lager einrichten sollte. Joseph Banks wurde ein Schlafplatz in Oboreas Kanu angeboten – und das schloss die Gesellschaft der Dame selbst ein. Er lehnte höflich mit der Begründung ab, das Kanu sei dafür zu klein – Oborea gebot nicht mehr über die königlichen doppelrümpfigen Kanus, auf denen in ganzer Breite eine Kajüte errichtet war. James Cook hatte weniger Glück, denn seine Gastgeber hatten sich vorgenommen, ihn mit ein wenig Musik zu unterhalten, aber er wollte sie nicht vor den Kopf stoßen. »Tootaha kam zu der Hütte, in der ich und die Meinen lagen, und unterhielt uns mit einem Musikorchester, bestehend aus drei Trommeln, vier Flöten und Gesang.« Es waren beileibe keine Sphärenklänge; für den Nichteingeweihten klangen sie eher wie die monotone Wiederholung von etwa vier Noten. Cook fügte hinzu, er sei sehr froh gewesen, als das Konzert vorüber war.

Am nächsten Morgen war passiert, was hatte kommen müssen. Banks entdeckte, dass seine beste weiße Weste und die Jacke mit den silbernen Epauletten verschwunden waren. Ihm war daran gelegen, stets modisch gekleidet zu sein, selbst in einer solch großen Ferne zur feinen Londoner Gesellschaft – aber auch die Tahitianer begehrten offenbar hübsche weiße Jacken mit glänzendem Schnurbesatz aus Silber. Außerdem fehlten Pistolen und weitere Kleidungsgegenstände, den Fähnrichen hatte man die Jacken gestohlen, und so gab es wie üblich viel Lärm und Aufregung, bis man wieder alle Sachen zurückbekommen hatte.

Auf dem Rückweg sahen sie nahe der Stelle, an der die Pinasse vertäut war, hohe Wellen, die sich vor der Küste brachen. Da alle Seeleute in einer starken Brandung eher eine Gefahr sehen, der man besser aus dem Wege geht, kam es ihnen nicht in den Sinn, dass man sich in den Wellen auch vergnügen konnte. Banks war beeindruckt, wie die Eingeborenen mit ihren Kanus auf den Wellen dahinglitten:

> Es war an einer Stelle, an der kein Riff die Küste schützte, wie es üblicherweise der Fall ist; daher ging am Strand eine hohe Brandung – eine furchteinflößendere habe ich nicht häufig gesehen: Kein europäisches Boot hätte in ihr landen können; ich glaube, kein Europäer, der aus irgendeinem Grund [in die Brandung] hineingeraten wäre, hätte sie überlebt, denn der Strand war mit Kieseln und großen Steinen übersät. Mitten in diesen Brechern schwammen 10 oder 12 Indianer, die – wann immer sich in ihrer Nähe eine Welle überschlug – mit ungeheurer Leichtigkeit darunter tauchten und auf der anderen Seite wieder auftauchten; ihr vörders-

tes Amüsement vollführten sie aber am Heck eines alten Kanus: Mit diesem vor sich, schwammen sie bis zur äußersten Brandung hinaus; dann stiegen ein oder zwei in das Kanu und wurden, indem sie das andere, stumpfe Ende in die brechende Welle schoben, mit unglaublicher Schnelligkeit zum Strand befördert. Manchmal trug es sie fast den ganzen Weg bis dorthin, doch im Allgemeinen schlug die Welle über ihnen zusammen, ehe sie die Hälfte der Strecke zurückgelegt hatten, woraufhin sie tauchten und auf der anderen Seite mit dem Kanu in der Hand wieder empor kamen. Es wurde wiederum hinausgezogen, und dann wiederholte sich das Ganze auf die gleiche Weise. Wir standen da und bewunderten diese schöne Szene wohl eine halbe Stunde lang, während der keiner der Darsteller an Land zu kommen versuchte, sondern sich alle bei ihrem seltsamen Zeitvertreib offenbar in höchstem Maße amüsierten.

Dank der großzügigen Unterstützung der einheimischen Arbeitskräfte hatte man Fort Venus bald errichtet und die Teleskope in Joseph Banks' Zelt aufgestellt; die anderen Ausrüstungsgegenstände wurden im Quartier des Kapitäns untergebracht. Da die Seesoldaten die Eingänge bewachten, glaubte Cook, dass alle wertvollen astronomischen Ausrüstungsgegenstände im Fort sicher wären. Er irrte. Sie hatten alle die Schläue der Eingeborenen unterschätzt, denn kaum war das Observatorium errichtet und die Instrumente an Land gebracht, da fand man den großen Kasten in Cooks Zelt, in dem sich der astronomische Quadrant befinden sollte, leer vor!

Niemand konnte sich erklären, wie die Eingeborenen überhaupt von dem Quadranten wussten, und noch weniger, wie es ihnen gelungen war, nur fünf Meter vom Zelt entfernt unmittelbar vor der Nase der Wachen ins Fort einzudringen und sich unbemerkt mit dem Instrument davonzustehlen. Die einzige mögliche Erklärung war, dass der Dieb tags zuvor gesehen hatte, wie man den Kasten an Land trug, und dann bis Sonnenuntergang gewartet hatte. Cook hatte sein Zelt zufälligerweise zur gleichen Zeit für einige Minuten verlassen, als der Wachsoldat um die Befestigungsanlagen schritt und dabei einen Trommelwirbel schlug, um zu signalisieren, dass alle ins Fort kommen sollten. Da der Dieb wahrscheinlich ins Zelt eingedrungen war, als der Trommler ihm den Rücken zukehrte, hatte er den Quadranten aus dem Kasten nehmen und sich ungesehen damit davonschleichen können. Cook war wütend: Wenn man den Quadranten nicht fand, dann hätten sie auch gleich zu Hause in England bleiben können, zumindest was die Observation betraf. Sofort ließ er die Bucht absperren, damit niemand auf dem Seeweg entkommen konnte. Er erkundigte sich bei den Leuten am Ort und nahm einige der protestierenden Anführer als Geisel, bis der Quadrant zurückgegeben worden war. Der Zorn stand ihm derart ins Gesicht geschrieben, dass die Tahitianer wussten, es würde ihnen schlecht ergehen, sollte der Quadrant nicht wieder zum Vorschein kommen.

Letztlich brachten Banks und Green die Sache in Ordnung. Beide hatten unter den Eingeborenen einige hervorragende, vertrauenswürdige Bekanntschaften; Banks begab sich geradewegs zu seinem Freund Tubourai, um nähere Auskünfte einzuholen. Der tahitische Häuptling wusste genau, wer der gerissene Dieb war, und trug das Seine zur Klärung bei, indem er von Haus zu Haus ging und den Namen des Übeltäters rief. Die Bewohner kamen heraus und wiesen bereitwillig in die Richtung, in die der Dieb geflohen war. Banks, Green, Tubourai und einer der Fähnriche hefteten sich ihm sofort an die Fersen. Es folgte eine lange Verfolgungsjagd bei über 30 Grad Celsius, die mehrere Meilen quer durch Tahiti führte, bis Tubourai sie zu dem Ort führte, an dem sich – wie man annahm – der Dieb verborgen hielt. Die Verfolgungsjagd und die damit einhergehende Aufregung zog dermaßen viele Insulaner an, dass Banks schon fürchtete, es könnte zu einem Zusammenstoß kommen. Weil er als Bewaffnung nur zwei kleine Taschenpistolen bei sich hatte, schickte er vorsorglich den Fähnrich zum Schiff zurück, um Verstärkung zu holen.

Etwas weiter entfernt erschien einer von Tubourais Leuten

mit einem Einzelteil des gestohlenen Quadranten in Händen: ein erfreulicher Anblick, der bewies, dass sie auf der richtigen Fährte waren. Allerdings hieß es auch, dass die Diebe das Instrument auseinander genommen hatten, weshalb man nun, statt nach einem Gegenstand zu suchen, mehrere Teile finden musste. Wenn man den Quadranten tatsächlich in seine Einzelteile zerlegt hatte, war es zudem äußerst wahrscheinlich, dass er Schaden davongetragen hatte. Bald wurden Banks und Solander von hunderten plappernder Tahitianer umringt – es waren so viele, dass sie die Engländer ohne große Mühe hätten überwältigen können. Banks wurde unruhig und zückte seine beiden Pistolen, um den Leuten zu zeigen, dass man über Feuerkraft verfügte.

Alle weiteren Sorgen waren überflüssig. Da die Tahitianer über die verheerende Wirkung von Feuerwaffen Bescheid wussten, benahmen sie sich beim Anblick der Pistolen »mit allem nur vorstellbaren Gehorsam«. Bald darauf tauchte der gestohlene Kasten auf, dann ein Pistolenetui – das aber keine Pistole enthielt, sondern ein Vergrößerungsglas! Auf weiteres Nachbohren hin wurde die große Sattelpistole, die zu dem Etui gehörte, herausgerückt, und schließlich gaben die willfährigen Eingeborenen demütig sämtliche gestohlenen Gegenstände zurück, darunter auch die fehlenden Einzelteile des Quadranten.

Charles Green untersuchte das Instrument eingehend, um zu prüfen, ob irgendwelche Teile beschädigt worden waren. Wie sich erwies, hatte es bei seinem kleinen Abenteuer nur geringfügige Schäden davongetragen. Die Einzelteile wurden sorgfältig in ihren Kasten gepackt, den man für den Rückweg mit Grasbüscheln auspolsterte. Nach der ganzen Aufregung ging es inzwischen auf den Sonnenuntergang zu, und den beiden Männer war klar, dass sie von Glück reden konnten, alles noch vor Einbruch der Dunkelheit zurückbekommen zu haben. Auf dem Rückmarsch nach Fort Venus stießen sie auf Cook, der mit einem stark bewaffneten Trupp Seesoldaten aufgebrochen war, um ihnen zu Hilfe zu eilen. »Alle waren, wie man sich vorstellen kann, nicht wenig erfreut über den Ausgang unseres Ausfluges«, meinte Banks mit seiner Gabe zur Untertreibung.

Einige Tage später kam es in Fort Venus zu einem weiteren Diebstahl. Er zeigte erneut, wie gerissen einige Diebe waren und wie weit sie gehen konnten. Cook schildert den Vorfall in seinem Tagebuch:

> Zwischen 2 und 4 Uhr heute Morgen hat einer der Eingeborenen aus dem Fort ein Schüreisen des Ofens entwendet; das Eisen lehnte unbeachtet an einer Mauer, weshalb es von außen zu sehen war; dort muss es auch von einigen am Abend entdeckt worden sein, denn man hatte gesehen, wie ein Mann einige Stunden, bevor man den Gegenstand vermisste, um das Fort schlich. Einige der Eingeborenen erzählten mir, der Betreffende habe eine günstige Gelegenheit abgewartet, als der Wachsoldat nicht hinschaute, sich das Eisen mit einem langen gebogenen Stock geangelt und über die Mauer gehoben.

Ein Schüreisen war wohl kaum so wertvoll wie der Quadrant, doch nach diesem Diebstahl riss Cook endgültig der Geduldsfaden. Schon die vorausgegangenen Zwischenfälle hatten ihn gewaltig aufgebracht, aber jetzt war er fest entschlossen, den Eingeborenen eine Lehre zu erteilen, um die Diebereien ein für alle Mal zu beenden. Er beschlagnahmte sämtliche Kanus, deren er habhaft werden konnte, und weigerte sich, auch nur eines davon an dessen Besitzer auszuhändigen – es sei denn, er bekäme das gestohlene Schüreisen zurück. Binnen eines Tages wurde es zurückgegeben, aber Cook zeigte sich nicht besänftigt. Im Allgemeinen reagierte er auf alles geduldig und beherrscht, aber nicht so diesmal: Er behielt die Kanus in Gewahrsam und bestand darauf, dass alle anderen gestohlenen Besitzgegenstände zurückgegeben wurden – eine Muskete, zwei Pistolen und ein Säbel fehlten nämlich immer noch. Joseph Banks wandte ein, dass die Kanus doch nicht den Dieben gehörten und dass Cooks Vorgehen somit keine unparteiische

Rechtssprechung darstelle. Vielleicht war Cooks Urteilskraft dieses eine Mal tatsächlich unzuverlässig, denn auf Grund seiner Handlungsweise weigerten sich die Tahitianer, weiterhin mit der *Endeavour* Handel zu treiben.

Zum Glück gab es an Bord eine Reihe von Uhrmacherwerkzeugen. Dies ermöglichte es Herman Spöring, der Erfahrung als Uhrmacher hatte, den beschädigten Quadranten zu reparieren. Man traf die letzten Vorbereitungen für den Venusdurchgang und einigte sich darauf, dass der Zweite Offizier, John Gore, mit der Barkasse nach Moorea fahren sollte – einer Insel, welche die Engländer York Island nannten und die etwas entfernt im Westen lag, von Fort Venus aber dennoch gut zu sehen war. Banks, Spöring, die Monkhouse-Brüder und zwei Tahitianer begleiteten Gore. Nachdem sie die ganze Nacht gerudert hatten, entdeckten sie bei Tagesanbruch eine Felseninsel mit langem weißem Sandstrand in der Mitte, der genügend Platz bot, um das Zelt für die Warte aufzuschlagen. (Beaglehole bestimmte das felsige Eiland als Irioa, das an der Nordwestspitze von Moorea liegt.) Am nächsten Tag entsandte man den Ersten Offizier, Zachariah Hicks, mit der Pinasse. Er sollte im Osten eine geeignete Insel finden und wurde dabei von Charles Clerk, Richard Pickersgill und Patrick Saunders begleitet. Sie entdeckten eine kleine, für die Beobachtung aber geeignete Insel und gaben ihr den Namen Lord Moreton's Island – die Eingeborenen nannten sie »Taaupiri«. Sie lag in jener Bucht, in der der Franzose Bougainville im Jahr zuvor an Land gegangen war; Hicks entdeckte Hinweise auf dessen Landung. Die Leute von der *Endeavour*, die Bougainville nur durch Erzählungen der Tahitianer kannten, hielten das Schiff fälschlicherweise für ein spanisches Fahrzeug. Der Fehler lag größtenteils bei Tubourai, der aus einem Flaggenbuch die spanische Flagge heraussuchte und behauptete, das Besucherschiff habe eine solche geführt.

Bei diesen kleineren Expeditionen handelte es sich um Vorsichtsmaßnahmen. Sie sollten die Gefährdung verringern, dass die Beobachtung keine Ergebnisse erbrachte, falls der Himmel bewölkt war und sich das Wetter als ungünstig erwies. Beide Gruppen waren mit geeigneten Instrumenten ausgestattet, mit denen man den Durchgang beobachten konnte. Allerdings waren die Teleskope und Zeitmessinstrumente nicht so präzise wie die im Fort Venus befindlichen Hauptinstrumente. Der Planetendurchgang sollte am 3. Juni stattfinden. Je näher der Tag dieser überaus seltenen astronomischen Konjunktion rückte, desto stärker stieg das Gefühl der Erwartung.

Die Beobachtung des Venusdurchgangs überstieg die Grenzen der Erde – und spielte hinein ins Reich des Sonnensystems. Den Astronomen der Antike war bekannt, dass man den Radius der Erde anhand präziser Messungen der Entfernung zwischen zwei Punkten auf unterschiedlichen Breiten der Erdoberfläche schätzen konnte. Im dritten Jahrhundert vor Christus hatte Eratosthenes von Alexandria den Erdumfang sehr präzise gemessen. Die Entfernung zwischen Erde und Sonne ist unter dem Begriff »Astronomische Einheit« bekannt, eine Längeneinheit, mit der man die Dimensionen des Sonnensystems misst. Deren Größe ist zwar viel schwieriger zu messen, aber wenn der Umfang der Erde präzise bekannt war, konnte man die Astronomische Einheit berechnen – vorausgesetzt, zwei Beobachter machten gleichzeitig einen Fixpunkt im All aus und konnten diesen dann für die Triangulation verwenden. Der Planet Venus war dabei der Bezugspunkt, den die Astronomen benötigten. Sobald die Dimensionen der Umlaufbahn der Erde bekannt waren, ließen sich die Entfernungen der Fixsterne berechnen, indem man die Umlaufbahn der Erde als Standlinie verwendete. In Greenwich hatte man bereits Versuche unternommen, die Parallaxe der am nächsten gelegenen Sterne zu messen, doch um deren Entfernung von der Erde zu ermitteln, musste man die Astronomische Einheit kennen; der Venusdurchgang war somit der Schlüssel zur Bestimmung der Dimensionen des Alls.

Der erste Mensch, der den Planeten Venus vor der Sonne gesehen hatte, war ein junger Engländer, Jeremiah Horrocks, der die Beobachtung vom Südufer der Flussmündung des Ribble in Lancashire durchführte. Horrocks war der erste Wissenschaftler in England, der sich Keplers Gesetze der Planetenbewegung zunutze machte, und so konnte er ein Ereignis voraussagen, das erst 122 Jahre später wieder eintreten sollte. Das war im Jahr 1639 geschehen, vor der Geburt Isaac Newtons und lange vor Gründung der Royal Society und der Königlichen Sternwarte in Greenwich. Horrocks berechnete anhand seiner Beobachtung sogar die Entfernung der Sonne von der Erde, wobei er auf eine für die damalige Zeit sehr genaue Zahl kam – doch beruhte sein Werk auf der irrtümlichen und längst abgelegten Theorie, wonach die Größe jedes Planeten in proportionalem Verhältnis zu seiner Entfernung von der Sonne steht. Horrocks' vorzeitiger Tod im Alter von 21 Jahren sowie der Ausbruch des englischen Bürgerkrieges führten zwar dazu, dass die wissenschaftliche Gemeinde seine Arbeiten vernachlässigte, für den Kenner bleibt er jedoch der Vater der englischen Astronomie.

Viele Jahre nach Horrocks' Tod schlug Edmund Halley in einem Aufsatz, den er für die Royal Society verfasste, eine Methode vor, die Sonnenparallaxe mithilfe des Venusdurchgangs zu messen. Die Sonnenparallaxe ist eine Maßeinheit, die in direktem Verhältnis zur Entfernung der Sonne von der Erde steht. Mit ihr misst man den Winkel, in dem sich die Sonne vor den Fixsternen bewegt, so wie ihn ein Beobachter sieht, der sich durch die Umdrehung der Erde kreisförmig mitbewegt. Dieser Winkel ist sehr klein und schwer zu messen, nicht zuletzt deshalb, weil die Sterne nie zur selben Zeit wie die Sonne zu sehen sind. Halleys Methode beruhte auf dem Umstand, dass die Venus ein Punkt zwischen der Erde und der Sonne ist. Wenn man den Planetendurchgang von Orten auf der Erde betrachtete, die auf weit von einander entfernten Breiten lagen, dann mussten die Beobachter zu leicht abweichenden Ergebnissen kommen. Aus den unterschiedlichen Zeiten, die man für die beiden Durchgänge erhielt, konnte man dann mittels der Triangulation die Entfernungen zwischen Erde, Venus und Sonne ermitteln. Es ist eine Ironie der Geschichte, dass man sich an Edmund Halley vor allem wegen des nach ihm benannten Kometen erinnert, wobei ihm selbst klar war, er würde nicht lange genug leben, um die von ihm erfolgreich vorhergesagte Wiederkehr des Kometen zu erleben. Heute entdecken wir eine weitere der Halleyschen Ideen neu, wobei er wiederum nicht genügend lange lebte, um sie zu erleben: die Messung der Astronomischen Einheit. Dies also war der Grund, weshalb die *Endeavour* die lange Reise nach Tahiti angetreten hatte: Es ging um eine astronomische Beobachtung von der Südhalbkugel aus, die man in Verbindung mit Observationen in Europa verwenden konnte. Und dabei musste die präzise zeitliche Abfolge des Planetendurchgangs, vom Augenblick an, da der dunkle Fleck der Venus auf der Oberfläche der Sonne erschien, bis zum Moment, da er die Sonne verließ, so genau wie möglich gemessen werden.

In einem Aufsatz für die Royal Society schilderte Cook, wie man sich auf die astronomische Beobachtung vorbereitete:

> Die astronomische Uhr, hergestellt von Shelton und versehen mit einem Kompensationspendel, wurde in der Mitte der einen Seite eines großen Zeltes in einem eigens zu diesem Zweck in Greenwich verfertigten Holzgestell aufgestellt und so fest und tief im Erdboden befestigt, wie es die Tür des Uhrkastens gestattete; um zu verhindern, dass er durch ein Missgeschick umgestoßen wurde, wurde in einer Entfernung von einem Fuß ein zweites Holzgestell darum gefertigt. Das Pendel wurde auf genau die gleiche Länge eingestellt, die auch in Greenwich eingestellt worden war. Außerhalb der Seite des Zeltes, gegenüber der Uhr und 12 Fuß davon entfernt, stand das Observatorium, in dem die Handwerker-Uhr und der astronomische Quadrant aufgestellt waren: Letzteren hat Mr. Bird gefertigt; der Quadrant hatte einen Durchmesser von einem Fuß und stand auf einem großen Fass, welches fest im Boden verankert und reichlich mit schwerem nassem Sand gefüllt war. Ein Soldat, der ständig vor dem Zelt mit dem Observatorium Wache hielt, hat-

te Order, nur diejenigen hereinzulassen, die dort zu tun hatten. Bei den beiden Teleskopen, die bei den Beobachtungen eingesetzt wurden, handelt es sich um zwei reflektierende mit einer Brennweite von jeweils zwei Fuß, die der inzwischen verstorbenen Mr. James Short hergestellt hat; eines davon war mit einem Objektiv-Mikrometer versehen.

»Der Tag der Observation rückt näher«, schrieb Banks am 31. Mai auf Moorea. »Seit einigen Tagen haben wir gutes Wetter. Allerdings haben wir insgesamt, seit wir auf der Insel sind, ebenso viele bewölkte wie sonnige Tage erlebt, was uns alle recht besorgt stimmt, ob wir Erfolg haben werden.«

Zwei Tage darauf schildert Molyneux, wie es in Fort Venus aussah: »... der Kapitän und Mr. Green haben alle Hände voll zu tun, alles vollständig fertig zu bekommen. Ich wurde abkommandiert, die Beobachtungen vorzubereiten & hielt entsprechend ein Teleskop bereit; alle sind ruhig und sehen dem morgigen Tag mit banger Erwartung entgegen.«

Schließlich kam der lang ersehnte Tag. Das Wetter war ideal. »Dieser Tag erwies sich als so günstig für unseren Zweck, wie wir nur wünschen mochten; den ganzen Tag zeigte sich keine Wolke, und die Luft war völlig klar, also wir bei der Beobachtung der ganzen Passage des Planeten Venus über die Scheibe der Sonne jeden erdenklichen Vorteil hatten.« Die Tahitianer hielt man auf Abstand. Es war der heißeste Tag, seit Cook und seine Leute auf Tahiti waren, die Temperatur stieg auf 48 Grad Celsius. Auf York Island war es die ganze Nacht dunstig gewesen, doch bei Sonnenaufgang war die Luft hell und klar. Joseph Banks, der für seine wissenschaftlichen Studien eher das Mikroskop als das Teleskop verwendete, überließ das Observieren den Marineoffizieren und begab sich auf die Nachbarinsel Mooreas, wo er hoffte, etwas botanische Forschung treiben und um Vorräte feilschen zu können.

Für die meisten Menschen war der 3. Juni 1769 ein Tag wie jeder andere. Sie waren sich überhaupt nicht bewusst, dass mit der Sonne etwas Ungewöhnliches geschah – doch für die

Astronomen auf der ganzen Welt war es ein Tag, den es nur ein- oder zweimal in einem ganzen Jahrhundert gab. Es ging dabei jedoch nicht um die normale »Nachtwache« der Astronomen, sondern es handelte sich um eine Beobachtung der Sonne selbst bei hellem Tageslicht. Es war keine gewöhnliche Sonnenfinsternis, sondern ein zwar weniger spektakuläres, aber viel selteneres Ereignis, das die überwiegende Mehrheit der Menschen nie bemerken würde, dessentwegen die Astronomen auf Tahiti jedoch um die halbe Welt gereist waren. Auf dem ganzen Globus wurden Teleskope auf die Sonne ausgerichtet und deren helles, kreisrundes Bild zur Observation auf einen Schirm projiziert. Die Planeten zogen nach den Gesetzen Keplers und Newtons weiter ihre Bahn, aber die Zeit schien langsamer zu vergehen, gar stillzustehen, während die Beobachter darauf warteten, dass der zweite und der dritte Planet der Sonne eine Linie bildeten. Sie hielten den Atem an und beobachteten den ersten Kontakt eines kleinen, dunklen, runden Objekts mit der Oberfläche der Sonne.

5. KAPITEL

Südseeparadies

Das astronomische Ereignis, das im Jahr 1769 stattfand, war die dritte Beobachtung eines Venusdurchgangs. Die erste Observation fand – wie wir gesehen haben – im Jahr 1639 statt. Die zweite lag nur einige Jahre zurück, als man nämlich 1762 den Planetendurchgang in Kapstadt, auf Sankt Helena und an vielen Orten Europas beobachtete. Auf Sankt Helena durchkreuzte eine Wolkendecke das Vorhaben des Königlichen Astronomen. In jener Zeit hat es offenbar kaum verlässliche Beobachtungen gegeben. Im Lichte der folgenden Ereignisse ist dies bedauerlich, da man die Leiter der Expedition des Jahres 1769 sonst vor einigen der zu erwartenden Schwierigkeiten hätte warnen können.

Als die Silhouette der Venus die Sonnenscheibe berührte, wussten die Astronomen sofort, dass irgendetwas nicht stimmte. Sie konnten sich weder auf die Zeit des ersten Kontakts noch auf den Zeitpunkt einigen, da der Kontakt mit dem Rand der Sonnenscheibe abriss (sich der Planet also voll und ganz vor die Sonnenscheibe schob):

> Wir sahen sehr deutlich eine Atmosphäre oder einen düsteren Schatten um den Körper des Planeten, was große Verwirrung bei der Bestimmung der Zeiten der Kontakte verursachte, besonders der beiden inneren. Dr. Solander beobachtete, wie auch Mr. Green und ich, und wir differierten

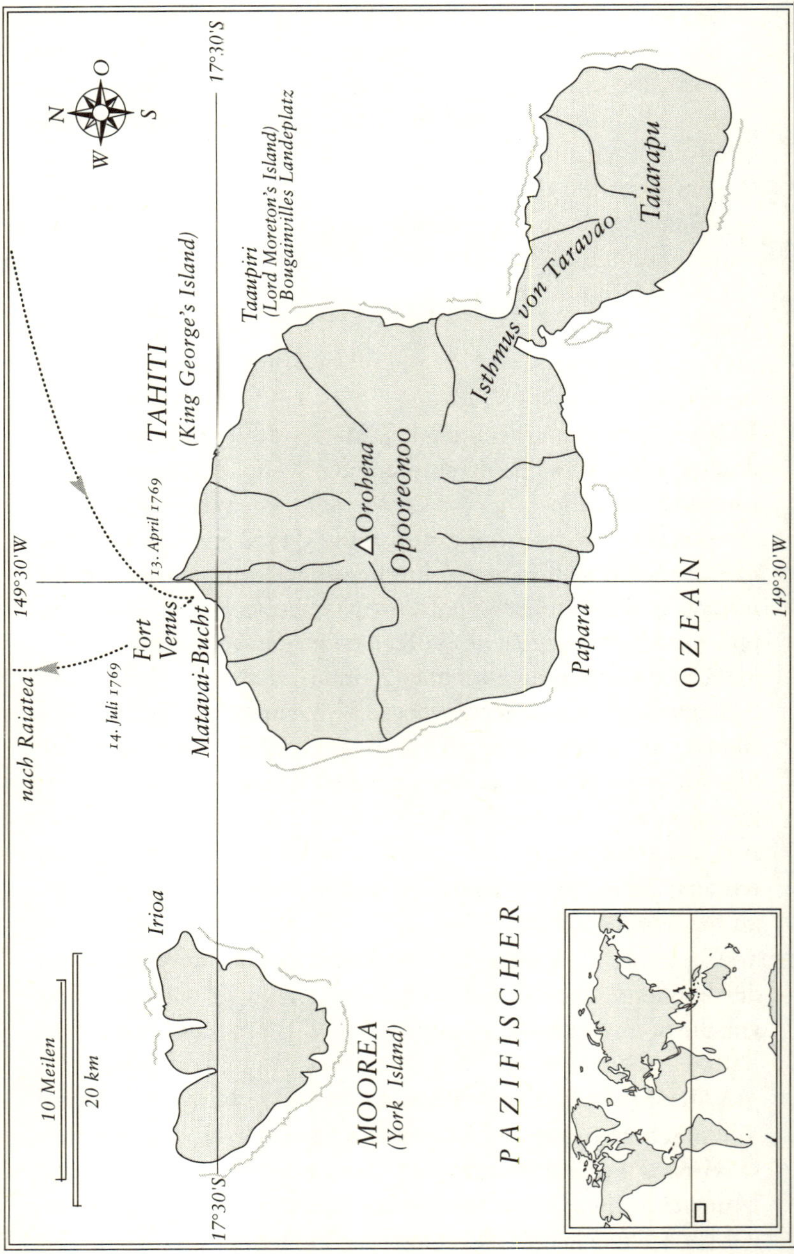
TAHITI
(King George's Island)
MOOREA
(York Island)
PAZIFISCHER
OZEAN
Irioa
10 Meilen
20 km
N
O
S
W
17°30'S
149°30'W
nach Raiatea
14. Juli 1769
Fort Venus
Matavai-Bucht
13. April 1769
Orohena
Opooreonoo
Papara
Isthmus von Taravao
Taiarapu
Taaupiri
(Lord Moreton's Island)
Bougainvilles Landeplatz

bei der Bobachtung der Zeiten der Kontakte weit stärker, denn man hatte erwarten können. Mr. Greens Teleskop und das meine waren von derselben vergrößernden Wirkung, dasjenige von Dr. Solander indes vergrößerte stärker denn die unsern. Den ganzen Tag herrschte fast völlige Ruhe, und das Thermometer, welches der Sonne ausgesetzt war, erreichte um die Mitte des Tages einen Grad der Hitze (48), der uns niemals zuvor begegnet war.

Andere waren da zuversichtlicher. »Sollte die Beobachtung nicht gut vorgenommen worden sein, liegt das allein an den Beobachtern«, schrieb Pickersgill. Die endgültige Analyse der Ergebnisse stand zwar noch aus, Cook und Green wussten jedoch bereits, dass die Abweichungen bezüglich der genauen Ein- und Austrittszeiten die Ergebnisse sehr zweifelhaft machten und dass man deshalb die genaue Zahl für die Sonnenparallaxe nicht würde liefern können, nach der sich die Astronomen so sehr sehnten und auf die sie so lange gewartet hatten. Man hatte damit gerechnet, dass die Venus als scharfe und kreisrunde Scheibe erscheinen würde – dass ein »düsterer Schatten«, ein verschwommener Hof, um den Planeten erschien, darauf war man nicht gefasst. Das Teleskop, das Jeremiah Horrocks im Jahr 1639 verwendet hatte, war viel zu einfach gewesen, als dass er diesen Effekt hätte dokumentieren können, die Beobachter des Venusdurchgangs im Jahr 1762 hätten das Phänomen aber sicherlich erkennen können, um davon zu berichten.

Für die Astronomie hatte die Beobachtung dennoch einen gewissen Nutzen. Dass die Venus von einer Atmosphäre umgeben war – wenn diese denn das verwaschene Bild verursacht hatte –, war eine interessante neue wissenschaftliche Erkenntnis. Diese Information hätte man aber auch mühelos erhalten können, wenn man zu Hause geblieben und nicht um die halbe Welt gereist wäre. Der Perfektionist Cook hielt seine erste Mission für einen katastrophalen Misserfolg: Er hatte weder das große Südland noch irgendeine andere Landmasse im Pazifik entdeckt, und nun hatte sich auch noch das zweite Vorhaben der Reise als Reinfall erwiesen. Zwar traf ihn an keinem der beiden Fehlschläge die Schuld, aber sie gingen ihm einfach nicht aus dem Sinn. Welche Erfolge auch noch vor ihm liegen mochten – die Enttäuschung würde er nie mehr vergessen.

Aber man hatte keine Zeit, Trübsal zu blasen. Der Vollmatrose Archibald Wolf war in eine der Vorratskammern eingebrochen und hatte einige lange Schiffsnägel gestohlen – dafür wurde er mit zwei Dutzend Hieben bestraft. Das Brot musste aus dem Laderaum geholt und gelüftet werden, damit es frisch blieb und man ein paar Würmer und Maden daraus entfernen konnte. Das Schiff musste ausgebessert und instand gesetzt werden. Die Barkasse war inzwischen völlig seeuntauglich: Der Schiffsbohrwurm hatte den Boden derart zerfressen, dass die Naturforscher ihn dazu verwendeten, die Honigwabenstruktur der Wurmzellen zu studieren. Der schlimmste Schlag von allen war aber, dass unter der Besatzung und den Frauen der Insel eine Krankheit ausgebrochen war. Cook empfand es als Schmach, dass möglicherweise sein Schiff die Schuld an der Erkrankung der unschuldigen Pazifik-Insulaner hatte. Seine Äußerungen sind etwas verworren, doch ist klar, was er sagen will:

> Wir waren erst einige Tage hier, als einige unserer Leute diese Krankheit bekamen. Da, soweit ich weiß, von der *Dolphin* niemand darunter litt, während sie hier war, hatte ich Grund zur Annnahme (auch wenn dies unwahrscheinlich ist), dass wir die Krankheit eingeschleppt hatten; dies bereitete mir keinen geringen Verdruss, sodass ich alles in meiner Macht Stehende tat, ihr Fortschreiten zu verhindern. Doch nichts, was ich tat, hatte großen Erfolg; dabei darf ich wohl mit einiger Berechtigung sagen, dass mir niemand auf dem Schiff beistand, da ich den größten Teil der Schiffsbesatzung täglich an Land schicken musste, damit sie am Fort arbeiteten und jeden Abend eine starke Wache stellten; auch waren die Frauen so freizügig mit ihren Gunstbezeugungen, oder die Nägel, Hemden etc. waren Versuchungen, denen sie nicht

> widerstehen konnten, dass sich dieses Leiden sehr bald auf den größten Teil der Schiffsmannschaft übertrug. Nun aber stelle ich zu meiner Genugtuung fest, dass die Eingeborenen allesamt der Meinung sind, dass wir es nicht eingeschleppt haben.

Die Aufzeichnungen beweisen, dass Cook übertrieb – in Wirklichkeit war lediglich ein Drittel der Männer betroffen. Es war zwar großherzig von den Eingeborenen, nicht seinem Schiff die Schuld für die Infektion zu geben, dies war für Cook aber nur ein schwacher Trost, da es sich ja kaum bestreiten ließ, dass ein europäisches Schiff die Krankheit auf die Insel eingeschleppt hatte. Im Folgenden dehnt er seine Überlegungen in dieser Frage aus:

> Das ist jedoch von geringer Befriedigung für alle, die in sehr hohem Maße unter der Krankheit leiden müssen, welche sich im Laufe der Zeit zudem über alle Inseln in der Südsee ausbreiten kann; zudem gab ich mir mehr als einen Monat vor unserer Ankunft hier die größte Mühe herauszufinden, ob irgendjemand von der Schiffsbesatzung die Krankheit in sich trug, und befahl dem Arzt, jeden Mann zu untersuchen, bei dem auch nur der leiseste Verdacht bestand, worauf er mir erklärte, dass lediglich ein Mann auf dem Schiff geringfügig betroffen sei und dass es sich bei dessen Leiden um ein angefressenes Schienbein handele; dieser Mann hatte mit keiner einzigen Frau auf der Insel Umgang.

Abermals gab sich der introvertierte Cook die Schuld für etwas, was er zu Recht als furchtbare Sünde gegen die Völker des Pazifiks verurteilte. Und wieder kannte er nicht die ganze Wahrheit. Medizinische Fachleute haben das Beweismaterial gesichtet und die unterschiedlichen Beschreibungen in den Logbüchern und anderen Quellen untersucht. Demnach dürfte es sich bei dem, was Cook für Syphilis hielt, um Frambösie oder Himbeerpocken, eine auf den pazifischen Inseln grassierende Krankheit, gehandelt haben. (Das Vorkommen von Geschlechtskrankheiten auf den Pazifikinseln wird detailliert in S. M. Lambert, *A Doctor in Paradise*, London 1942, erörtert.) So war es nicht verwunderlich, dass »die Leute [die Krankheit] mit so wenig Besorgnis ertrugen, als wären sie seit Jahrhunderten damit vertraut«.

Dass irgendwann gegen Ende des 18. Jahrhunderts tatsächlich Geschlechtskrankheiten mit einem europäischen Schiff auf die pazifischen Inseln kamen, ist allerdings nicht zu leugnen. Und es ist auch eine Tatsache, dass James Cook – mehr als jeder andere europäische Entdecker vor oder nach ihm – den Pazifik für die europäischen Staaten erschloss. Bis zu diesem Zeitpunkt hatten lediglich drei Schiffe Tahiti besucht, deren Kapitäne – Wallis, Bougainville und Cook – alle peinlich genau darauf achteten, ihre Mannschaften auf Anzeichen der Krankheit hin zu untersuchen. Zu glauben, Cook sei für die Verbreitung der Geschlechtskrankheiten im Pazifik verantwortlich, heißt, ihn zum Sündenbock eines Verbrechens zu machen, für das ganz Europa verantwortlich ist. Im Falle Tahitis war Cook bereit, die Schuld auf sich zu nehmen, auch wenn er vermutlich unschuldig war.

Am Morgen des 26. Juni brachen Cook und Banks zu einer Inselrundfahrt auf. In Begleitung von zwei oder drei Eingeborenen fuhren sie in der Pinasse los – ein Hinweis, dass sie glaubten, von den Insulanern im Süden nichts befürchten zu müssen. Außerdem kam darin zum Ausdruck, dass zwischen beiden Männern eine enge Freundschaft und eine gegenseitige Achtung entstanden war. Wo immer es ging, versuchten die Engländer, entlang der Küste zu Fuß zu gehen. Dabei ließen sie die Eingeborenen zurück, die auf das Boot Acht geben sollten, damit es ihnen stets zur Verfügung stand, wenn man an Land nur schwer vorwärtskam.

Einer der ersten Orte, auf den sie stießen, war die Bucht, in der im Jahr zuvor Bougainville gelandet war. Die Löcher für die Zeltpfosten waren noch zu sehen. Cook notierte, dass es sich um einen guten Ankerplatz von 20 bis 24 Faden Wassertiefe handele, mit vorgelagerten Klippen und Korallenriffen. Zwar bot die Stelle Schutz vor dem offenen Meer, dennoch hielt er sie für einen weniger geeigneten Ankerplatz als die Matavai-Bucht, wo die *Endeavour* vor Anker gegangen war.

Die Insel Tahiti hat die Form einer Acht, wobei eine schmale, knapp drei Kilometer breite Landenge die beiden Teile verbindet. Bei den Einheimischen hießen diese Teilinseln Opooreonoo und Taiarapu; Letztere lag südwestlich von Ersterer und war ein zwar kleineres, aber nicht weniger interessantes Gebiet. Bald gelangten sie nahe des Isthmus an einen Küstenabschnitt, der sehr marschig war und den man zu Fuß nicht überqueren konnte. Cook und Banks ließen die Pinasse holen, um auf dem Wasserwege nach Taiarapu zu gelangen. Zu irgendeinem Zeitpunkt riet ihnen der tahitische Führer Tituboaro von der Weiterfahrt ab, weil sich seine Leute mit dem Volk von Taiarapu im Krieg befänden. Die Engländer luden ihre Musketen; nach einiger Überredung war ihr Fremdenführer beruhigt und willigte ein, sie weiterzufahren. Am Ende erwiesen sich Tituboaros Ängste als unbegründet, da sie von den Menschen auf Taiarapu überaus herzlich empfangen wurden.

Das Letzte, was Cook und Banks in Taiarapu zu finden erwarteten, waren Gegenstände aus ihrem Heimatland. Voll Stolz zeigten ihnen die Eingeborenen jedoch zwei Zwölf-Pfund-Kugeln, die an dem denkwürdigen Tag vom Deck der *Dolphin* abgefeuert worden waren, als das Schiff mit seinen großen Geschützen über die Bucht feuerte. Die Kanonenkugeln waren nicht das einzige Souvenir – bei einem anderen Haltepunkt auf der Fahrt stießen die Entdecker zu ihrer Belustigung auf eine überfütterte englische Gans und einen Truthahn, der zwischen den Häusern der Tahitianer umherstolzierte. Beide Vögel waren sehr fett und völlig zahm. Sie waren von der Mannschaft der *Dolphin* zurückgelassen worden, aber die Tahitianer hatten sie nicht töten wollen, sondern zogen es vor, sie als Haustiere zu halten und sich voller Stolz um sie zu kümmern.

Im Hinblick auf die tahitische Kultur erwies sich die Erkundungsfahrt als hochinteressant. Wegen der Verständigungsschwierigkeiten und der kulturellen Unterschiede blieben Cook und Banks die tahitischen Sitten und Gebräuche jedoch weitgehend fremd. An vielen Orten auf der ganzen Insel entdeckten sie Grabstätten, *marae* genannt, welche die Tahitianer zum Gedenken ihrer Toten errichteten. Viele dieser *marae* erwiesen sich lediglich als Haufen unbehauener Steine, die kunstvolleren Bauten jedoch waren aus bearbeiteten Korallen errichtet und verfügten über Stufen, die zu einer Art Altar führten, sowie Pfeiler aus geschnitztem Holz, die in das Gestein eingelassen worden waren. Die Schnitzereien zeigten Menschen- und Tier- beziehungsweise Vogelgestalten; zumindest in einem Fall hatte man die Vögel mit roter und gelber Farbe bemalt, um die Farbe des Gefieders wiederzugeben. Angeblich handelte es sich bei den *marae* um Begräbnisstätten, aber überall um sie herum verstreut lagen menschliche Knochen, Schädel und Kieferknochen. Die Eingeborenen waren nicht besonders mitteilsam, was die menschlichen Gebeine betraf, und behaupteten lediglich, es handele sich um die sterblichen Überreste ihrer Feinde, die in dem großen Kampf zwei Jahre zuvor getötet worden sein.

Im Papara-Bezirk von Opooreonoo stießen die Entdecker auf das größte der *marae* auf Tahiti. Es besaß die Form eines Häuserdachs, wobei elf riesige Stufen zu einer Art Plattform emporführten; jede Stufe war etwa eins zwanzig hoch. Die Stätte war nicht unähnlich einer Stufenpyramide; an der Basis maß sie 80 mal 26 Meter und nach oben lief sie schmal zu einer Fläche von 75 mal 2,5 Meter zu. Die Steine aus weißen Korallen waren sehr schön bearbeitet und poliert. Das *marae* stellte eine bedeutende, wenn auch mühselig errungene kulturelle Leistung dar, hervorgebracht von Menschen mit Steinzeitwerkzeugen. Einen weiteren Teil des *marae* bildete ein gepflasterter Platz, der 118 mal 110 Schritte maß. Er hatte Stufen, die an allen Seiten zu ihm hinaufführten; in der Mitte befand sich ein Bauwerk gleich einer Sonnenuhr oder einem Springbrunnen. Außerdem entdeckte man Bildnisse eines aus Holz geschnitzten Vogels sowie eine zerbrochene Steinmetzarbeit, die einen Fisch darstellte. Offenbar gehörte dieses große *marae* ihrer Bekannten, Königin Oborea. Man berichtete den Besuchern von einem Aufstand, bei dem die Königin von ihrem Herrscherthron gestürzt worden sei; die Königin habe in die Berge fliehen müssen und die Eindringlinge hätten alle Häuser niedergebrannt und sich mit dem Vieh und anderen Kriegstrophäen davongemacht. Die Gans und der Truthahn waren vermutlich Kriegstrophäen wie auch die Kieferknochen und die menschlichen Überreste, welche die Engländer an verschiedenen Stellen fanden.

Die Reise dauerte etwa sechs Tage. Cook und Banks wurden überall freundlich aufgenommen und übernachteten meist in den Häusern der Insulaner. In einigen Gegenden Taiarapus, in denen der Brotfruchtbaum nicht so verbreitet war wie in den nördlichen Regionen, war es schwierig, Proviant zu bekommen. Banks interessierte sich für die geologischen Verhältnisse Tahitis. Völlig richtig vermutete er, dass die Insel vulkanischen Ursprungs sei. Überdies äußerte er einige nachträgliche Gedanken zum Thema Südland:

> An den Steinen finden sich überall Anzeichen, dass sie irgendwann einmal verkohlt worden waren. Tatsächlich habe ich auf der Insel noch keinen Stein gesehen, der keine sichtbaren Spuren von Feuer zeigte … Möglicherweise verdankt die Insel ihren Ursprung einem inzwischen erloschenen Vulkan. Man mag spekulieren, den Autoren zuliebe, die unseren Globus durch das richtige Gewicht eines Kontinents ins Gleichgewicht bringen, den sie nahe diesen Breiten platzieren: Ein solcher notwendiger Erdteil kann auch infolge furchtbarer Erdbeben und Vulkanausbrüche 200 oder 300 Faden unter dem Meeresspiegel versunken sein, wobei die Spitzen der höchsten Berge lediglich in Gestalt der Inseln über Wasser blieben: all dies beweist zweifelsfrei, dass ihre Theorie unzutreffend ist – wenn diese nicht auch schon durch die Route unseres Schiffs von Kap Hoorn bis zu dieser Insel völlig widerlegt wäre.

Auf Tahiti gab es weder Städte noch Dörfer. Die Bewohner lebten in Häusern, die ringsum dort an der Küste verstreut lagen, wo das Land fruchtbar war und von den Hängen der Vulkangipfel klares Wasser herabfloss. Neben der Brotfrucht waren sie in der Lage, Kokosnüsse, Bananen, Zuckerrohr, Yamswurzeln, Süßkartoffeln, eine Art gelber Apfel beziehungsweise Brasilianischer Pflaume und Zuckerrohr anzupflanzen – wobei man alle mit einem Minimum an Aufwand anbauen konnte. Der fruchtbare Boden und die in großer Fülle vorhandenen Feldfrüchte beeindruckten die Besucher immer wieder aufs Neue. »Was die Nahrungsmittel betrifft, kann man beinahe sagen, dass diese Menschen vom Fluch unserer Vorfahren befreit sind«, schrieb Banks. »Man kann im Grunde noch nicht einmal sagen, dass sie sich das Brot im Schweiße ihres Angesichts verdienen, da die großherzige Natur sie nicht nur mit dem Notwendigsten, sondern darüber hinaus mit einer Fülle des Überflüssigen versorgt.«

Die Tahitianer fischten nach Muscheln und Krebsen; mit großem Genuss aßen sie alle Arten von Meerestieren, darunter auch spezielle Quallen. Auf dem Land hielt man Schweine und Inselhunde. Cook musste einen gewissen Ekel überwinden, um Hundefleisch zu essen, kam aber rasch auf den Geschmack und verglich es mit englischem Lammfleisch. Auch Vögel kamen auf den Tisch, doch fand Cook tahitisches Geflügel weniger schmackhaft als englisches Hühnerfleisch. Wasser und Kokosnussmilch waren offenbar die einzigen Getränke, man kannte keine berauschenden Getränke. Einigen Insulanern gab man einmal Schnaps zu trinken, den man von der *Endeavour* mitgebracht hatte. Sie wurden nach dem übermäßigem Konsum ziemlich schnell betrunken und unterließen es fortan klugerweise, noch einmal davon zu kosten. Bald entdeckte Cook, dass es in den besseren Kreisen der tahitischen Gesellschaft ein *tapu* (wovon sich unser »Tabu« herleitet) gab, welches untersagt, dass die Geschlechter gemeinsam aßen. Gelegentlich überredete man Frauen, an Bord der *Endeavour* zu essen, deren Kapitänskajüte mit ihren gedrechselten Stühlen und dem großen Tisch eine große Attraktion darstellte. Die Frauen willigten gern ein, achteten aber darauf, den eigenen Leuten zu verschweigen, dass sie verbotenerweise in Gesellschaft des anderen Geschlechts gespeist hatten.

Die besondere Methode der Tahitianer, Stoffe herzustellen, war äußerst interessant. Zunächst wurde die Rinde eines Baumes in Streifen abgeschält, wonach diese mit einer dünnen Paste bestrichen und zusammengelegt wurden. Die Streifen schlug man mit einem harten Holzwerkzeug flach, dann wurden weitere Baumrindenstreifen kreuzweise darüber gelegt und ebenfalls geklopft. Manchmal färbte man den Stoff mit roter, brauner oder gelber Farbe. Cook fand das Endprodukt sehr schön, wenn es sich auch ganz anders als europäisches Tuch anfühlte. Er bemerkte, dass die Tahitianer auch Matten webten, die von einer feineren und besseren Qualität waren als alles, was er in Europa gesehen hatte. Weitere handgearbeitete Erzeugnisse waren Fischernetze, Taue, die bis zu einem Zoll dick waren, Angelschnüre sowie Bändsel, mit denen man die einzelnen Bestandteile der Kanus zusammenband. Es gab eine große Vielfalt an Werkzeugen, von Steinäxten bis zu Angelhaken.

Die Tahitianer besaßen keine Schrift und verfügten folglich über ihre Folklore hinaus weder über niedergelegte Gesetze noch eine Geschichtsschreibung. Die Art und Weise, wie sie eine hierarchische Gesellschaft mit unverkennbaren sozialen Unterschieden geschaffen hatten, war höchst interessant. Laut Banks war die Gesellschaftsordnung »offenkundig dazu geschaffen, Wenigen eine ausschweifende Freiheit zu gewähren, während der größere Teil der Gesellschaft unabänderlich in der erbärmlichsten Sklaverei lebt«. Ein interessanter Kommentar von einem englischen Adligen zu einer Zeit, da die Engländer, was Sklaverei betraf, bereits auf eine entsetzliche Geschichte zurückblickten. Die Tahitianer kannten zwar keine Geschichtsschreibung, aber es gab zahlreiche Mythen und Legenden, die von Mund zu Mund verbreitet wurden, so wie es Homer und die umherreisenden Dichter und Musiker in der hellenischen Welt getan hatten. Banks verwendete viel Zeit darauf, mehr über die Glaubensvorstellungen der Tahitianer in Erfahrung zu bringen, aber sein mangelnder Wortschatz verhinderte, dass er ihren Aberglauben und ihre Religion begriff. Die meisten Erkenntnisse lieferte ihm Tupia, der aber gar kein gebürtiger Tahitianer war, sondern von der Nachbarinsel Raiatea im Westen stammte. Unter Tupias vielen Legenden gab es auch die über ein Göttervolk namens Mauwe, das die Erde vor der Schöpfung des Menschen bewohnte. Sie wurden als Riesen mit sieben Köpfen, ungeheuren Kräften und übermenschlichen Fähigkeiten dargestellt.

Bereitwillig besuchten Tupia und andere Tahitianer den sonntäglichen Gottesdienst in Fort Venus. William Monkhouse leitete die Messen, an denen jedes Mal eine Vielzahl Eingeborener teilnahm. »Sie verstanden ganz genau, dass wir ›dem Etua nachredeten‹, das heißt, zu Gott sprachen«, schrieb Molyneux. »Dies verstanden sie deshalb vollkommen, weil sie selbst ein unsichtbares & allmächtiges Wesen anbeteten.«

Die Tahitianer bedienten sich zum Zählen eines Dezimalsystems und machten mit den Fingern Zeichen, die die einzelnen Ziffern symbolisierten. Für alle Zahlen zwischen 1 bis 19 hatten sie einen Namen, dazu ein Wort für 20 – mit diesem Wortschatz konnten sie Zahlen bis zu 20 000 ausdrücken. Zwar kannten sie nur die allereinfachsten Rechenverfahren, verfügten aber über einen Kalender, der auf dem dreißigtägigen Mondzyklus beruhte. Jeder Tag im Monat besaß einen Namen; der Jahreszyklus unterteilte sich in dreizehn Mondmonate. Der Tag wurde in Abschnitte von etwa zwei Stunden eingeteilt. Die Astronomie der Tahitianer war recht fortgeschritten: Sie besaßen Begriffe für die Planeten und alle größeren Gestirne und waren in der Lage, mit ihren Kanus zwischen den Inseln zu navigieren, indem sie sich an den Sternen orientierten.

Die Tahitianer hatten eigene Musikformen hervorgebracht, die auf einer sehr einfachen Tonskala mit äußerst wenigen Noten beruhte. Alle Inselbewohner schienen Musik sehr zu mögen; sie tanzten und sangen gern und hatten zwei Musikinstrumente entwickelt. Bei dem einen Instrument handelte es sich um eine Trommel aus ausgehöhltem schwarzem Holz, über deren Höhlung eine Membran aus Haihaut gespannt war; die Musiker schlugen die Trommel mit den Handflächen und -knöcheln. Das andere Instrument war eine Art Flöte aus einem ausgehöhlten, etwa 40 Zentimeter langen Bambusrohr. Es wurde nicht mit dem Mund geblasen, sondern seltsamerweise mit einem Nasenloch, wobei man das andere mit dem Daumen verschloss. Die Flöte hatte vier Löcher und brachte offenbar auch nur vier Noten hervor, was nur eine sehr begrenzte Anzahl von Melodien zuließ, weshalb einige der Engländer sogar glaubten, die tahitische Musik bestehe lediglich aus einer einzigen monotonen Melodie. Cook brachte seine Abneigung gegen die Flöte und die Trommel zum Ausdruck, die tahitische Musik war eben gewöhnungsbedürftig; Sydney Parkinson fertigte eine fabelhafte Zeichnung von Tupia an, wie dieser mit einem Nasenloch auf der Flöte spielte. Parkinson erwähnt darüber hinaus ein drittes einfaches Instrument, eine Rassel aus Perlmuttmuscheln. Die Tänze der Tahitianer steckten voller Temperament und Energie – nur den gesetztesten Besatzungsmitgliedern der *Endeavour* machte es keinen Freude, zuzusehen, wie die Männer und Frauen ihre traditionellen rhythmischen Tänze aufführten.

Heikle Dinge, wie beispielsweise das gemeinsame Essen von Männern und Frauen, wurden in der höflichen Konversation ausgespart. Wenn es jedoch um die Unterschiede und die gegenseitige Anziehungskraft zwischen den Geschlechtern ging, waren die Tahitianer sehr offenherzig, und zwar häufig in einem Maße, dass es den Engländern peinlich war. »Beide Geschlechter geben im Gespräch den unsittlichsten Gedanken Ausdruck, ohne die geringste innere Regung«, schrieb Cook prüde, »und solche Reden verschaffen ihnen höchstes Entzücken.« Er schildert den Tanz, den die Mädchen der Insel aufführten. »Wann immer 8 oder 10 junge Mädchen sich versammeln, so tanzen sie stets einen sehr unschicklichen Tanz, welchen sie Timorodee nennen; dabei singen sie höchst unschickliche

Lieder und haben eine höchst unschickliche Aufführung der Art, wie sie ihnen von frühester Kindheit an gelehrt wird.« Allerdings musste er zugeben, dass »ihre Bewegungen von schönem Gleichklang sind«. Sydney Parkinson beschreibt einen Tanz, bei dem es sich vermutlich ebenfalls um den Timorodee handelt:

> Am 27. [Juni] sahen wir ein beliebtes Spiel, mit dem sich die jungen Mädchen am Abend unterhalten. Dabei teilen sie sich in zwei Gruppen, die einander gegenüberstehen, und die eine Gruppe wirft Äpfel, welche die andere zu fangen versucht. Zwar bin ich mit den Regeln des Spiels nicht vertraut, hin und wieder trat aber eine Gruppe vor, die Mädchen stampften mit den Füßen auf, machten ein schiefes Gesicht, gingen in die Hocke, hoben die Kleider und entblößten sich, während sie gleichzeitig einige Worte in einem unangenehmen Ton wiederholten. So wachsen die Mädchen, von denen viele nicht älter als acht, neun Jahre sind, von Kindheit an in Unzucht auf.

Es mag sein, dass die Worte und Handlungen des Timodoree auf einen europäischen Betrachter höchst unschicklich wirkten. Für die Einheimischen, die mit der eigenen Kultur aufgewachsen waren, stellten sie jedoch etwas ganz Normales dar. Vor allem der Umstand, dass die Mädchen noch sehr jung waren, brachte Cook aus der Fassung; jedoch räumte er ein, dass sie, sobald sie die Geschlechtsreife erlangt hatten und eine Bindung mit einem jungen Mann eingingen, keinen Timodoree mehr tanzten. In den Tagebüchern finden sich nur wenige Äußerungen über die Kinder auf Tahiti. Parkinson notiert immerhin, dass beide Geschlechter bemerkenswert freundlich und höflich miteinander umgingen und dass sie, wenn sie ein Geschenk oder eine kleine Nascherei bekamen, diese ohne Streitereien untereinander aufteilten. Auch die Männer hatten einen ganz typischen Tanz – eine Art Kriegszeremonie, bei der sie sich wie Ringer in einer Hockstellung umkreisten und hinter ihrer

Kriegsbemalung Grimassen schnitten. Joseph Banks beschreibt diese Ringkämpfe etwas detaillierter: Es handele sich um einen Männersport mit überwiegend männlicher Zuschauerschaft. Die alten Männer schienen den Sport sehr zu mögen und feuerten ihre Favoriten mit Rufen und Gesängen an:

> Der Zeitvertreib begann damit, dass die Kämpfer, zumindest manche von ihnen, langsam und ernst in dem Hof umhergingen; dabei schlugen sie sich gelegentlich ganz fest auf den linken Arm, wodurch ein tiefes, lautes Geräusch entstand, das offenbar eine Herausforderung an einander oder einen aus der Gruppe darstellte, der sich an dem Wettkampf zu beteiligen gedachte. Im Haus standen die Alten, bereit, dem Sieger zu applaudieren, sowie einige junge Frauen, die wahrscheinlich uns zu Ehren gekommen waren; die meisten anderen Frauen hatten sich dagegen entfernt.
> Die allgemeine Herausforderung war wie gesagt ausgesprochen, die besondere folgte sogleich. Bei dieser wählte ein Mann seinen Widersacher, indem er die Fingerspitzen beider Hände waagerecht vor der Brust verschränkte und sodann die Ellbogen auf und ab bewegte. Wurde dies akzeptiert, erwiderte der Herausgeforderte sogleich das Zeichen; sofort bauten sich beide in einer Stellung auf, um zu ringen, was sie sehr bald auch taten; dabei strebten sie danach, sich gegenseitig an den Händen, den Haaren oder am Tuch zu packen, das sie sich um die Körpermitte geschlungen hatten; sonst trugen sie nichts. Danach versuchten sie, einander am Oberschenkel zu packen; üblicherweise wurde der Wettkampf durch den Sturz desjenigen beendet, der auf diese Weise in eine sehr ungünstige Lage geriet. Wenn dies nicht bald geschah, so trennten sie sich, entweder einvernehmlich oder indem ihre Freunde binnen weniger als einer Minute einschritten; in diesem Fall begannen beide, sich auf die Arme zu klatschen und sich von neuem einen Gegner – entweder wieder sich selbst oder jemand anderen – zu suchen.

Die Polynesier unterschieden sich äußerlich stark von den Afrikanern, Feuerländern und anderen Naturvölkern, denen die europäischen Seeleute begegnet waren. Sie hatten eine hellere Hautfarbe und einige asiatische Merkmale, doch handelte es sich eindeutig um eine eigene, bestimmbare ethnische Gruppe. Die Seeleute der *Endeavour*, von denen viele mit dem anderen Geschlecht nur in den schmutzigen Hintergassen englischer Hafenstädte in Berührung kamen, fanden die ungehemmten Mädchen mit ihren braunen, sonnengebräunten Körpern, dem schwarzen, glänzenden Haar, den dunklen, engelhaften Gesichtern und den großen, hellen Augen einfach hinreißend. Unter den Tahitianern galt eine helle Hautfarbe als vorteilhaftes Körpermerkmal, weshalb sie auch von den Besuchern außerordentlich fasziniert waren und sich eine große gegenseitige Anziehungskraft zwischen den Mitgliedern der beiden Kulturen entwickeln konnte. Auf ihrem heimischen Terrain waren die tahitischen Frauen mindestens ebenso geneigt, Verhältnisse mit den europäischen Seeleuten einzugehen, wie umgekehrt.

Auch die Moralvorstellungen und Ideale der Tahitianerinnen unterschieden sich beträchtlich von denen im fernen Europa. Während der Zeit, als die *Endeavour* vor Tahiti lag, kam es fast nie zu Eifersuchtsszenen – es sei denn, man zählte den Fall, als es dem Begleiter der koketten Oborea missfiel, dass sie Joseph Banks Avancen machte. Die gutmütige Toleranz, mit der die Tahitianer zuließen, dass ihre Frauen mit den Fremden Techtelmechtel unterhielten, besagt viel über die großherzige Wesensart dieser Menschen. »Die Frauen zeigten sich uns gegenüber sehr freundlich«, schreibt Cook – und fügt hinzu, dass sie »mit ihren Gunstbezeugungen überaus großzügig waren«. Ein Schiffsnagel oder ein Matrosenhemd, das war der Preis der Liebe. Binnen weniger Tage nach der Ankunft der Europäer hatten sich die Liebschaften so weit verbreitet, dass Cook seinen Männern untersagte, sich über den »One Tree Hill« am Ende der Matavai-Bucht hinauszubegeben.

Dass er überhaupt diese Verhältnisse duldete, wirkte natürlich Wunder hinsichtlich der Moral der Besatzung. Solange kein echter Verstoß gegen die Disziplin vorlag, war er bereit, den Dingen ihren Lauf zu lassen. Für die Tahitianerinnen war offensichtlich, wer die wichtigen Angehörigen der Expedition waren, und so näherten sich einige auch Cook selbst. Dies muss sein Selbstbewusstsein gestärkt haben. Dennoch kam es für ihn nicht infrage, dass er sich mit ihnen einließ. Er hatte ja nicht nur eine Frau daheim in England, der er unerschütterlich treu war, er musste seinen Männern auch mit gutem Beispiel vorangehen und an seine Pflichten und an seinen Ruf denken. Selbst wenn er alleinstehend gewesen wäre – er war vierzig –, seine eiserne Selbstbeherrschung war mehr als ausreichend, um den Annäherungsversuchen der jungen Insulanerinnen zu widerstehen, so verführerisch sie auch sein mochten. Hinzu kam, dass er großen Respekt vor anderen Völkern besaß und dass es im Übrigen einem Mann vom Wesen eines James Cook überhaupt nicht entsprochen hätte, eine Pazifik-Insulanerin zu verführen oder von ihr verführt zu werden.

Für den ehrenwerten Joseph Banks galten solche Prinzipien dagegen nicht. Er hatte keine Frau zu Hause, selbst wenn Miss Blosset das Gefühl hatte, sie habe einen gewissen Anspruch auf ihn. Außerdem ging aus seinen schönen Kleidern und seinem ganzen Gebaren ganz eindeutig hervor, dass er eine wichtige Persönlichkeit war, auch wenn er einiges jünger als Cook war. Jedenfalls wurden seine Begierden bereitwillig von den jungen Tahitianerinnen angefacht. Im Grunde konnte er aus der gesamten weiblichen Bevölkerung der Insel auswählen. Mitunter brachte ihn seine Beliebtheit allerdings in Schwierigkeiten, wobei er mindestens einmal sagen musste, er sei einer anderen versprochen, um sich den amourösen Avancen der lebhaften Königin Oborea entziehen zu können.

Banks und Solander waren die beiden Männer, die sich am intensivsten um den Handel mit den Tahitianern und damit um die Auffrischung der Vorräte kümmerten. Als sie einmal losgingen, um Handelswaren, die von Bord stammten, gegen den Inselstoff zu tauschen, bekamen sie eine komplette Verkaufsvorführung unter Mitwirkung dreier verführerischer junger Frauen geboten. Das Ganze begann mit dem Zeigen der Waren, die zunächst auf den Boden ausgelegt wurden. Aus Banks' Bericht geht nicht ganz eindeutig hervor, wann er die Stoffe und wann die Damen beschreibt:

> … dann trat die vorderste der Frauen, offenbar die Anführerin, mit dem Fuß auf die Waren und gab mir, indem sie rasch all ihre Reize enthüllte, eine äußerst günstige Gelegenheit, sie zu bewundern, indem sie sich allmählich einmal um die eigene Achse drehte: Dann wurden drei weitere Teile ausgelegt, und sie wiederholte ihren Teil der Zeremonie: Daraufhin wurden die anderen drei ausgelegt, was einen dreifachen Belag auf dem Boden zwischen ihr und mir ergab; dann zeigte sie mir abermals ihre nackten Schönheiten und marschierte sofort auf mich zu, wobei ihr ein Mann folgte und im Vortreten den Stoff faltete; gleichzeitig gab sie mir sogleich zu verstehen, dass es sich um ein Geschenk an mich handele. Ich fasste sie bei der Hand und führte sie in Begleitung einer anderen Frau, ihrer Freundin, zu den Zelten; dort gab ich beiden Geschenke, konnte sie jedoch nicht dazu bewegen, mehr als eine Stunde zu bleiben.

Die Gründe hinter dieser Zeremonie bleiben etwas unklar – der Stoff wurde als Geschenk überreicht, und es scheint, als fände die ganze Vorstellung Banks' zu Ehren statt. Zwar beabsichtigten diese Mädchen wohl nicht, nach ihrer Vorführung bei ihm zu übernachten, doch gab es viele andere, die nur allzu bereit dazu waren. So beschreibt Banks am Tag des Venusdurchgangs einen anderen Vorfall, bei dem drei Mädchen von der Insel Moorea seine Gesellschaft aufsuchten.

> Schon bald nach meiner Ankunft vor dem Zelt stiegen 3 hübsche Mädchen aus einem Kanu und kamen herbei, um uns zu besuchen; sie waren am Morgen mit Tarroa im Zelt gewesen, plauderten sehr freizügig mit uns und willigten nach

sehr wenig Überredung ein, ihre Equipage fortzuschicken [Banks meint wohl »Entourage« oder Gefolge] und in dem Zelt zu schlafen, ein Vertrauensbeweis, dem ich nach einer solch kurzen Bekanntschaft bislang noch nie begegnet bin.

Während Banks von dem Häuptling, den er Lykurgos nannte, gastlich bewirtet wurde, unterließ dessen Frau nichts, ihn zu verführen. Nach Banks' eigenem Urteil war sie »hässlich in jedem Betracht«. Obwohl er sie in keinerlei Weise ermunterte, setzte sie sich ohne jede Aufforderung neben ihn auf die Matte. Unmittelbar darauf sah er in der Menge ein sehr hübsches Mädchen »mit feurigen Augen«, das er bislang noch nicht gesehen hatte. Er fing Feuer. Seine Begleiterin ignorierend, winkte er das Mädchen zu sich und überredete es, sich neben ihn zu setzen. »Sogleich wünschte ich, meine bisherige Begleiterin loszuwerden«, schreibt er. »Also hörte ich auf, mich um diese zu kümmern und überschüttete stattdessen meine Hübsche mit Glasperlen und allen Geschenken, die ihr wohl gefallen mochten: Die andere zeigte sich ziemlich angewidert, blieb aber auf ihrem Platz sitzen und servierte mir weiter Fisch und Kokosmilch.«

Auch Königin Oborea zählte zu den Bewerberinnen, die nichts anbrennen ließen, um Joseph Banks in Versuchung zu führen. Sie ging dabei sehr direkt vor und sagte, sie habe den bedauernswerten Obadee, ihren einheimischen Geliebten und Edelmann, schlichtweg entlassen. Am Abend war er jedoch mit einer Fackel zu ihrem Haus in den Wäldern gekommen, in dem er normalerweise die Nacht mit ihr verbrachte. Sie hatte ihn fortgeschickt und behauptete, »ihren Geliebten satt zu haben [und] entschlossen zu sein, ihn, koste es, was es wolle, abzulegen«. Zu seinem Entsetzen war er selbst es, der glamouröse Joseph Banks, angetan mit weißer Weste und silbernem Schnurbesatz, den Oborea zu Obadees Nachfolger erkoren hatte. Banks wollte Oborea nicht barsch zurückweisen, fühlte sich aber in die Defensive gedrängt und bediente sich daher der lahmen und altwehrwürdigen Ausrede, er sei einer anderen versprochen.

Das muss ihr wie eine Notlüge erschienen sein, da ja alle auf der Insel wussten, dass er hinter den jungen Frauen her war. »Wäre ich frei wie ein Vogel, dann wäre Ihre Majestät sicherlich nicht diejenige, die ich am stärksten begehrte«, bekannte er. Aber Oborea ließ sich nicht durch Lappalien von ihrem Vorhaben abbringen. »Sie war entschlossen genug, darauf zu bestehen, die ganze Nacht in Mr. Banks' Zelt zu schlafen, und wurde nicht ohne Schwierigkeiten dazu gedrängt, zu ihrem Kanu zu gehen, wobei niemand die geringste Notiz von ihr nahm«, bemerkte Cook.

Zwei von Oboreas Begleiterinnen waren, laut Sydney Parkinson, ebenso forsch wie ihre Herrin:

> [Sie waren] sehr begierig, sich Ehemänner zu verschaffen, womit sie schließlich auch Erfolg hatten. Der Schiffsarzt nahm die eine, und einer der Leutnants die andere: Bis zur Schlafenszeit war der Umgang mit ihnen recht angenehm; dann aber beschlossen sie, sich in Banks' Zelt niederzulegen, was sie auch taten. Als aber eine der Verlobten herauskam, bestand der Schiffsarzt darauf, dass sie hier nicht schlafen könne, und warf sie hinaus; der Rest folgte ihr, bis auf Otea Tea, die ziemlich lange wehklagte und schrie, bis Mr. Banks auch sie vors Zelt brachte. Kurz darauf kam es zwischen Mr. Monkhouse und Mr. Banks zu einer Klarstellung; beide redeten sehr laut, sodass ich schon damit rechnete, sie würden sich duellieren, wovon sie aber klugerweise Abstand nahmen.

Es handelte sich hier um einen der wenigen Anlässe, bei denen es zwischen Besatzungsmitgliedern der *Endeavour* zu Spannungen kam. Zwar erwähnen weder Cook noch Banks den Vorfall, doch besteht kaum ein Zweifel, dass Parkinson die Wahrheit sagt, wenn er behauptet, dass der Streit fast in einem Duell geendet hätte. Die Streitigkeiten waren von kurzer Dauer; zwei Wochen später hatten sich der Botaniker und der Schiffsarzt wieder versöhnt und unternahmen gemeinsam eine

Expedition ins Binnenland, um die Quelle des Flusses zu finden, der ihren Bedarf an Trinkwasser deckte. (In seinem Tagebuch spricht Banks lediglich davon, dass »Mr. Monkhouse und ich die Expedition unternahmen«. Tatsächlich handelte es sich hier um William, den Arzt, und nicht um Jonathan, den Fähnrich, womit die Versöhnung wohl wirklich stattgefunden hatte.) Es war eine der seltenen Expeditionen ins Landesinnere Tahitis, wobei die beiden Männer allerdings nur sechs Meilen vordrangen. Die Küstenregion war noch stark besiedelt, aber schon bald kamen sie an eine entlegene, etwa 30 Meter tiefe Felsschlucht, in der ein Wasserfall ein solch tiefes Becken ausgehöhlt hatte, dass die Eingeborenen behaupteten, man könne die Schlucht nicht überqueren. An dem schlüpfrigen Abhang hingen Seile herunter, die man aus langen Stücken Baumrinde gefertigt hatte; die Eingeborenen nutzten sie, um von Felsvorsprung zu Felsvorsprung immer höher hinaufzuklettern. Vielleicht hätten die Seeleute es ohne Mühe dort hinauf geschafft, Banks und Monkhouse jedoch hatten keine Lust, sich das Genick zu brechen – wegen etwas, was ihrer Meinung nach recht wenig zum Wissen der Menschheit beigetragen hätte. Also kehrten sie unverrichteter Dinge zum Schiff zurück.

Betrachtet man die Gesamtdauer des Besuchs, dann hätte es wegen der Diebstähle und sexuellen Beziehungen eigentlich fast zwangsläufig zu Spannungen zwischen den Angehörigen zweier so unterschiedlicher Kulturen kommen müssen. Dennoch gehört der Kontakt zwischen Cooks Seeleuten und den Tahitianern sicherlich zu den geglücktesten, produktivsten und bedeutendsten interkulturellen Begegnungen überhaupt. Die Abende, an denen man sich versammelte, die tahitischen Mädchen einen Timorodee tanzten und die Männer ihre Ringerfähigkeiten zur Schau stellten, blieben den Seeleuten in unvergesslicher Erinnerung. Der Sonnenschein, der blaue Himmel und die immerwährende Brandung des Südpazifiks, das Lächeln der Mädchen, das laute, rhythmische Trommeln der Eingeborenen – dies alles zusammengenommen eroberte die Herzen des einfachen englischen Seemanns im Sturm.

Man kann davon ausgehen, dass die Seeleute, wenn sie die Segel bedienten oder den Anker der *Endeavour* hievten, Shantys sangen. Diese Lieder galten jedoch als so gewöhnlich, dass keiner der Tagebuchschreiber sie aufgezeichnet hat – wir kennen daher weder Titel noch Text eines einzigen Seemannslieds, das sie bei der Verrichtung ihrer alltäglichen Arbeit sangen. Als die tahitischen Musiker die Seeleute bei einem Treffen baten, doch einmal ein englisches Lied zu singen, kam es zu einem denkwürdigen Moment. Die Seeleute willigten, ohne zu zögern, ein, und einen ergreifenden Augenblick lang kehrten ihre Gedanken aus diesem Südseeparadies zurück zu der kalten, nebligen Insel auf der anderen Seite der Welt, einer Insel, die sie als ihr Heimatland bezeichneten. Eine Zeit lang verbanden sich Akzente und Dialekte aus allen Winkeln des britischen Inselreichs in rauer Harmonie, während das Shanty über die Hügel und Buchten Tahitis hallte. Die Seeleute sangen aus voller Kehle, während die Eingeborenen von den kraftvollen Rhythmen des Liedes gebannt waren; sie verstanden zwar nicht den Text, lauschten aber andächtig den leidenschaftlichen und inbrünstigen Seeleuten. Als das Lied zu Ende war, wurde es ganz still – was auf Tahiti selten vorkam –, und dann spendeten ihnen die großzügigen Insulaner spontan und begeistert Beifall. Die Seeleute grinsten hinter ihren Bärten und wurden fast verlegen ob ihres neu entdeckten Talents. Einer der tahitischen Musiker bat sogar darum, man möge ihn mit nach England nehmen, damit er Singen lernen könne!

Als der Juli kam, war das Schiff rundum instand gesetzt und hatte Wasser und Proviant an Bord genommen. Königin Oborea schenkte dem Kapitän vier Inselschweine, die er, wie sie wusste, außerordentlich schätzte. Tupia, der zu Oboreas Gefolge gehörte, bat darum, mit dem Schiff nach England reisen zu dürfen. Cook dachte über dieses Ansinnen sorgfältig nach:

> Dieser Mann war fast die ganze Zeit, die wir uns auf der Insel aufhielten, bei uns, wodurch wir ihn etwas näher kennen lernen konnten. Da er sehr intelligent ist und sich in den

> geographischen Gegebenheiten der Inseln in dieser See, ihren Erzeugnissen und den religiösen Gesetzen und Gebräuchen der Einwohner besser auskennt als irgendein anderer, den wir kennen lernten, war er für unsere Zwecke die geeignetste Person; aus diesen Gründen sowie auf die Bitte von Mr. Banks empfing ich ihn, zusammen mit einem kleinen Jungen, seinem Diener, an Bord.

Wenn man überhaupt jemanden mitnehmen wollte, dann war Tupia der ideale Mann, und das nicht nur, weil er sie zu anderen Inseln führen konnte, sondern auch wegen seiner Fähigkeiten als Sprachvermittler. In den wenigen Monaten, die er mit den Besatzungsmitgliedern der *Endeavour* verbrachte, hatte er ein gutes Verständnis der englischen Sprache erworben. Banks erbot sich, nach seiner Rückkehr nach England Tupia in seine Obhut zu nehmen. »Ich könnte ihn als Kuriosität behalten«, überlegte er, »so wie sich manche meiner Nachbarn Löwen und Tiger halten, was jedoch mit größeren Kosten verbunden ist, als er mir wahrscheinlich jemals verursachen wird.« Banks' Beweggründe waren typisch für das 18. Jahrhundert; er sah in den Polynesiern Kuriositäten, die noch exotischer waren als seine schwarzen Sklaven, die auf Feuerland ums Leben gekommen waren.

Am 9. Juli wartete man auf einen günstigen Wind, damit man Tahiti verlassen konnte. Beim Appell stellte man fest, dass zwei Seesoldaten fehlten: Samuel Gibson und Clement Webb. Den Gerüchten ließ sich mühelos der Grund ihrer Abwesenheit entnehmen – sie hatten beschlossen, zu desertieren und als Lebensgefährten zweier einheimischer Mädchen, zu denen sie starke Bande geknüpft hatten, auf der Insel zu bleiben. Eine zwar unerwartete, aber nicht völlig überraschende Wende der Ereignisse. Unterdecks muss viel über die Reize der Insel und die Schönheit der Mädchen geredet worden sein – es wäre sehr erstaunlich, wenn die Seeleute sich nicht darüber unterhalten hätten, wie es sein würde, die harte Disziplin des Marinedaseins gegen das Leben eines Südseeinsulaners einzutauschen. Aber

Cook kannte seine Pflicht. Der Vorfall stellte einen gravierenden Verstoß gegen Ordnung und Disziplin dar und brachte ihn zudem in eine äußerst prekäre Lage. Wenn er die Deserteure nicht fand und bestrafte, würde er binnen weniger Tage mehr als die Hälfte seiner Mannschaft verlieren, so fürchtete er.

Er handelte schnell und drastisch. Er nahm Königin Oborea, Tootaha und sieben weitere unschuldige und protestierende Insulaner in Geiselhaft. Deren einziges Vergehen hatte darin bestanden, sich unglücklicherweise zum Zeitpunkt der Desertion in der Nähe des Schiffs zu befinden. Er hielt sie an Bord gefangen und gab den Befehl, sie erst dann freizulassen, wenn man die beiden Seesoldaten gefunden und zurückgebracht hatte.

In seiner Eigenschaft als Schiffsmeister stand Robert Molyneux den Seeleuten noch näher als der Kapitän, weshalb er auch während des Kalfaterns und der Instandsetzung der *Endeavour* jene oft hatte sagen hören, dass sie desertieren wollten. Er wusste, dass die beiden Männer für etwas herhalten mussten, worüber fast jeder an Bord, die Offiziere eingeschlossen, offen sprach, wenn der Kapitän außer Hörweite war. Bereits zu einem früheren Zeitpunkt notierte Molyneux in seinem Tagebuch, dass über Desertion gesprochen wurde:

> [7. Mai] ... brachte heute dem Kapitän zur Kenntnis, dass einige Leute meuterische Reden halten. Als diese Tatsache feststand, schickte sich der Kapitän an, die Missetäter zu bestrafen, aber ich schritt dagegen ein; er ließ Gnade vor Recht ergehen, und die Männer mussten versprechen, sich künftig besser zu betragen. Ich hatte viele Gründe, so zu handeln, da mir der Ursprung des Aufruhrs wohl bekannt war.

»Webb ist ein vernünftiger Mann & Proviantmeister der Kadettenmesse«, fügte Molyneux hinzu. »Er hat sich dieses Vergehens eindeutig schuldig gemacht, doch ist er völlig vernarrt in eine junge Frau, mit der er seit einiger Zeit verbunden ist. Gibson ist ein wilder junger Bursche & und ein verschworener

Freund Webbs und hat keinen anderen Grund als das Vergnügen, ohne Aufsicht in einem schönen Land zu leben. Einige der führenden Männer hatten ihnen große Versprechungen gemacht & zugesagt, sie würden Ländereien & Bedienstete bekommen.«

Zwar konnten sich Gibson und Webb auf einer so kleinen Insel wie Tahiti natürlich nicht lange versteckt halten, um die Aufgabe, sie aufzuspüren und zur Rückkehr zum Schiff zu zwingen, waren ihre Kameraden dennoch nicht zu beneiden. Schnell wurden die Deserteure gefunden, zurückgebracht und unter Arrest gestellt. Alle glaubten, Kapitän Cook werde sie für ihr Vergehen schwer bestrafen, aber er reagierte sehr menschlich und reduzierte das Strafmaß, indem er die Anklage der Desertion in die der Befehlsverweigerung umwandelte. Trotzdem war er wegen der Sache sehr verärgert. Monatelang hatte er hart daran gearbeitet, gute Beziehungen zu den Eingeborenen herzustellen, und nun, unmittelbar vor der Abreise, gab er den Deserteuren die Schuld, dass man Oborea und die anderen einheimischen Häuptlinge empört und verstimmt zurückließ. Die beiden Männer waren zu Recht der Meinung, dass sie für das, was geschehen war, nicht verantwortlich waren.

Cook argumentierte so:

> Daher ist wahrscheinlich, dass wir diese Menschen aufgrund der Torheit zweier unserer Leute entrüstet über unser Verhalten verlassen; denn allem Anschein nach hatten die Eingeborenen keine Beihilfe geleistet, sie fortzulocken, und waren daher auch nicht die Rädelsführer … Jedoch dürfte feststehen, dass wir unsere Männer ohne diese Maßnahme sicherlich nicht zurückerhalten hätten.

Banks sah die Geiseln kurz nach ihrer Freilassung. »Ich sah sie, als in ihrem Boot davonfuhren«, schreibt er, »aber ich konnte in ihren Mienen keinerlei Anzeichen der Versöhnung entdecken, stattdessen wirkten sie verdrossen und in ihrem Stolz gekränkt.«

Die Buganker wurden vom Grund der Matavai-Bucht gehoben. Die Würmer hatten sie derart schlimm zerfressen, dass einer der Anker beim Hieven auseinanderfiel, weshalb die Schiffszimmerer noch vor dem Auslaufen einen neuen anfertigen mussten. Schließlich war alles bereit für eine – wenn auch getrübte – Abfahrt. Man räumte die Decks der *Endeavour* von allem Gerümpel, das sich während des Aufenthalts auf Tahiti angesammelt hatte, dann wurden die Anker gelichtet. Nachdem die europäischen Seeleute die Freundschaft und das Vertrauen der Menschen auf der Insel gewonnen hatten, mit denen sie so gern zusammen waren, hatte der Abschied einen etwas bitteren Beigeschmack. Gewiss, wegen der Diebereien hatte es Schwierigkeiten gegeben. Da war auch die peinliche Geschichte gewesen, wo ein Seemann eines der geheiligten *marae* niederreißen wollte, um es als Schiffsballast zu verwenden. Einmal hatte Cook befohlen, einen der Männer mit nacktem Oberkörper an die Takelage zu binden und auszupeitschen, weil er sich an einer Tahitianerin vergangen hatte – die Frau war allerdings in Tränen ausgebrochen und hatte die blutige, unmenschliche Marinestrafe verhindern wollen. Parkinson hatte mit Insekten zu kämpfen gehabt, die durch sein Moskitonetz drangen, sich auf den nassen Farben niederließen und daran haften blieben, während er zu malen versuchte. Zudem hatte ihm ein polynesischer Langfinger die hellen Farben entwendet, um diese auf eine offene Gesäßwunde aufzutragen. All diese Misslichkeiten waren jedoch unbedeutend im Vergleich zu den glücklichen Erinnerungen: der Kontakt zwischen Polynesiern und Engländern, die Techtelmechtel mit dem anderen Geschlecht, das gut gelaunte Feilschen um Güter und Lebensmittel, das eine Mal, als John Gore einen Eingeborenen zu einem Wettkampf mit Pfeil und Bogen herausforderte – nur um festzustellen, dass er auf Entfernung anstatt auf ein Ziel schießen sollte. Alle erinnerten sich daran, wie der Kapitän einmal seinen trockenen Humor aufblitzen ließ, was selten genug geschah: Er schenkte Oborea eine Puppe, die – wie er ihr versicherte – das Abbild seiner Frau in England sei. Die entzückte Oborea drückte die Puppe an die Brust, ergriff die Hand des Kapitäns und zeigte das Geschenk überglücklich der anwesenden Menge.

Die schlimmsten Befürchtungen der Engländer sollten sich als unbegründet erweisen. Während das Schiff aus der Bucht steuerte, erschien hinter der Landspitze ein Kanu. Diesem folgte noch eines, und kurz darauf erschien eine kleine Flotille einheimischer Boote. Dann tauchte ein größeres, vertrautes Kanu mit der hüpfenden, drallen und freudestrahlenden Königin Oborea an Bord auf. Nach der unglückseligen Missstimmung, die wegen der Deserteure aufgekommen war, wollte dieses versöhnlichste Volk der Welt die *Endeavour* offenbar trotzdem nicht ohne eine echte polynesische Verabschiedung ziehen lassen. Bald war das Schiff von Kanus umringt, und aufgeregte Tahitianer kletterten an Bord, wie sie es an jenem Monate zurückliegenden Tag getan hatten, als die *Endeavour* in ihren Gewässern eintraf. »Als die Einwohner sahen, dass wir uns anschickten abzusegeln, eilten sie von überall in Scharen herbei«, schreibt Molyneux gerührt. »Jeder an Bord bereitete seinen Freunden Geschenke, & sie wiederum machten uns Geschenke.« Die Tahitianer johlten, bis sie heiser waren, winkten dem auslaufenden Schiff fröhlich hinterher, manche wehklagten, andere brachen einfach in Tränen aus. Es war eine höchst gefühlige Versöhnung nach einer so warmherzigen Begegnung, wie es sie zwischen den Angehörigen zweier derart unterschiedlicher Kulturen wahrscheinlich nie wieder geben würde. Ein historischer Abschied, der auf diese Weise nie ganz wiederholt werden konnte:

> Als wir den Anker lichteten, hatten wir Oborea, Othethea, Tayoa, Nuna, Tuanna Matte, Potattou, Polotheara etc. an Bord; sie verabschiedeten sich überaus freundlich, nicht ohne viele Tränen, jedoch völlig ohne das klagende Schluchzen, welches die anderen Indianer aufführten, die sich in mehreren Booten rund um das Schiff befanden und ihre Klagegesänge anstimmten und darum wetteiferten, wer am lau-

> testen, nicht wer am meisten weinte – ein Brauch, den wir in den Gesprächen mit unseren besonderen Freunden oft verurteilt hatten, weil er eher gekünstelter denn echter Trauer zu entspringen schien.

Tupia zerdrückte ein paar Tränen, weil er sich entschlossen hatte, seine Freunde auf Tahiti zu verlassen. Zusammen mit Joseph Banks kletterte er in den Topp der Marsstenge, wo der überschwängliche Tahitianer und der englische Aristokrat lange Seite an Seite standen, zurück auf die imposanten Berge und das tropische Laubwerk der Südseeinsel blickten und den Eingeborenen winkten, während die Kanus und ihre Insassen widerstrebend eines nach dem anderen zurückfielen und das Schiff weitersegelte, in den Sonnenuntergang und in den offenen Pazifischen Ozean hinein.

6. KAPITEL

Neuseeland

Die *Endeavour* nahm Kurs auf den westlichen Horizont, dorthin, wo die Sonne im Pazifik versank. Für Tupia war es eine Fahrt zurück in seine Heimat. Mit seinen neuen Pflichten nahm er es sehr genau. Als die *Endeavour* am darauf folgenden Tag bei leichtem Wind nur langsame Fahrt machte, blickte er aus dem Heckfenster der Kapitänskajüte, sprang auf und rief inbrünstig: »*O Tane, ara mai, matai, ora mai matai.*« Ein Gebet an den Wettergott Tane, um ihn zu bitten, dem Schiff einen guten Wind zu schicken. Es wurde sogleich erhört, denn eine günstige Brise bauschte die Segel, und das Schiff nahm an Fahrt auf. Tupia brüstete sich seines Erfolgs, andere hingegen beurteilten seine Bemühungen recht abfällig.

»Unser Indianer betete häufig für einen günstigen Wind«, schreibt Joseph Banks, »und prahlte mir gegenüber ebenso oft wegen des Erfolgs seiner Gebete. Doch betete er eindeutig immer dann, wenn er eine Brise so nahe am Schiff sah, dass diese es meistens erreichte, noch ehe er das Gebet zu Ende gesprochen hatte.«

Nach einer kurzen, nur zweitägigen Fahrt erreichten sie eine Kette von Inseln, der Cook den Namen Gesellschaftsinseln gab. Zu der Gruppe gehörten vier Hauptinseln, wobei die nächstgelegene Huahine war, während die Inseln Raiatea und Tahaa einige Seemeilen dahinter lagen. Letztere lagen so dicht nebeneinander, dass sie vom selben Riff umgeben waren. In nord-

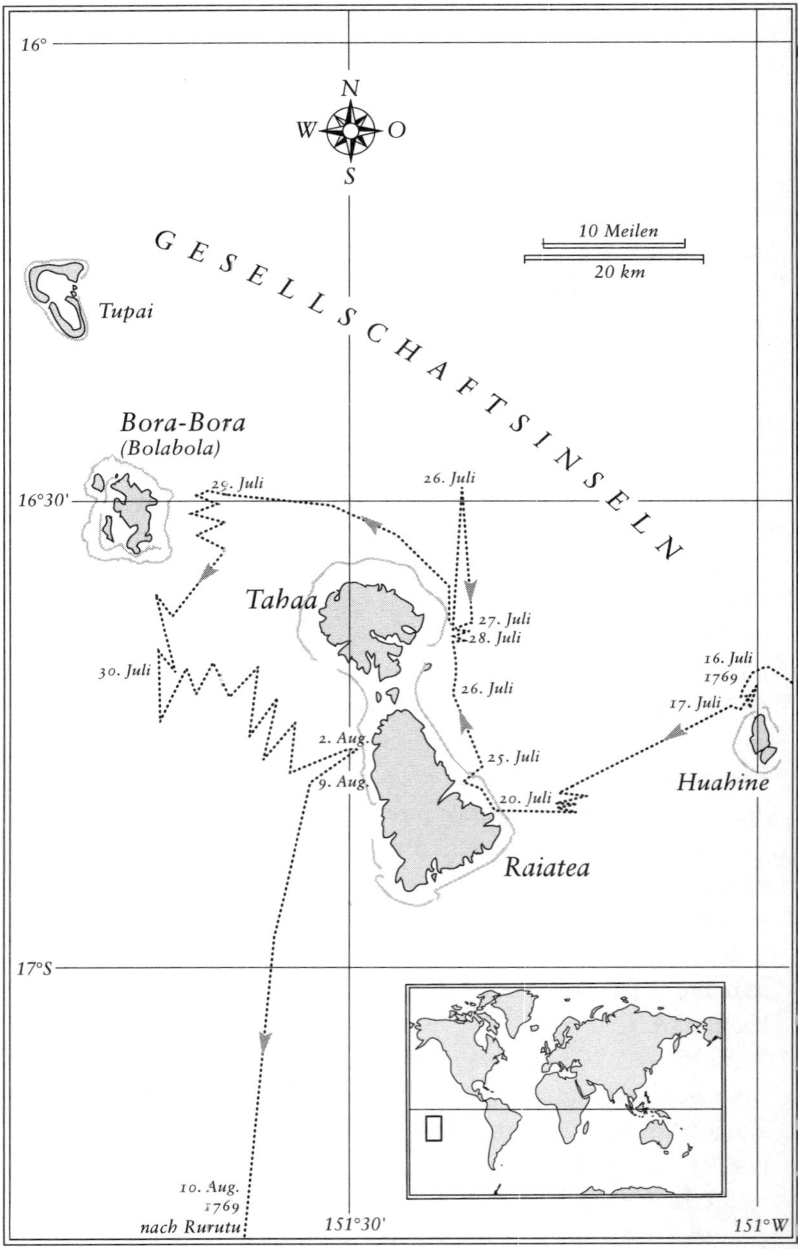
16°
N
W
O
S
GESELLSCHAFTSINSELN
10 Meilen
20 km
Tupai
Bora-Bora
(Bolabola)
16°30'
29. Juli
26. Juli
Tahaa
27. Juli
28. Juli
30. Juli
26. Juli
16. Juli
1769
17. Juli
2. Aug.
25. Juli
9. Aug.
20. Juli
Huahine
Raiatea
17°S
10. Aug.
1769
nach Rurutu
151°30'
151°W

westlicher Richtung lag die kleinere Insel Bora-Bora – eine Art polynesisches Sparta –, die bei den Bewohnern der anderen Inseln wegen der Wildheit ihrer Krieger gefürchtet war.

Tupia war überglücklich. Er fühlte sich auf seinen heimatlichen Inseln zu Hause und genoss es, seine neuen Freunde herumzuzeigen. Auf Raiatea war er geboren, und dort war er Priester gewesen, ehe er nach einer der vielen Schlachten mit den Bora-Bora-Männern ins Exil nach Tahiti gehen musste. Tupia war ein idealer Dolmetscher: Er versicherte sein Volk der guten Absichten der Weißen, seiner Freunde, und stellte rasch die richtigen Kontakte für den Handel und den Austausch von Informationen her. Er behauptete, seine Landsleute würden nicht in dem Maße wie die Tahitianer stehlen, und so überredete er einige von ihnen, an Bord zu kommen, damit er es beweisen konnte. Die Handelsgeschäfte gingen gut, allerdings dauerte die Abwicklung oft etwas länger, weil die Eingeborenen die lästige Gewohnheit hatten, vor ihrer Entscheidung eine Gruppe von zwanzig oder mehr Personen zu konsultieren; an einem Tag erwarb man jedoch zwölf Inselschweine und am nächsten Tag einige Mastschweine, dazu einen riesigen Vorrat an Brotfrüchten und Kokosnüssen. Tupia schickte einen einheimischen Taucher nach unten, damit dieser das Ruder untersuchte und nachsah, wie viel Wasser die *Endeavour* machte. Da Tupia sich in den Gewässern um seine Heimatinsel gut auskannte, machte er sich offenbar große Sorgen um die Sicherheit des Schiffs, da es in Gewässer einlief, wo die Tiefe weniger als fünf Faden betrug.

Die Insulaner waren, wie zu erwarten, den Tahitianern sehr ähnlich. Sie unterhielten vielfältige Handelsbeziehungen und kulturelle Kontakte, weshalb auch zwischen den Bewohnern benachbarter Inseln viele Ehen geschlossen wurden. Auf der Insel Raiatea gab es ein großes *marae* aus riesigen Korallensteinen. Es war mit Holzpfählen verziert, die in einer aufrechten Position standen und auf denen in ganzer Länge Menschen- und Tierfiguren geschnitzt waren. Hier hatte man zu Ehren der Besucher ein Hausschwein von etwa 80 Pfund geopfert.

Zwischen den Kulturen auf Raiatea und Tahiti gab es aber auch feine Unterschiede. Die Tänze der Eingeborenen waren sogar noch kraftvoller und aufregender als die auf Tahiti. Sydney Parkinson gibt eine vorzügliche Darstellung des Tanzes der Männer:

> Auf dem Boden wurde eine große Matte ausgebreitet, dann begannen sie darauf zu tanzen. Gleichzeitig verzerrten sie die Körper in seltsamen Bewegungen, zogen einen schiefen Mund und schüttelten die Hinterteile, wodurch die zahlreichen Umhänge, die ihnen am Leib hingen, wie der Schweif eines Pfaues erschienen. Manchmal standen sie in einer Reihe hintereinander und ließen sich dann mit dem Gesicht zu Boden fallen, stützten sich auf die Arme und schüttelten nur die Hinterteile, während gleichzeitig die Trommeln schlugen, mit denen die Männer genau den Takt hielten. Ein alter Mann stand, als Vorsänger, daneben und rief bei jedem Wechsel aus Leibeskräften. Mit diesen Bewegungen fuhren sie fort, bis alle schwitzten, und wiederholten sie dreimal in abwechselnder Folge; danach begannen die Mädchen zu tanzen.

Dazwischen führten die Männer immer wieder einen anderen eigenen Tanz auf – irgendein altes Märchen, bei dem sie auch mit Worten eine Geschichte erzählten. Unglücklicherweise konnten die Engländer den dramatischen Begebenheiten nicht folgen, da sie die Sprache der Eingeborenen nicht ausreichend beherrschten. Beim Tanz der Frauen trugen die Mädchen Gardenien im Haar und Banks fand diesen Kopfschmuck »wahrhaft elegant«. Sie trugen tief ausgeschnittene, ärmellose Kleider aus dem schwarzen Inselstoff mit Federbüscheln auf jeder Schulter. Die gefältelten Röcke aus weiß-braunem Stoff reichten bis zu den Füßen. Das war ein eher langes Kleidungsstück für diese Art von Tanz, aber laut Banks waren die Frauen derart geschickt, dass sie mit dem Rock »so gewandt umgingen, wie es unsere Opernsängerinnen gekonnt hätten«. Die von Trommeln begleitete Musik war laut und rhythmisch, der Tanz aufregend und provozierend, wobei die Tänzerinnen ihre Glieder und ihren Körper voll zum Einsatz brachten:

> In dieser Kleidung kamen sie seitwärts heran, wobei sie mit den Trommeln vorzüglich Takt hielten, die schnell und laut schlugen; bald begannen sie, mit den Hüften zu wackeln, wodurch sie dem Tuch, das sie am Leib trugen, eine sehr schnelle Bewegung verliehen, die sich den ganzen Tanz hindurch fortsetzte; bald standen, bald saßen und bald ruhten sie auf den Knien und Ellbogen, wobei sie die Finger mit einer kaum vorstellbaren Schnelligkeit bewegten. Das größte Vergnügen bereiteten den Zuschauer aber offenbar die lasziven Bewegungen, die sie oft vollführten und die so aufreizend waren, ja aufreizender, als ich es zu beschreiben versuchen werde.

Joseph Banks war ein stets aufmerksamer Beobachter der einheimischen Mädchen, und so fiel ihm besonders eine Tänzerin auf, die drei Perlen im Ohr trug. Eine der Perlen war grob und völlig wertlos, doch die beiden anderen fand er so schön, dass er der Trägerin vier Mastschweine dafür bot, dazu alles, was er ihr sonst noch im Tausch bieten konnte. Der Charme und der Reichtum des weißen Mannes reizten das Mädchen, aber es wollte sich dennoch nicht von den Perlen trennen.

Während der Festlichkeiten auf Raiatea wurde viel über die gefürchteten Bora-Bora-Männer gesprochen. Die Raiateaner ersuchten Cook, die großen Kanonen des Schiffs einzusetzen, damit man den feindlichen Kriegern eine Niederlage beibringen könne – ein Ansinnen, das er sehr zu Recht abwies. Zwei Tage später machte der gefürchtete König von Bora-Bora Cook ein Geschenk: Schweine und Federvieh – offenbar hatte Seine Majestät von ihrer Ankunft erfahren und wollte sie kennen lernen. Am festgesetzten Tag warteten sie gespannt auf seine Ankunft, aber der große Krieger hielt nicht Wort. Stattdessen erschienen »drei hübsche, lebhafte Mädchen«, die den ganzen

Morgen fröhlich plapperten, »sodass wir es gar nicht bedauerten, auf die Gesellschaft Seiner Majestät verzichten zu müssen«. Die Mädchen luden die Besucher ein, mit ihnen zurück auf ihre Insel Bora-Bora zu kommen, um schließlich doch noch Bekanntschaft mit dem König zu machen. Seine Majestät stellte sich nicht im Geringsten als der Furcht erregende Krieger heraus, den man erwartet hatte:

> Am Abend gingen wir alle los, um den großen König zu treffen und ihm für seine Gefälligkeiten zu danken, die er uns besonders an diesem Morgen erwiesen hatte. Der König der Tatatoes oder Keulenmänner, die diese Insel erobert haben, sind der Schrecken aller anderen Inseln, deshalb erwarteten wir, einen jungen, temperamentvollen, attraktiven etc. etc. Mann zu sehen; doch wie enttäuscht waren wir, als man uns zu einem alten, gebrechlichen, halb erblindeten Mann führte, der offenbar kaum genug Verstand besaß, Schweine, und noch weniger die Galanterie, Damen zu schicken.

Durch den angenehmen Zwischenaufenthalt auf den Gesellschaftsinseln verlängerte sich die Erkundung der Südseeinseln um einige Wochen. Cook war froh, die Inseln kartieren zu können, doch war er nicht bereit, mehr Zeit als nötig für deren Erforschung aufzuwenden. Der Hauptgrund war, dass er sich wieder seinem Auftrag widmen musste: der Suche nach einem Kontinent in den weiten, unerforschten Regionen des Südpazifiks. Nach der Abreise aus Tahiti hatte er die Geheimbefehle der Admiralität gelesen, die man ihm kurz vor der Abreise aus England in einem versiegelten Päckchen übergeben hatte. Das Päckchen barg keine großen Überraschungen:

> Ihr sollt gen Süden fahren, um den oben genannten Kontinent zu entdecken, bis Ihr bei der Breite von 40 Grad angelangt seid, so Ihr ihn nicht zu einem früheren Zeitpunkt antrefft. Wird weder dieser Kontinent noch irgendein Anzeichen seines Vorhandenseins gefunden, werdet Ihr die Su-

> che in westlicher Richtung fortsetzen, zwischen der oben erwähnten Breite und der Breite von 35°, bis Ihr ans Ziel gelangt oder auf die östliche Seite des Landes trefft, welches, von Tasman entdeckt, jetzt den Namen Neu-Seeland trägt.

Einige Besatzungsmitglieder der *Dolphin* behaupteten, südlich von Tahiti die Berge der *Terra Australis* gesehen zu haben. Tupia bestritt zwar, dass sich in Richtung Süden eine große Landmasse befand, aber es gab immer noch viele Gebiete nicht befahrenen Ozeans, in denen der Kontinent liegen konnte; und wenn man ein großes Landstück fand, würde die kartographische Erfassung und Vermessung mehrere Monate in Anspruch nehmen. Das Schiff befand sich in den Tropen, und weiter im Süden würde bald Frühling sein, wobei Cook sehr früh im Jahreslauf mit den Arbeiten beginnen wollte, um sicherzugehen, dass ihn am Ende des Sommers nicht Dunkelheit und schlechtes Wetter dabei behinderten. Deshalb ließ er am 9. August wieder den Anker lichten und Segel setzen. Man ging auf Südkurs, und langsam versanken die tropischen Inseln mit ihren blauen Lagunen und den von der Brandung umspülten Riffen, den Brotfrucht- und Kokosnussbäumen und dem gebrechlichen König der Bora-Bora-Männer mit seinen hübschen Damen hinter dem nördlichen Horizont.

Nach einigen Tagen Fahrt erreichte man die Insel Ohetiroa, auch bekannt unter dem Namen Hiti-roa oder Rurutu. Die Position dieser Insel hatte Tupia, der seine großen navigatorischen Fähigkeiten dadurch bewies, dass er nach den Sternen steuern konnte, korrekt vorausgesagt. Da der Empfang auf Rurutu eher unfreundlich verlief, machte es wenig Sinn, an Land zu gehen oder sich lange auf der Insel aufzuhalten. Die *Endeavour* steuerte daher wieder südwärts und überquerte den Wendekreis des Steinbocks. Joseph Banks nutzte die Zeit, um mit Hilfe des unschätzbaren Tupias sein Logbuch und seine detaillierte Abhandlung der »Sitten & Gebräuche auf den Inseln der Südsee« auf den neuesten Stand zu bringen. Neben Cooks detaillierter Darstellung der Menschen beschreibt dieser wertvolle, über hundertseitige Bericht die Insel und die Menschen in einem Zustand, bevor deren einheimische Kultur von den Europäern auf Dauer zerstört wurde. Banks' Arbeit ist eine der wertvollsten ethnologischen Studien überhaupt.

Die *Endeavour* fuhr weiter nach Süden. Wieder wird in den Logbüchern lediglich von Winden und Breiten- und Längengraden, vom Wetter und von der üblichen Monotonie des Lebens auf See berichtet. Am 25. August holte man ein Stück Cheshire-Käse aus dem Schrank und öffnete ein Fass Porterbier. »Wir lebten wie Engländer und tranken auf das Wohl unserer Freunde in England«, schrieb Banks. Es war genau auf den Tag ein Jahr her, seit sie den Hafen von Plymouth verlassen hatten.

Am 28. August fand man den Bootsmannsmaat John Reading so betrunken vor, dass dieser kein Wort mehr sprechen konnte und »fast kein Lebenszeichen« mehr von sich gab. Readings Alkoholexzess sollte tödliche Folgen haben: Eine Stunde nachdem man ihn im Vollrausch entdeckt hatte, war er der nächste Tote auf der Reise. Nachforschungen ergaben, dass er etwa zwei Liter Rum getrunken hatte, die ihm der Bootsmann völlig rechtmäßig »aus bloßer Gutwilligkeit« gegeben hatte. Bei den an Bord mitgeführten Mengen an hochprozentigem Alkohol war es natürlich keine große Kunst, dass es den Männern immer wieder gelang, sich reichlich davon zu bedienen, und so beschloss Cook, eine Bestandsaufnahme zu machen und sämtliche Fässer überprüfen zu lassen. Viele Fässer waren, wie man feststellte, nur noch zu einem Drittel gefüllt, manche waren sogar gänzlich leer – ein schlüssiger Beweis, dass die Männer sie während der gesamten Reise angezapft hatten. Der einzige Trost war, dass sie sich nicht des üblichen Tricks bedient und die Fässer wieder mit Meerwasser aufgefüllt hatten. Cook fuhr schon viele Jahre zur See und reagierte in diesen Dingen ziemlich gelassen. Daher findet sich in seinem Tagebuch kein Bedauern, kein Hinweis darauf, dass er Maßnahmen ergriff, um die Verantwortlichen zu ermitteln – weitaus mehr interessierte ihn ein Komet, der zwischen dem Stern Aldebaran und dem Sternbild des Orion direkt über dem östlichen Horizont am Himmel erschien. Der Komet, den man auch in Europa gesehen und beobachtet hatte, folgte einer Bahn, die östlich des hellen Sterns im Fuß des Orions verlief. Charles Green, der gelernte Astronom, glaubte zunächst, dass sich die Beobachter geirrt hätten und dass es sich nur um einen astronomischen Nebel handele, aber nach drei Nächten meinte auch er, dass es ein ungewöhnlich heller Komet sei. In diesen pazifischen Nächten war die Sicht so vorzüglich, dass Cook – sicherlich etwas übertrieben – behauptete, der Schweif des Kometen bedecke die erstaunlich große Fläche von 42 Grad. Offenbar deutete man Kometen ähnlich wie in Europa auch im polynesischen Volksglauben als Vorboten eines Krieges. Tupia erklärte, dass sein Volk in die Berge fliehen müsse, da die Bora-Bora-Männer den Sternenboten als Omen deuten, ihre Nachbarinsel überfallen und alle Bewohner töten würden.

Voller Hoffnung fuhren die Seeleute weiter gen Süden. Die Naturkundler beobachteten rund um das Schiff zahlreiche Vogelarten, bei denen es sich ausnahmslos um Seevögel handelte. Auf dem sagenumwobenen Südkontinent gab es noch immer keine Hinweise. Im September wurde die Monotonie an Bord etwas durchbrochen, da sich das Wetter verschlechterte. Cook klagte über einen äußerst starken Wind aus West und darüber, dass sich ein mächtiger Sturm zusammenbraue. Um sechs Uhr abends ging die See so hoch, dass er beidrehte. Man befand sich auf 40 Grad südlicher Breite, und einige Seeleute begannen unter der Kälte zu leiden – manche meinten sogar, es sei genauso kalt und stürmisch wie damals bei der Umsegelung von Kap Hoorn:

> Heftige Stürme und Böen aus W und NW [schrieb Parkinson], dazu heftige Hagel- und Regenschauer. Die See türmte sich zu wahren Berggipfeln und warf das Schiff auf den Wellen hin und her; es schlingerte so sehr, dass wir weder ausruhen noch gar im Bett liegen konnten; fast jeder bewegliche Gegenstand an Bord fiel herunter und rollte hin

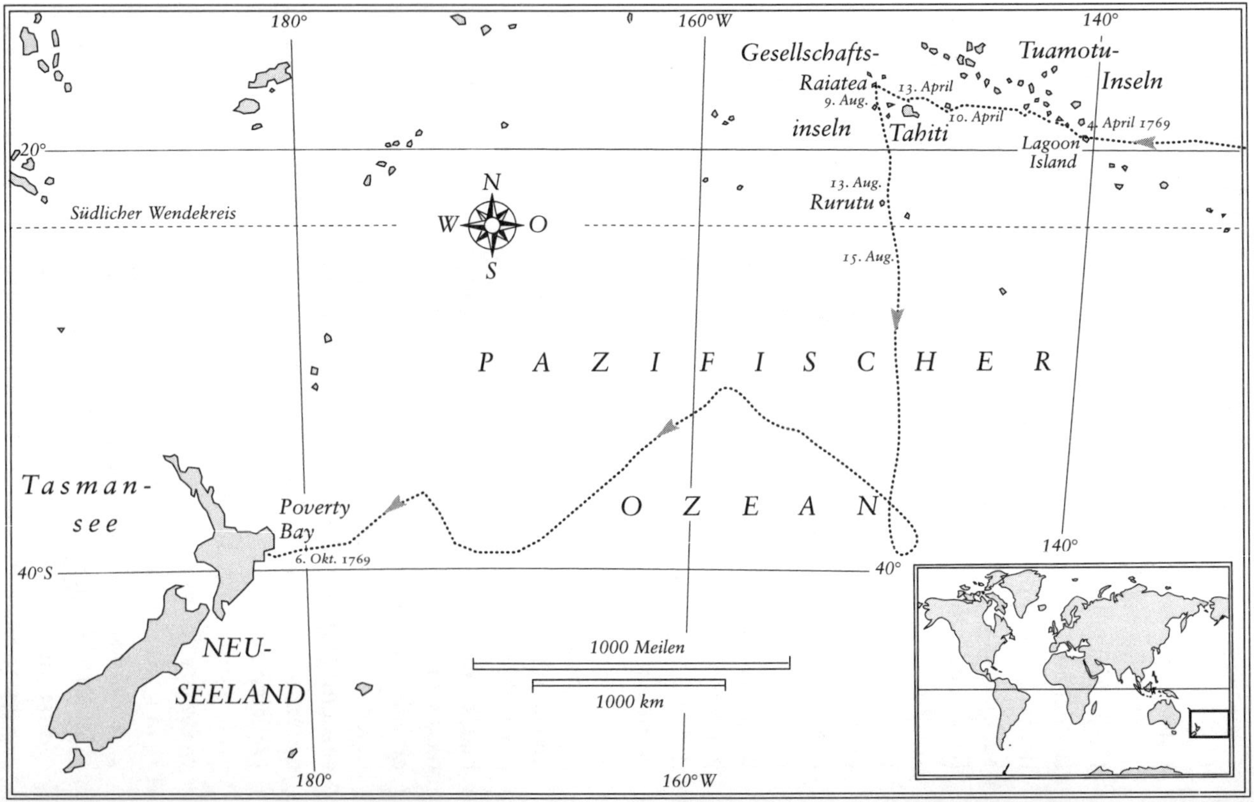
180°
160°W
140°
Gesellschafts-
inseln
Raiatea
Tahiti
13. April
10. April
9. Aug.
Tuamotu-
Inseln
4. April 1769
Lagoon
Island
20°
13. Aug.
Rurutu
15. Aug.
Südlicher Wendekreis
N
W
O
S
P A Z I F I S C H E R
O Z E A N
Tasman-
see
Poverty
Bay
6. Okt. 1769
40°S
40°
140°
NEU-
SEELAND
1000 Meilen
1000 km
180°
160°W

und her. Kurzum: Wer noch nie während eines Sturms auf See gewesen ist, der kann sich keine angemessene Vorstellung von unserer Lage machen.

Die heftigen Stürme nahmen an Zahl und Häufigkeit zu, aber sie hielten nicht so lange an wie damals vor Kap Hoorn. Meist dauerten sie nur ein, zwei Tage, weshalb die abgehärteten Seeleute kein Gewese darum machten. Zwischendurch wurde das Wetter vorübergehend etwas besser, doch stets ging eine schwere Dünung, was nur heißen konnte, dass man weit von Land entfernt war. Mitunter gab es einen blinden Alarm, wenn man ein Wolkengebilde sichtete, das Land ähnelte – doch für jeden erfahrenen Seemann war offensichtlich, dass es binnen vieler Seemeilen kein Südland gab. Das Schiff hatte mittlerweile den 40. Breitengrad erreicht, aber man bezweifelte, dass viel dabei herauskommen würde, wenn man weiter nach Süden fuhr. Deshalb hielt sich Cook an seine Instruktionen, westwärts zu steuern, wo Tasman – wie er wusste – ungefähr auf dem 38. Breitengrad einen Landfall gemacht hatte. Bevor sich die *Endeavour* aber auch nur entfernt der Länge näherte, die Tasman erreicht hatte, musste man noch viele Seemeilen über den Ozean fahren. Den ganzen September hielten sie einen unregelmäßigen westlichen Kurs gegen die vorherrschenden Meeresströmungen. Eines Tages wurde in der Nähe ein Seehund gesichtet. Meerespflanzen trieben am Schiff vorbei – die Botaniker fingen sie begierig mit den Netzen auf, um sie zu untersuchen. Gelegentlich trieb ein von Entenmuscheln überzogenes Stück Holz vorbei. Das Wasser wirkte jetzt heller, aber die Logleine fand noch immer keinen Grund. Irgendwo in diesem großen südlichen Ozean musste es Land geben. Banks gerät ein wenig ins Philosophieren:

> Ich wünschte, unsere Freunde in England könnten durch ein Zauberfernrohr einen Blick auf uns werfen: Dr. Solander sitzt am Tisch in der Kapitänskajüte, ich sitze an meinem Sekretär und schreibe in meinem Tagebuch. Zwischen uns

hängt ein großer Büschel Seetang, auf dem Tisch liegen das Holz und die Entenmuscheln; unsere Freunde würden erkennen, dass sich unsere Lippen trotz der unterschiedlichen Beschäftigungen unermüdlich bewegen, und ohne Wahrsager zu sein, könnten sie erraten, dass wir uns darüber unterhalten, was wir in dem Land entdecken werden, das wir nun ohne Zweifel sehr bald sehen werden.

Es wurde Oktober, und man machte eine weitere Sichtung, die zu Hoffnung Anlass gab. »Heute Morgen unterhielt uns drei Stunden lang unser alter Feind Kap ›Fliegdavon‹«, schrieb Banks. »Während dieser Zeit gab es an Bord viele Meinungen – manche meinten, es sei Land, andere, Wolken.« Es waren wieder einmal Wolken. Die Anzeichen für Land häuften sich jedoch, die Erwartung stieg, und so bot der Kapitän dem Ersten, der Land sichtete, eine Gallone Rum und versprach, das Land nach ihm zu benennen. Schwer zu sagen, welches der beiden Versprechen den größeren Anreiz bot. Am 6. Oktober um halb zwei Uhr nachmittags stieß dann jemand im Vortopp schrill und aufgeregt den Ruf aus, den alle herbeigesehnt hatten: Er kam von Nicholas Young, von der Mannschaft liebevoll Young Nick genannt, einem der jüngsten Männer an Bord.

Binnen weniger Minuten hatten sich alle Seeleute an Deck versammelt; sie wollten sehen, ob es sich wieder um einen falschen Alarm handelte. Die Spannung stieg; die meisten schlugen sich auf Young Nicks Seite, und alle, die nicht übertrumpft werden wollten, behaupteten, eindeutig Land zu erkennen, wenn sie in die andere Richtung schauten. Aber Young Nicks Augen hatten ihn nicht getrogen: Das Land war hoch, zunächst erschien es wie eine einsam gelegene Insel – doch am Abend sah man von den Toppen aus eine Kette von Berggipfeln am Horizont, die einer Gruppe von Inseln ähnelte – und zwar vielen Inseln. Cook stand auf dem Achterdeck, blickte angestrengt nach Westen und glaubte, das Land in den Strahlen der untergehenden Sonne eben noch sehen zu können. Die *Endeavour* fuhr weiter durch die Nacht nach Westen. Wieder ging die Sonne in einer pazifischen Dämmerung auf. Der Morgendunst verzog sich quälend langsam. Von der Höhe des Decks konnte Cook das Land deutlich erkennen; das Schiff wurde topplastig, weil die Mastspitzen zu einem beliebten Aussichtspunkt geworden waren. Die Erregung stieg, denn es wurde immer deutlicher, dass es sich bei dem Land doch nicht um eine Inselgruppe, sondern um eine durchgehende große Landmasse handelte. Die Spannung wuchs; das Schiff segelte den ganzen Tag immer näher an das Land heran:

> Am Abend eine sanfte Brise. Bei Sonnenuntergang alle Mann in den Toppen; das Land ist noch 7 oder 8 Leagues entfernt, erscheint größer denn je, an vielen Stellen sind 3, 4 oder 5 Hügelketten zu sehen, eine höher als die andere, und alle überragend eine Kette von Bergen, von denen einige beträchtlich hoch wirken. Große Meinungsverschiedenheiten und viele Mutmaßungen hinsichtlich der Inseln, Flüsse etc., aber alle Leute glauben, dass dies mit Sicherheit das Land ist, nach dem wir suchen.

»... mit Sicherheit das Land ist, nach dem wir suchen.« Vor lauter Hochgestimmtheit vergaß Banks alle früheren Zweifel hinsichtlich der Existenz des Südlands und seine Hochachtung für Alexander Dalrymple stieg über Nacht. Der Puls schlug ihm schneller, da er fest davon überzeugt war, dass es sich um den bedeutendsten Augenblick der Reise handelte, die *Terra Australis Incognita* wirklich existierte und sie ihr Gestade erblickten. Das Land verfügte über weiße Klippen und feinsandige Buchten und erstreckte sich an beiden Seiten bis zum Horizont. Die Hänge der Hügel waren stark bewaldet und mit Grün bedeckt. Man sah breite Täler, die von klaren Flüssen gespeist wurden, welche im Meer mündeten. Hinter den bewaldeten Hängen erhoben sich majestätische blaue Berge, manche waren so hoch, dass in den Felsspalten und Schluchten nahe den Gipfeln noch Schnee lag. Hinter der Bergkette ragten noch höhere Berge auf, die schwach am Horizont zu erkennen waren. Ein schönes, fruchtbares Land voll erhabener Aussichten, blendender Sonnenuntergänge, reißender Flüsse und grüner Täler.

Cook urteilte vorsichtiger, was die Kontinenttheorie betraf, denn schließlich fuhr er auf dieser Breite, weil Tasman von einem Land namens Neu-Seeland berichtet. Der Verlauf der Küstenlinie schien mit der Kontinenttheorie nicht zusammenzupassen, weshalb er sicher war, dass es sich um die Ostküste der großen Insel handelte, die Tasman vor vielen Jahren entdeckt und beschrieben hatte. Tasman hatte seine Entdeckung zunächst Staaten Landt getauft, in der optimistischen, jedoch irrigen Vorstellung, dass sie zu einem Kontinent gehörte, der sich bis zur Staaten-Insel östlich von Kap Hoorn erstreckte. Bald nach Tasmans Reise erwies sich, dass Letzteres nichts weiter als eine unbewohnte Felseninsel war, und so wurde Tasmans Entdeckung bald in Neuseeland umbenannt.

Auf Grund von Tasmans Reise ließ sich jedoch nicht ausschließen, dass Neuseeland möglicherweise einen Teil eines südlichen Erdteils bildete. Schon bald verwiesen die Optimisten darauf, es könne sich bei dem, was dort im Süden lag, um ein größeres Vorgebirge des Hauptkontinents handeln. Cook nahm sich vor, diese Fragen noch vor Beendigung des nächsten Sommers in der Südhemisphäre beantwortet zu haben. Das Land war bevölkert, aus dem Gehölz stieg eine Rauchsäule auf, und während man näher kam, wurde viel über das Gebäude auf einer der Landspitzen spekuliert, dessen von einem hohen Zaum umgebene Befestigungsanlage auf eine menschliche Ansiedlung hindeutete. Um vier Uhr nachmittags am 8. Oktober ging die *Endeavour* etwa drei Kilometer vor der Küste vor Anker, und man bereitete die Boote vor, um zu landen.

Bei der ersten Landung kamen zwei Boote zum Einsatz, die Pinasse und die Jolle. Cook lag viel daran, freundschaftliche Kontakte zu den Menschen herzustellen. Die Eingeborenen liefen zum Strand hinunter, rannten aber, als die Boote schließlich landeten, sofort wieder weg. Mit seiner Gruppe folgte Cook ihnen bis zu ihren Hütten, die ungefähr 200 oder 300

Meter entfernt lagen. Die Jolle ließ er unter der Aufsicht von vier Schiffsjungen zurück. Dort kam es dann auch zu einem bedauerlichen Zwischenfall: Vier Eingeborene traten aus dem Wald und griffen die Jungen an, offenbar in der Absicht, das Boot zu stehlen. Die Männer in der Pinasse erkannten die Gefahr und feuerten Musketensalven über die Köpfe der Angreifer hinweg. Das schien sie aber nicht abzuschrecken. Als sich ein Eingeborener anschickte, seinen Speer gegen die Jungen zu schleudern, wurde er von einer Musketenkugel getroffen.

William Monkhouse war in der Gruppe dabei, die der Blutspur des Angeschossenen folgte. Man fand schließlich den Leichnam des Maori; der Schuss hatte ihn getötet. Monkhouse gab eine vorzügliche Beschreibung des ersten Maori, den die Europäer aus der Nähe sahen – er interessierte sich in jeder Hinsicht für den Eingeborenen, seine Tätowierungen und seine Kleidung:

> Er war klein, aber sehr stämmig – Körpergröße etwa 5 Fuß und 3 Zoll. Auf der rechten Wange und der Nase befanden sich spiralförmige Tätowierungen resp. Punktierungen der Haut – über dem rechten Auge hatte er drei bogenförmige Tätowierungen, die sich von der Nasenwurzel bis zur Schläfe zogen; jeder Bogen war etwa vier Linien breit – der Zwischenraum zwischen jedem war eine Linie breit; eine überaus neuartige und einzigartige Erscheinung, die den Gesichtszügen offenbar etwas Wildes verleihen sollte; das dicke, schwarze Haar war auf dem Haupt zusammengebunden – die Zähne waren gerade und klein, aber nicht weiß – die Gesichtszüge groß, aber ebenmäßig – die Nase gut geformt – Ohren durchbohrt – der Bart kurz. Die Bekleidung war gewebt – die Kettfäden bestanden aus kleinen Strängen der Fasern einer Pflanze, sie waren weder geflochten noch zu einem Faden geformt; die Kreuzfäden waren jedoch ordentlich geflochten und liefen in zwei oder drei Strängen zusammen, mit einem Zwischenraum von etwa vier Linien zwischen jedem Strang; an jeder Seite verlief eine feste We-

> bekante, aber die Enden waren anscheinend aus dem Gewebten ausgeschnitten – das Tuch mochte etwa vier mal drei Fuß messen, es reichte vom Hals bis zum Gesäß und bedeckte den Rücken ganz, die oberen Ecken waren zurückgeschlagen und zusammengebunden – vom oberen Ende dieses zurückgeschlagenen Teils verlief auf jeder Seite ein Band, das man vorn am Hals zusammenknüpft – der untere Teil wird über die Hüften geschlungen und mit einer Art Riedgras um die Lenden gegürtet.

»Die Kugel war durch die sechste Rippe auf der linken Körperhälfte eingedrungen und am rechten Schulterblatt ausgetreten«, fügte Monkhouse mit einem Hauch berufsmäßiger Genauigkeit hinzu. Dass man einen Maori getötet hatte, war eine höchst unerfreuliche Angelegenheit. Cooks Gruppe versammelte sich, und man besprach, was als Nächstes zu tun sei. Schließlich zog man sich aufs Schiff zurück. In der Stille der Nacht hörte man die Ureinwohner an dem etwa drei Kilometer entfernten Strand laut über den Zwischenfall lamentieren. Man beschloss, am nächsten Morgen erneut zu versuchen, das Vertrauen der Eingeborenen zu gewinnen.

Bei diesem zweiten Versuch landete man mit allen drei Beibooten und einem starken Kontingent an Seeleuten und Seesoldaten. Am Strand ging eine starke Brandung. Die Eingeborenen kamen herbei, und so standen sich die beiden Gruppen, durch einen Fluss getrennt, gegenüber. Die Eingeborenen waren vollständig bewaffnet eingetroffen, mit langen Speeren und merkwürdigen Waffen aus poliertem Stein. Nun bewies Tupia, wie wertvoll er war, denn zur Überraschung aller konnte er sich mit den Männern in seiner Sprache verständigen. Er erklärte ihnen, man brauche Trinkwasser und Proviant, und ermahnte sie, die Waffen niederzulegen. Offenbar hatte das Gespräch eine gewisse Wirkung, denn ein – unbewaffneter – Mann watete durch den Fluss herüber. Wiederum stammt die beste Beschreibung dieser zögerlichen Begegnung der Angehörigen zweier Kulturen, die einander misstrauten, von William Monkhouse:

> … er sprang auf einen von der Flut umgebenen Felsen und forderte uns auf, zu ihm zu kommen. Als C. Cook sah, dass der Mann nicht weiter vorrückte, reichte er seine Muskete einem Begleiter und ging zu dem Mann hin; doch obwohl dieser sah, dass C. Cook seine Waffe abgegeben hatte, um mit ihm gleichgestellt zu sein, besaß er nicht genug Mut, auf C. Cooks Eintreffen zu warten; nachdem er sich jedoch in den Fluss zurückgezogen hatte, wagte er sich schließlich vor; sie begrüßten sich, indem sie die Nasen berührten; einige kleine Geschenke versetzten unseren Freund in Hochstimmung – gleichzeitig sahen wir, wie sich ein weiterer Mann in den Fluss herabließ, wobei er seine Waffe sehr geschickt unter Wasser verbarg; er gesellte sich seinem Landsmann zu und begann unverzüglich zu tanzen, indem er sich auf die Schenkel schlug und die Glasperlen, die er bekommen hatte, seinen Freunden auf der anderen Seite zeigte. Das Eis war gebrochen. Bald darauf umringten uns sechs oder acht weitere Männer; alle, bis auf den ersten Besucher, waren mit kurzen Lanzen bewaffnet – diese Waffe hatten wir für ein kurzes Paddel gehalten – sowie einer kurzen Waffe, die mittels einer Schlaufe um das Handgelenk befestigt war; die Waffe war etwa 18 Zoll lang, besaß einen runden Griff und verlief von dort zu einer flachen, elliptischen Gestalt; wie wir hinterher erfuhren, wird sie Pattoo genannt.

Bis jetzt war alles gut gegangen, auch wenn die Maori wegen ihrer Geschenke in übermäßige Erregung gerieten. »Rege und lebhaft in höchstem Maße, überglücklich wegen der Geschenke, die sie bekommen hatten, aber ihre Wünsche keinesfalls befriedigt, fassten sie unentwegt nach allem, was sie sahen.« Die Eingeborenen griffen nach den Eisen- und Perlengeschenken, trennten sich im Gegenzug jedoch nur von ein paar Federn. Sie versuchten, den Seesoldaten die Waffen zu entreißen, womit sie aber keinen Erfolg hatten, bis einer der Eingeborenen eine Art Dolch – ein so genanntes Seitengewehr –, den Charles Green trug, zu fassen bekam. Der Dieb fuchtelte triumphie-

174°O
Three Kings Islands
34°
Nord-kap
15. Dez.
14. Dez.
20. Dez.
25. Dez.
Kap Maria van Diemen
10. Dez.
28. Dez.
6. Dez.
1. Jan.
26. Dez.
7. Jan.
Bay of Islands
6. Jan.
27. Dez. 1769
5. Jan. 1770
26. Nov.
NORD-INSEL
8. Jan.
3. Jan.
Hauraki-Golf
4. Jan.
9. Jan.
Kaipara-Hafen
Mercury Bay
Manukau-Hafen
3. Nov.
Bay of Plenty
R. Thames (Waihou)
TASMAN-
Ost-kap
Woody Head
30. Okt.
38°
Albatross Point
10. Jan.
Anaura-Bucht
20. Okt.
SEE
Young Nick's Head
Tolaga-Bucht
Poverty Bay
6. Okt. 1769
Aeheinomouwe
Mt. Egmont
Portland Island
17. Okt.
13. Jan.
Cape Kidnappers
Hawke Bay
14. Okt.
SÜD-INSEL
14. Jan.
Queen Charlotte Sound
16. Okt.
Cape Turnagain
9. Febr.
Cookstraße
Cape Palliser
N
W
O
S
Tovypoenammu
42°
4. Febr.
14. Febr. 1770
100 Meilen
100 km
178°

rend damit herum und stimmte ein Freudengeheul an. Der Erfolg dieses Mannes animierte die Eingeborenen geradezu, kühner und frecher zu werden. Es zeichnete sich ab, dass weitere Waffen ihren Besitzer wechseln würden, wenn man den Mann mit dem Seitengewehr nicht bestrafte. Schüsse fielen. Der Mann mit dem Seitengewehr wurde getötet und Green bekam sein Eigentum zurück. Einige Eingeborene hatten durch die Schrotkörner Verletzungen davongetragen – immerhin wichen sie jetzt vor dem Musketenfeuer zurück. Das Ganze hatte sich zu einem höchst unerfreulichen Zusammenstoß gestaltet; am Ende war es um die Beziehungen schlechter bestellt als noch am Morgen.

Tags darauf war Cook umso beflissener, die Dinge wieder ins Lot zu bringen. Mit zwei Booten wollte er am anderen Ende der Bucht landen, wo er Trinkwasser zu finden hoffte. Auch hier ging eine dermaßen starke Brandung, dass an eine Landung nicht zu denken war. Als man seewärts zwei Kanus der Eingeborenen entdeckte, beschloss man, mit den Leuten auf Fühlung zu gehen und sie aufs Schiff einzuladen. Tupia rief zu den Eingeborenen hinüber, dass ihnen nichts geschehen werde, aber sie zeigten Angst und versuchten zu fliehen. Da unterlief Cook ein eindeutiger Fehler, denn er gab Befehl zu schießen, wohl weil er hoffte, die Kanus dadurch zum Anhalten zu bewegen. Die Eingeborenen wandten sich um, blickten zum Boot hinüber und legten langsam das Wenige an Kleidung ab, das sie am Leibe trugen. Es schien, als wollten sie lediglich schwimmen gehen, tatsächlich aber bedeutete das Ablegen der Kleidung, dass sie sich auf eine Schlacht vorbereiteten. Als Cooks Gruppe näher kam, schwangen die Eingeborenen drohend ihre Waffen und kämpften wie die Teufel, um das Boot einzunehmen, das sie – wie sie glaubten – angreifen wollte. Es folgte ein hitziges, blutiges Gefecht, bei dem die Eingeborenen die Engländer mit großen Steinen, Stöcken, Paddeln und allem bewarfen, was sie in die Finger bekamen, während die Verteidiger sich mit ihren Feuerwaffen zur Wehr setzten. Cooks Männer hielten nicht an sich und feuerten so treffsicher, dass vier

Eingeborene fielen. Die übrigen drei wurden gefangen genommen und auf die *Endeavour* gebracht.

Cook und Banks waren entsetzt über die jüngste Wendung der Ereignisse, bei der es sogar zu einer Metzelei gekommen war. Dass die erste Begegnung mit einem fremden Volk dermaßen gewalttätig verlief und durch Blutvergießen besudelt wurde, war das Letzte, was irgendjemand wollte. Beiden Männern war durchaus bewusst, dass an der Westküste Afrikas täglich weit schlimmere Gräueltaten begangen wurden, was ihrem beunruhigten Gewissen aber keinen Trost brachte – die Freude über die Entdeckung wurde von einem unnötigen Verlust an Menschenleben überschattet. »Ich bin mir wohl bewusst, dass die meisten humanen Menschen, die solche Dinge noch nicht erlebt haben, mein Verhalten und die Schüsse auf die Leute dieses Bootes verurteilen werden; ich glaube auch mitnichten, dass mich der Anlass rechtfertigt, den ich zu ihrer Ergreifung hatte«, schrieb Cook in dem unglücklichen Bewusstsein, einen Fehler begangen zu haben. Es war eine Tragödie, die beide Männer tief empfanden und die ihnen schwer auf dem Herzen lag. Nach Einbruch der Dunkelheit waren am Strand wieder laute und zornige Stimmen zu hören. »So endete der unangenehmste Tag meines Lebens«, schrieb Banks mit bleiernem Herzen. »Möge sich der Himmel erbarmen, und möge er dafür sorgen, dass Derartiges nie wieder geschieht, damit nicht alle meine künftigen Gedanken der Verbitterung anheim fallen.«

Cooks Entsetzen kommt in dem Namen Poverty Bay (»Bucht der Armseligkeit«) zum Ausdruck, den er diesem ersten Landungsplatz in Neuseeland gab. Er machte zudem wahr, was er Young Nick versprochen hatte, und benannte die südliche Landspitze der Bucht Young Nick's Head (Kap des jungen Nick) – eine frohgemutere und traulichere Namenswahl, auch wenn man zu Recht darauf verwiesen hat, dass es sich bei dem ersten von Young Nick gesichteten Land um die Berge im Inneren handelte. Da Cook ein Ehrenmann war, hat er dem jungen Nick sicherlich auch die versprochene Gallone Rum überreicht, die dieser – vor allem nach dem unglückseligen Tod

John Readings – allerdings wohl kaum ohne die bereitwillige Hilfe seiner Schiffskameraden konsumiert hat. Leider erfahren wir aus den Tagebüchern nur sehr wenig über den jungen Nick: Da man ihn auf zwölf Jahre schätzte, muss er bei Antritt der Reise noch im zarten Alter von elf Jahren gewesen sein. Sein Name erscheint erst 1769, als das Schiff schon vor Tahiti ankerte, auf der Musterrolle. Parkinson schreibt, dass es sich bei Nick um den Diener des Arztes gehandelt habe. Da ein Junge in diesem Alter nicht von sich aus anheuern konnte, ist zu vermuten, dass er aus Penrith in Cumberland stammte, woher ihn der Schiffsarzt William Monkhouse mit an Bord brachte. Nach der Reise schloss sich Young Nick Banks' Entourage aus Windhunden, Wissenschaftlern, Künstlern, Dienern und Südseeinsulanern an – hätte er von Anfang an dessen Gesellschaft angehört, wäre das bestimmt in den Tagebüchern von Banks erwähnt worden. (»Um halb zwei rief ein kleiner Junge oben im Vortopp Land aus«, notiert Banks am 6. Oktober 1769. Dagegen steht der Satz vom 4. April 1769: »Um 10 Uhr heute Morgen sichtete mein Diener Peter Briscoe Land ...«) Das einzige Urteil, den Charakter des jungen Nick betreffend, ist wenig schmeichelhaft. Es findet sich in einem kurzen Abschnitt, den John Bootie verfasste, ein Fähnrich zur See, der sehr wenig zu der Reise beisteuerte, aber immerhin unregelmäßig Tagebuch führte. Darin findet sich die kryptische Formulierung: »Böse Reden verderben gute Manieren – N Young ist ein Hurensohn.« Harsche Kritik an einem 12-Jährigen, die zudem wahrscheinlich ungerechtfertigt war. Zwar resultierte die liebevolle Bezeichnung »Young Nick« fast zwangsläufig aus dem Nachnamen des Jungen, doch waren ihm die Matrosen und raubeinigen Seebären des Unterdecks vermutlich recht freundlich gesinnt.

Im 18. Jahrhundert nahm man Jungen oft schon in sehr zartem Alter mit auf See; man hing sogar dem Glauben an, nach Überschreiten der Pubertät sei es bereits zu spät, als dass sich Jungen noch an das schwere Leben eines Matrosen gewöhnen konnten. In der Marine zur Zeit Nelsons gehörte zu jeder Geschützmannschaft ein so genanntes »Pulveräffchen«, ein Junge, der behände auf dem Schiff herumkletterte und die Ladungen mit Kanonenpulver für die schweren Geschütze des Schiffs herbeischaffte. Young Nick war nicht der einzige Junge an Bord der *Endeavour* – und vermutlich nicht einmal der jüngste. Tupia hatte aus Tahiti einen jungen Diener namens Tayeto mit an Bord gebracht, der als »kleiner Junge« bezeichnet wird und deshalb unter zehn Jahre alt gewesen sein dürfte. Bei einer Begegnung mit den Maori hatte man Handelsbeziehungen angeknüpft, und eines ihrer Kanus kam längsseits, um Fische gegen Tuch zu tauschen. Der kleine Tayeto musste über die Bordwand hinuntergreifen, die Tauschwaren hin- und herreichen und die Schiffsleiter hoch- und hinunterklettern. Einer der Eingeborenen bemogelte Cook um ein Stück rotes Tuch; während des darauf folgenden Wortgefechts packte ein anderer Maori den kleinen Tayeto und zog ihn ins Kanu hinunter. Dann paddelten die Entführer mit ihrer zu Tode erschrockenen Beute davon. Man konnte von Glück sagen, dass die Seesoldaten mit geladenen Musketen bereitstanden und Schüsse auf das Kanu abgeben konnten. Die Feuerwaffen jagten den Paddlern dermaßen Angst ein, dass sie Tayeto losließen, wobei der Junge die Gelegenheit ergriff, über Bord zu springen. Daraufhin versuchten Eingeborene, ihn einzufangen, aber die Seesoldaten hielten sie mit weiteren Schüssen auf Distanz. Unterdessen hatte man auf dem Schiff eines der Geschütze schussbereit gemacht, mit dem man nun über die Eingeborenen hinwegfeuerte, um ihnen noch mehr Angst einzujagen. »Wir schickten ein Boot los, um den Jungen aufzunehmen, der halb tot vor Angst und völlig erschöpft vom Schwimmen an Bord geholt wurde«, schrieb Molyneux. Tayeto kam mit dem Schrecken davon – seinetwegen taufte man die dortige Landzunge Cape Kidnappers. Cook hatte ursprünglich vorgehabt, die ganze Bucht Kidnapper's Bay zu nennen, da er jedoch bereits eine Bucht zu dem Namen Armseligkeit verdammt hatte, besann er sich eines Besseren und benannte sie stattdessen nach Lord Hawke von der Admiralität.

Das Schiff arbeitete sich weiter südwärts die Küste entlang, aber Cook war sich unschlüssig, ob es tatsächlich gut war, weiter nach Süden zu segeln. Als sich bald abzeichnete, dass man wohl keinen geeigneten Hafen finden würde, entschied er, dass es ertragreicher sei, nordwärts zu fahren. Er benannte die Landspitze, an der er sich gerade befand, Cape Turnagain, »wendete abermals« das Schiff und fuhr zur Poverty Bay zurück, wo er in der voraufgegangenen Woche die erste Landung gemacht hatte. Die *Endeavour* segelte also wieder zurück, vorbei an der kürzlich so bezeichneten Isle of Portland. Zwei Tage später befand sie sich wieder vor Young Nick's Head und fuhr nach Norden daran vorbei, um die Küste in der anderen Richtung zu erkunden.

Nachdem man die Poverty Bay hinter sich gelassen hatte, gelangte das Schiff in eine Bucht, die von den Eingeborenen Anaura genannt wurde. Die Kunde über die Zusammenstöße in der Poverty Bay hatte sich bereits entlang der Küste verbreitet. Dennoch waren die Eingeborenen hier zugänglicher und tauschten Fisch und eine große Menge Süßkartoffeln gegen Stoffe und Glasperlen, ohne zu betrügen. Cook entdeckte Trinkwasser, weil es wegen des Geländes aber schwierig war, die Fässer an Bord zu holen, beschloss er, eine andere Wasserstelle zu suchen. Da die Winde gegen ihn waren, fuhr er wieder eine kurze Strecke zurück und landete dann auf Anraten der Eingeborenen in der südlich gelegenen Tolaga-Bucht. Hier war er immer noch sehr im Zweifel, ob es richtig war, an Land zu gehen, weshalb er Vorsorge traf und eine starke Abordnung Seesoldaten mitnahm. Die Vorsichtsmaßnahmen waren völlig unnötig gewesen. Die Tolaga-Bucht erwies sich als einer der besten Landungsplätze in Neuseeland. Die Eingeborenen waren freundlich und hilfsbereit, man tauschte Kartoffeln und Flusskrebse, und die Offiziere ergingen sich in einer Landschaft, die Parkinson so beschreibt:

> … unbeschreiblich schön, bei richtiger Kultivierung könnte man eine Art zweites Paradies daraus machen. Die Hügel

> sind bedeckt mit schönen blühenden Sträuchern, durchsetzt mit einer Art hoher, stattlicher Palmen, welche die Luft mit einem höchst willkommenen Duft erfüllten.

Nahe der Bucht befand sich ein imposanter natürlicher Felsen, der 40 bis 50 Fuß hoch und 30 Fuß breit war und sowohl Banks als auch Parkinson in romantische Begeisterung versetzte. Einer der jungen Offiziere behauptete gar, dort die »Dienste eines schönen jungen Mädchens« in Anspruch genommen zu haben und dass ihn die Eingeborenen mit großer Zeremonie über Wassergräben und Bäche getragen hätten. Tupia plauderte gut gelaunt mit den Maori und hatte mit seinen polynesischen Mythen und Legenden einen solch großen Erfolg, dass man dort fürderhin Kinder auf seinen Namen taufte.

Cook blieb sieben Tage in der Tolaga-Bucht, wo sich ihm offenbar eine günstige Gelegenheit bot, mehr über die Eingeborenen herauszufinden. Er wollte zwar länger bleiben, aber die Bucht bot doch zu wenig Schutz. Das Schiff nahm wieder Frischwasser an Bord. Die Entdecker brannten darauf, sich an die Arbeit zu machen, das neue Gestade zu erforschen und zu vermessen. Am letzten Tag im Oktober umsegelte die *Endeavour* ein weiteres Kap. Man stellte fest, dass die Küste dahinter anstatt nach Norden auf einmal nach Westen verlief. »Diese Landspitze habe ich East Cape genannt«, schrieb Cook, »weil ich Grund zu der Annahme habe, dass es sich um das östlichste Land an der ganzen Küste handelt.« Wieder hatte ihn seine fast unheimlich anmutende Gabe zur Intuition nicht getrogen.

Die *Endeavour* segelte durch eine breite nach Norden weisende Bucht. Cook benannte sie Bay of Plenty (»Bucht des Überflusses«). Als sie sich einer Gruppe von Felsenklippen näherten, hatte er eine seiner seltenen Anwandlungen von Humor: Er gab den Felsen den Namen Mayor and the Court of Alderman (»Bürgermeister und Ratsversammlung«). Joseph Banks führte in seinem Tagebuch aus, wie man sich damit vergnügte, jeder Klippe einen der städtischen Würdenträger Londons zuzuordnen.

> Heute Morgen erschien das Land öde und felsig, man sah jedoch auch viele Inseln ... zur Frühstückszeit kam eine Gruppe von Eilanden und Felsen in Sicht, die wegen der vielen senkrechten Klippen oder Nadeln (wie die Seeleute sie nennen), die gleichzeitig in Sicht kamen, merkwürdig wirkten: Wir tauften sie in hochachtungsvoller Anerkennung jener ehrenwerten Körperschaft der Ratsversammlung und vergnügten uns eine Weile damit, jeden Felsen nach seiner Ähnlichkeit – dick und breit oder schlank und rank – mit einem dieser ehrenwerten Bürger zu benennen.

Inzwischen war es November. Cook hielt wieder einmal nach einer geeigneten Landungsstelle Ausschau. Am 9. November sollte ein Durchgang des Planeten Merkur stattfinden. Dieses astronomische Ereignis war zwar keineswegs so selten oder so wertvoll wie der Venusdurchgang, doch würde es Charles Green die Möglichkeit geben, eine präzise Bestimmung der geographischen Länge vorzunehmen, und somit eine Grundlage für die Position der übrigen *Terra Australis* liefern. Man fand eine geeignete Bucht, in der es Trinkwasser gab, Pflanzenarten, um Banks und Solander glücklich zu stimmen, sowie die üblichen Eingeborenen, die zwar leicht erregbar, aber ansonsten friedfertig und offen für Handelsbeziehungen waren. Diesmal stellten Cook und Green, assistiert von Zachariah Hicks, die Beobachtungen des Planetendurchgangs an, und ihre Berechnungen der Eintritts- und Austrittszeiten des Merkurs stimmten bis auf geringe Abweichungen überein. Die Astronomen konnten anhand der Ergebnisse die Länge des Ortes, an dem man die Beobachtung vorgenommen hatte, bis auf einige Sekunden genau bestimmen. Sie nannten den Ort daraufhin Mercury Bay (»Merkur-Bucht«).

Schwierigkeiten mit den Eingeborenen blieben keineswegs aus. In der Mercury Bay hatte man John Gore die Aufsicht über das Schiff übertragen, während der Kapitän und der Erste Offizier sich mit der Beobachtung des Planetendurchgangs beschäftigten. Die Einheimischen kamen herbei, um Handel zu treiben, aber einer von ihnen düpierte Gore, indem jener sich ein Stück Tuch schnappte, die Tauschwaren jedoch nicht aushändigte. Als Gore sich wütend zeigte, setzten die Männer zu einem Kriegstanz an, als wollten sie den Leutnant damit verhöhnen, wie leicht dieser doch übers Ohr zu hauen sei. Das war zu viel für den impulsiven John Gore: Er nahm den Missetäter mit der Muskete ins Visier und erschoss ihn. Als der Vorfall Cook zu Ohren kam, war er tief betrübt, denn er sah dies als weiteres unnötiges Blutvergießen an. Die Besatzungsmitglieder hatten Bedenken, die Maori könnten wegen des Zwischenfalls versuchen, Rache zu nehmen. Die Bedenken erwiesen sich jedoch als unnötig, denn die Maori hatten ihrerseits Nachforschungen angestellt und waren zu dem Schluss gekommen, dass sich der betreffende Mann eindeutig schuldig gemacht hatte, weshalb die an ihm vollzogene Bestrafung gerecht war.

Wieder wurden rasch See- und Landkarten angefertigt. Weiter im Norden war die Küste zerklüftet; dort befanden sich Untiefen, Flussmündungen und zahlreiche Inseln. Mit dem Schiff wurde der Hauraki-Golf erkundet, und man fuhr unter Segeln in eine Flussmündung hinein, die Cook an die vertraute Themse erinnerte, in die er so oft, aus der Nordsee kommend, die Schwesternschiffe der *Endeavour* gesteuert hatte. Die Flussmündung und der vorgelagerte Naturhafen beeindruckten ihn so sehr, dass er beide zusammengenommen für den geeignetsten Ort hielt, den er bislang zur Ansiedlung in Neuseeland entdeckt hatte.

Nach Norden hin wurde die Küste so schroff, dass man zahlreiche Buchten und Inseln auf der Karte einzeichnen musste. Auch Molyneux, Pickersgill und noch andere Offiziere versuchten es mit dem Kartieren. Die *Endeavour* machte bei dem Gegenwind kaum Fahrt, denn sie musste unablässig kreuzen, um überhaupt vorwärts zu kommen. Einmal geriet sie in einen starken Strudel, der sie mit hoher Geschwindigkeit auf die steile Felsküste zutrieb. Die Seeleute verloren beinahe die Gewalt über das Schiff und machten sich schon darauf gefasst, im nächsten Augenblick gegen die Klippen geschleudert zu werden. An Land begleitete sie eine große Horde schreiende Eingeborene, die deutlich sahen, dass das Schiff außer Kontrolle war. Sie liefen am Ufer entlang und lauerten begierig auf den Untergang des Schiffs. Cook befahl, die Pinasse zu Wasser zu lassen, damit man die *Endeavour* aus der Strömung herausziehen konnte. Unglücklicherweise verfing sich das Beiboot mit einem der Geschütze. Man bemühte sich, die Pinasse wieder frei zu bekommen, während die *Endeavour* weiterhin dem Strudel preisgegeben blieb. Mit einem schauderhaften Krachen des Holzwerks prallte das Schiff gegen eine Klippe. Glücklicherweise kam es dank einer hohen Welle wieder klar. Es war wohl auch kein großer Schaden entstanden, aber die Sache hätte leicht schief gehen können. Es handelte sich hier um eines der schlechtesten seemännischen Manöver der ganzen Fahrt. Offenbar hatten die für das Schiff verantwortlichen Männer erwartet, dass der Felsen fortschwamm – sie hatten ihn für einen Wal gehalten!

Die ganze Zeit, während der die *Endeavour* sich nach Norden vorarbeitete, änderte sich das Verhalten der Maori immer wieder und blieb deshalb unvorhersehbar. An einem Ort, der von Cook als Bay of Islands (»Bucht der Inseln«) bezeichnet wurde, kam es zu einer schwierigen und gefährlichen Situation, nachdem er mit einer kleinen Gruppe an Land gegangen war. Eine große Abordnung der Maori hatte sich hinter den Felsvorsprüngen versteckt gehalten und plötzlich liefen sie mit ihren bedrohlichen Speeren auf die Landungsgruppe zu. Nach Cooks Angaben hatten sich etwa 200 Mann zum Angriff versammelt; die Leute, die auf der *Endeavour* zurückgeblieben waren und deshalb den besseren Überblick hatten, schätzten die Streitmacht dagegen auf 500 bis 600 Mann. Die Eingeborenen rückten mit Kriegsgeheul vor, griffen die Landungsgruppe dann aber doch nicht direkt an – stattdessen stahlen sie die Boote. Zum großen Glück erkannte Zachariah Hicks, der während Cooks Abwesenheit das Schiff führte, die Gefahr rechtzeitig. Geschickt manövrierte er die *Endeavour* mit der Breitseite zum Strand, sodass man die Schiffsgeschütze zum Einsatz bringen konnte. Ein Wölkchen blauen Qualms, dann donnerte ein Schuss über die Bucht. Dabei zielte man absichtlich weit über die Köpfe der Angreifer hinweg. Da den Eingeborenen jedoch einsichtig war, welch große Bedrohung von der Feuerkraft großer Kanonen mit deren schweren Kugeln ausging, flohen sie panisch vom Schauplatz des Geschehens. Nur durch Zachariah Hicks' entschlossenes Handeln waren Cook und seine Leute in dieser schwierigen Situation gerettet worden.

Gott sei Dank war der Kanonier Stephen Forwood zu diesem Zeitpunkt, als man die schweren Geschütze erstmals in einer Gefahrensituation einsetzte, einmal nüchtern. Schon ein paar Tage später spielte er bei einem Fall von Trunkenheit wieder den Rädelsführer. Gemeinsam mit drei seiner Kumpane war es ihm gelungen, aus einem der Fässer eine riesige Menge Rum – zehn bis zwölf Gallonen – abzuzapfen; die Männer wurden ertappt, als sie sich anschickten, den Schnaps zu konsumieren. »Ich bestrafte die drei Männer mit je zwölf Hieben«, schrieb Cook. »Der Kanonier hätte völlig zu Recht auch die ganze Strafe allein verdient, denn wegen seiner ständigen Trunkenheit ist er die einzige nutzlose Person an Bord.« Cook verordnete, den Männern sämtliche Rumrationen zu streichen, bis sie die gestohlene Menge zurückerstattet hatten.

Nachdem man mit der *Endeavour* schließlich das Nordkap von Neuseeland umsegelt hatte, steuerte man westwärts in den offenen Pazifik. Cook wusste, dass er noch nicht das Kap Maria van Diemen umrundet hatte, zugleich aber auch, dass es nicht mehr weit entfernt sein konnte. Das Wetter war miserabel, und man versuchte mit dem Schiff, so gut es ging, gegen den Sturm aufzukreuzen. So lief es mehrere Tage lang, während deren die *Endeavour* die große, aus Westen kommende Dünung abreiten musste. Cook ließ so viele Segel setzen, wie er gerade noch verantworten konnte. Die Wochen verstrichen und er musste nach wie vor immer wieder beidrehen und die abscheulichsten Stürme abwettern. Dem Perfektionisten Cook ging es nicht nur darum, das Kap zu umfahren, um wieder auf südlichen Kurs zu kommen, sondern er wollte zum Nutzen der Seefahrer, die nach ihm hier fahren würden, die Position des Kaps Maria van Diemen möglichst genau vermessen. Wie üblich wurde er dabei von Charles Green fachkundig unterstützt, der sich weiterhin unverzagt bemühte, seine Methode den weniger befähigten Offizieren beizubringen. »Nachdem ich meine Beo[bachtungen] angestellt hatte«, schrieb der Astronom, »lieh ich meinen Quadranten Mr. Clerk, Mr. Saunders und Munkhouse, und alle nahmen eine Messung vor, wobei sie abwechselnd die Breite nahmen, die Werte austauschten und mir ihre Ergebnisse zeigten …« Erfreut stellte er fest, dass ihre Messungen lediglich um vier Winkelminuten von seinen Messergebnissen abwichen – was ihn jedoch nicht davon abhielt, seinen Missmut über die Helfer kundzutun. »Es ist der erste Versuch dieser Art, den diese hoffnungsvollen jungen Leute unternommen haben, und ich wünschte mir, sie würden, anstatt besser, nicht noch schlechter werden«, klagte er. Man kann den Eindruck gewinnen, dass Green ein Perfektionist war, der gern lamentierte, vor allem über die Jugend.

Die Männer feierten Weihnachten auf See. Es gab Gänsepastete und eine Extraration Rum; am Abend waren dann alle Männer »so betrunken, wie es schon unsere Vorväter bei selbigem Anlass zu sein pflegten«. Am nächsten Morgen »hatten alle Kopfschmerzen nach dem gestrigen Gelage«. Cook dagegen schien sich nichts aus dem Fest selbst gemacht zu haben. Noch am Abend zuvor, Heiligabend, war er freudig erregt gewesen, da man die treffend benannte »Insel der Drei Könige« sah. Das musste die Insel sein, die Tasman am Dreikönigstag 127 Jahre zuvor als Erster gesichtet hatte – endlich folgten sie den Spuren des legendären holländischen Seefahrers, der im Jahr 1642 hier vorbeigekommen war. Cook hatte Tasmans Reisebericht gelesen und kannte deshalb die kleinen Schiffe, die *Heemskerk* und die *Zeehaen*, altmodische Fahrzeuge mit hohen Bordwänden und überhängenden Vordecks und Hecks, die Tasman hierher geführt hatte. Beim nächsten Abschnitt ihrer Reise sollte die *Endeavour* jenes Teilstück der Küste bestätigen, das Tasman kartiert hatte. Cook war sich also sicher, dass er sich nur noch wenige Seemeilen nördlich des Kaps Maria van Diemen befinden konnte. Er schildert das schwere Wetter:

> Der Sturm ging ohne die geringste Unterbrechung bis 2 Uhr morgens, alswo der Wind ein weniges nachließ und nach Süd und SW drehte, wo er um 4 Uhr stehen blieb. Also zogen wir die Segel auf und steuerten unter Vorsegel und Großsegel ostwärts nach dem Land zu, mussten aber letzteres Segel bald wieder reffen, da es sehr stark zu blasen begann und der Wind solcherart zunahm, dass er um 8 Uhr zu einem wahren Orkan geworden war, begleitet von Regen, und die See ungeheuer hoch ging; diesmal drehten wir bei, geiten das Vorsegel auf und brachten das Schiff unter gerefftem Großsegel mit dem Bug nach Nordwest; doch kurz darauf löste sich der Großsegelhals, und wir konnten froh sein, das Großsegel überhaupt zu bergen, und lagen unter Besanstagsegel und Balance-gerefftem Besan. Daraufhin fierten wir das Vorsegel und beschlugen sowohl dieses als auch das Großsegel.

Wenn Cook an dieser Stelle von einem Orkan und einer »ungeheuer hohen« See spricht, müssen die Elemente seinem Schiff in der Tat einen gewaltigen Sturm entgegengeschleudert haben. Doch an Silvester hatte man das Kap endlich umrundet, und er war's zufrieden, denn jetzt konnte er die genaue Länge des Kaps bestimmen. Ein neues Jahr und ein neues Jahrzehnt brach an, aber der *Endeavour* war keine Erholungspause vergönnt, denn sie befuhr die tückische Westküste Neuseelands, wo die Winde sie beständig zum Land hin trieben und die mächtigen Meeresströme ihr entgegenwirkten. Vor der Einfahrt zum Kaipara-Hafen wurde das Schiff so weit zurückgeworfen, dass es zwei Tage und 30 Leagues schweren Segelns bedurfte, um die frühere Position wiederzuerlangen. Cook war klar, dass er an einer tückischen Küste fuhr:

> … nichts zu sehen außer großen, kaum bewachsenen Sandhügeln. Wegen der hohen See und der vorherrschenden Winde, die auflandig wehen, handelt es sich um eine sehr gefahrvolle Küste; als ich mir darüber im Klaren war, beschloss ich, mich ihr nicht wieder zu nähern, wenn ich sie irgendwie meiden kann, es sei denn, wir haben einen sehr günstigen Wind.

Cook wäre sicher überrascht gewesen, dass die *Endeavour* nicht erst das zweite, sondern schon das dritte europäische Schiff war, das diese Küste befuhr. Die Warner, die beschworen hatten, dass die Franzosen dichtauf folgten, hatten Recht behalten. Schon am 12. Dezember, als Cook noch vor Neuseelands Nordkap gegen die Naturgewalten ankämpfte, hatte die *Sainte Jean Baptiste* unter dem Kommando von Jean François Marie de Surville ihren Landfall an der neuseeländischen Küste auf einer Breite unmittelbar südlich des Lagunenhafens von Hokianga gehabt. Die Stürme, die Cook zu jenem Zeitpunkt behindert hatten, waren für die *Sainte Jean Baptiste* günstig gewesen; und so umrundete de Surville das Nordkap Neuseelands nur vier Tage später, während die *Endeavour* gleichzeitig 50 Meilen vor der Küste gegen die hohen Wellen ankämpfte, um etwas weiter nach Westen vorwärts zu kommen. Anders als bei Cooks Mannschaft befanden sich de Survilles Seeleute in einem fürchterlichen Zustand – er hatte mittlerweile nicht weniger als 60 Mann verloren, und die übrigen waren derart geschwächt, dass sie kaum noch die Segel bedienen konnten. De Surville schaffte es, zu landen, um Frischkost und Wasser an Bord zu nehmen. Dabei hatte auch er seine Schwierigkeiten mit den Maori. Sie hatten eines seiner Boote gestohlen, und als er es mit Gewalt zurückbekommen wollte, machte er sie sich schnell zum Feind. De Survilles Reise endete später in einer Katastrophe: Er ertrank beim Versuch, an der Küste Perus zu landen. Im Dezember waren die beiden Schiffe also einander so nah gewesen, dass durchaus die Möglichkeit bestanden hätte, dass sie sich begegneten. Es ist ein müßiger, aber faszinierender Gedanke, was passiert wäre, wenn sie tatsächlich aufeinander getroffen wären.

Zwar erwähnten weder Cook noch Banks in ihren Aufzeichnungen die Einfahrt zum Manukau-Hafen, doch benannten sie gleich südlich davon die Gannets-Insel und die beiden Huks, Woody Head und Albatross Point. Sie kamen an einem Berg von solch imposanter Höhe vorbei, dass er sie an den großen Pik von Teneriffa erinnerte. Er war so hoch, dass nahe dem Gipfel noch Schnee lag. Die Bergspitze überragte die benachbarten Hügel um ein Mehrfaches und stieß durch die Wolken. Cook benannte den Berg nach Lord Egmont. (Parkinsons Skizze trägt den interessanten Titel »Mount Egmont, Neuseeland, Australien« – Letzteres eine Abkürzung für *Terra Australis Incognita*). Die *Endeavour* kam mittlerweile zwar schneller vorwärts, aber Cook wollte dringend irgendwo ankern, um Mannschaft und Schiff wieder in bessere Verfassung zu bringen. Wenn Tasmans Bericht zutraf, musste sich weiter südlich eine große Bucht befinden, in der die Holländer versucht hatten zu landen, um frisches Wasser an Bord zu nehmen, ein Unternehmen, dem damals kein Erfolg beschieden gewesen war. Die Maori hatten ihnen einen noch unfreundlicheren Empfang bereitet als den Engländern. Tasman hatte den Ort Mörder-Bucht genannt, nachdem vier seiner Besatzungsmitglieder beim Landungsversuch von den Eingeborenen getötet worden waren.

Wie erwartet, fand Cook tatsächlich eine große Bucht vor, wo die weite Landsenke wiederum in zahlreiche kleinere Buchten unterteilt war. Es gab dort zahlreiche starke Strömungen und schwierige Winde. Niemand war sich ganz sicher, ob man nun tatsächlich die Tasman-Bucht gefunden hatte oder nicht. Weit im Inneren der großen Bucht befand sich ein Gebiet mit einer sehr zerklüfteten Küste, die zahlreiche Inseln, Fjorde und geschützte Gewässer aufwies – manche Fjorde waren so tief, dass man mit dem Schiff hineinfahren konnte. Wie üblich wurde die *Endeavour* mit Gebrüll und großem Waffengefuchtel von Eingeborenen begrüßt. Das Land war fruchtbar und bewachsen und es gab reichlich Bauholz und Frischwasser. Es war offenkundig ein vorzüglicher Ort, festzumachen und das Schiff auszubessern und zu versuchen, mehr über die hiesigen Eingeborenen herauszufinden. Man manövrierte die *Endeavour* erfolgreich in Ufernähe. Ungefähr zwei Kabellängen vor der Küste ließ Cook den Anker fallen. Er ankerte vor der Südinsel Neuseelands, ohne sich dessen zu diesem Zeitpunkt bewusst zu sein.

7. KAPITEL

Die Südinsel

Der Hafen war eine geschützte Stelle mit ergiebigen Fischgründen und sauberem Trinkwasser. Cook nannte den Ort Ship Cove (»Schlupfhafen«) und die Gewässer ringsum Queen Charlotte Sound (»Königin-Charlotte-Sund«). Er beschloss, einstweilen hier zu bleiben, um seiner Mannschaft eine Erholungspause zu gönnen. Der Empfang durch die Eingeborenen versprach allerdings zunächst ebenso feindselig zu werden wie der bei ihrer Landung an der Ostküste – die Eingeborenen umringten das Schiff und schwangen die Waffen. Man überredete einen alten Mann, an Bord zu kommen, wo man ihn mit großem Respekt behandelte und mit den üblichen Geschenken bedachte: Glasperlen und Nägel. Nachdem er zu seinen Leuten zurückgekehrt war, verfielen diese abermals in ihren Kriegstanz. Auf diese Weise schienen sie ihren Gefühlen Ausdruck zu verleihen, wobei sich allerdings nicht immer leicht erkennen ließ, um welche Gefühle es sich dabei handelte: »Ob sie uns ihre Freundschaft oder Feindschaft zeigen wollen, lässt sich überhaupt nicht sagen«, meinte Banks. »Wir haben oft erlebt, dass sie sich im einen wie im anderen Fall auf diese Weise benahmen.« Mit Interesse bemerkte er den Wollstoff, den die hiesigen Maori herstellten. Er glich demjenigen, den man auch auf Tasmans Zeichnung der Mörder-Bucht sehen konnte – ein eindrucksvoller Beweis für die genaue Beobachtungsgabe des früheren Entdeckers.

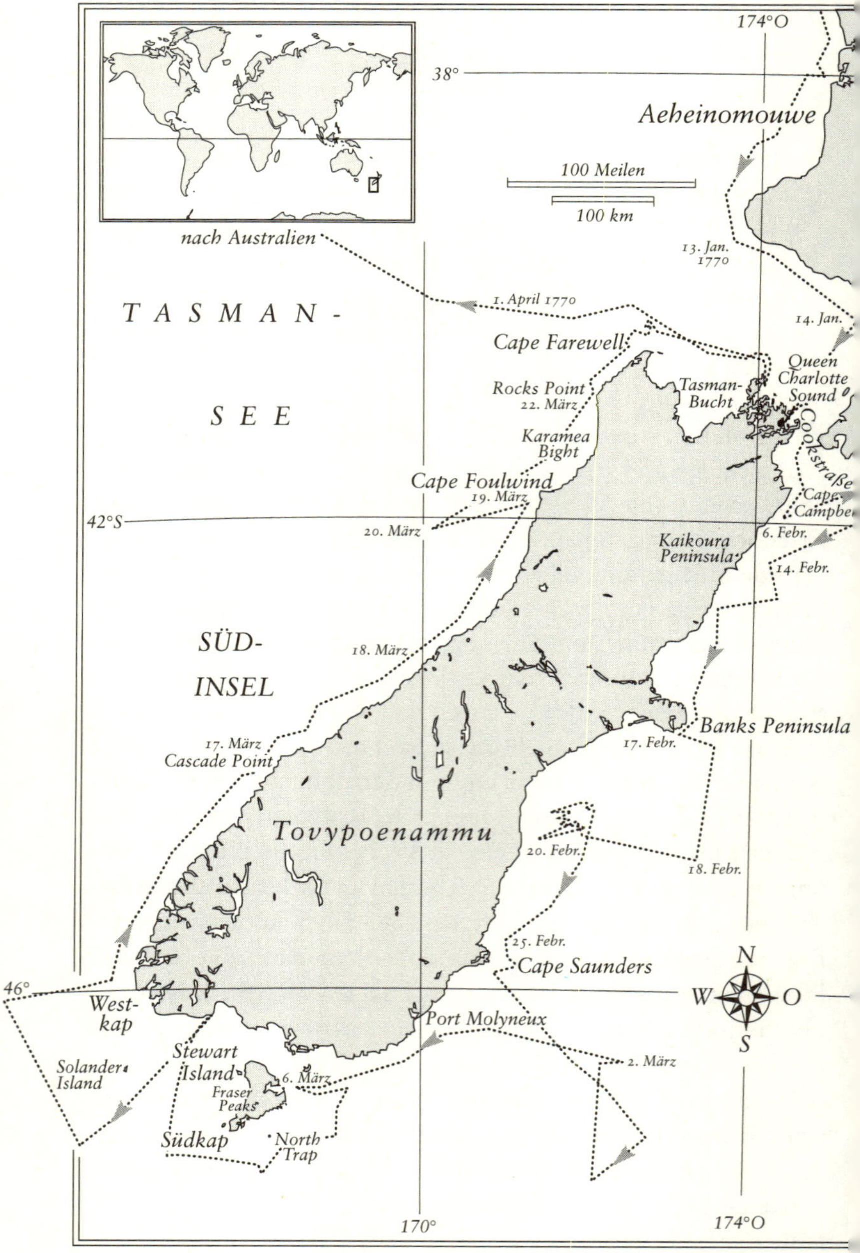

174°O
38°
Aeheinomouwe
100 Meilen
100 km
nach Australien
13. Jan. 1770
1. April 1770
14. Jan.
TASMAN-
SEE
Cape Farewell
Rocks Point
22. März
Tasman-Bucht
Queen Charlotte Sound
Cookstraße
Karamea Bight
Cape Foulwind
19. März
Cape Campbe
42°S
20. März
6. Febr.
Kaikoura Peninsula
14. Febr.
SÜD-INSEL
18. März
Banks Peninsula
17. März
Cascade Point
17. Febr.
Tovypoenammu
20. Febr.
18. Febr.
25. Febr.
Cape Saunders
N
W
O
S
46°
West-kap
Port Molyneux
Stewart Island
2. März
Solander Island
Fraser Peaks
6. März
Südkap
North Trap
170°
174°O

Die Briten betrachteten frohgesinnt den Kriegstanz und unternahmen nichts, wodurch man die Maori schließlich von den freundlichen Absichten der Neuankömmlinge überzeugte. Und so bot sich den Entdeckern ein weiteres Mal die Gelegenheit, mehr über die Sitten und Gebräuche der Ureinwohner zu erfahren. Eine der ersten Entdeckungen im Königin-Charlotte-Sund war allerdings alles andere als angenehm, wenn sie auch für die Besatzung der *Endeavour* nichts Neues darstellte, sondern sie lediglich in dem Verdacht bestärkte, den sie schon seit dem ersten Zusammentreffen mit den Eingeborenen hegten. Es häuften sich nämlich die Indizien, dass es sich bei den Maori um Kannibalen handelte. Wenn man sie in dieser Sache zur Rede stellte, behaupteten sie jedoch jedes Mal, selbst keine Menschenfresser zu sein, und verwiesen darauf, dass ihre Nachbarn es seien, die Menschenfleisch äßen. Manche gaben immerhin nicht ohne gewisse Scham zu, zwar niemals das Fleisch der eigenen Leute, aber das der Feinde zu essen. Alle verbliebenen Zweifel hinsichtlich dieser Frage wurden am Königin-Charlotte-Sund schnell beseitigt. Cook fand den Unterarm eines Menschen und weitere menschliche Überreste, von denen kurz zuvor das Fleisch entfernt worden war:

> Nicht einer von uns hegte den geringsten Zweifel daran, dass es sich bei diesen Leuten um Kannibalen handelte. Dieser Knochen jedoch, an dem noch die Flechsen hingen, war ein stärkerer Beweis dafür als alles andere, was uns bisher begegnet war. Um gänzlich die Wahrheit über das zu erlangen, was man uns erzählte, sagten wir einem von ihnen, es sei nicht der Knochen eines Menschen, sondern der eines Hundes; jener ergriff eifrig den eigenen Unterarm, wie um uns mitzuteilen, dass es sehr wohl ein Menschenknochen sei; und um uns zu überzeugen, dass sie dergleichen Fleisch verzehrten, zerrte er mit den Zähnen am Fleisch des eigenen Armes, wobei er so tat, als wollte er sich daran gütlich tun.

Die Besatzungsmitglieder fanden es widerwärtig und entsetzlich, unter Kannibalen geraten zu sein. Wie groß der Ekel gewesen sein muss, lässt sich daran ermessen, dass sich etwas über ein Jahr zuvor einige der Seeleute sogar geweigert hatten, Haifleisch zu essen, mit der Begründung, dass Haie ihrerseits Menschenfleisch fräßen. Manche der Seeleute taten ihren Unwillen kund, weiterhin mit den Eingeborenen zu tun zu haben. Andere dagegen waren auf morbide Weise von dem grauenvollen Kannibalismus fasziniert und setzten alles daran, den Eingeborenen einmal dabei zuzusehen, während diese Menschenfleisch verzehrten. Aufs Schiff zurückgekehrt, berichteten sie von ihren gruseligen Erlebnissen. »Neben anderen Formen barbarischer Grausamkeit sind sie auch des Kannibalismus schuldig«, schrieb der Maler Sydney Parkinson. »Man sollte dafür sorgen, dass sich alle, die sich diesen Inseln nähern, voll Abscheu von ihnen abwenden.« Joseph Banks sinnierte des Längeren auf die für ihn typische Art über diese Sache. Er verfasste einen faszinierenden – wenn auch miserabel interpunktierten – Text, in dem er darüber klagte, dass Menschen so tief sinken konnten, Angehörige der eigenen Spezies zu verzehren. Der folgende Abschnitt ist ein Musterbeispiel für das wissenschaftliche Denken und die Weltanschauung im 18. Jahrhundert mit ihren religiösen Untertönen und prädarwinistischen Vorstellungen von der Stellung der unterschiedlichen Arten in der Evolution:

> Unter Fischen und Insekten findet man viele Beispiele dass die, die von Beute leben, wenig darauf achten, ob das was sie sich nehmen von der eigenen oder einer anderen Art ist. Doch wer die bewundernswerte Kette der Natur betrachtet in der allein der vernunftbegabte Mensch zu Recht den höchsten Rang beansprucht und unter ihm der halbverständige Elephant, der kluge Hund, der Damm bauende Biber & cetera rangiert, bei denen der Instinkt so sehr dem Verstand ähnelt dass sie von Männern mit nicht geringen Geistesgaben fälschlich für vernunftbegabt gehalten wer-

den, wobei diese Reihe von den weniger vernunftbegabten Vierfüßern und Vögeln bis zu den Fischen und Insekten hinabreicht, die neben dem Furchtinstinkt der ihnen zur Selbsterhaltung gegeben ist, nur von den Stacheln des Hungers bewegt werden, über diejenigen, die aus bloßer Lust fressen um ihre Art fortzupflanzen, und die bei Geburt ausschließlich ihrer eigenen Fürsorge überlassen werden, bis zu den Austern, & cetera, & cetera, die sich nicht selbst fortbewegen können, sondern von den Wellen umhergeworfen werden und zum Fortbestand ihrer Art in sich selbst mit beiden Geschlechtern versehen sein müssen, und schließlich ins Reich der Pflanzen übergeht, die zu ihrem Lebenserhalt weder Gefühle noch Instinkte brauchen – wer dies bedenkt, der wird ohne große Mühe erkennen dass man aus den Handlungen einer Klasse von Geschöpfen, die in der Ordnung der Natur so unendlich weit unter uns stehen, keinen Schluss zugunsten einer solchen Praktik ziehen kann.

Die Maori verzehrten gelegentlich die Hunde, die auf der Insel lebten. Diese sowie eine Art Inselratte, die sie mit Schlingen fingen, waren außer Menschenfleisch ihre einzige Fleischquelle. Hunde waren die einzigen Haustiere, die Maori besaßen also, anders als die Tahitianer, keine Schweine, die ihnen als Fleischlieferanten hätten dienen können. Immerhin waren sie geschickte Fischer. Sie bauten aus Zweigen Fallen, die Hummerkörben ähnelten, und zum Fischfang verwendeten sie riesige Schlag- oder Schleppnetze. Die Netze waren so groß, dass zu ihrer Anfertigung die gemeinschaftliche Anstrengung eines ganzen Stammes oder Dorfes nötig war. Auf dem Speiseplan der Maori standen überdies zahlreiche Gemüsesorten – ein Beleg dafür, dass man auf der Insel Landwirtschaft betrieb. Yamswurzel, Süßkartoffel und weitere Feldfrüchte wurden in großem Maßstab angebaut. William Monkhouse liefert eine vorzügliche Beschreibung:

> Jegliches Unkraut wird gejätet und der Humusboden mit ebenso viel Sorgfalt wie in unseren besten Gärten gelockert. Die Süßkartoffeln werden in einzelnen kleinen Maulwurfshügeln gesetzt, die in geraden Reihen oder in Rautenpflanzung angeordnet sind. In einer der Parzellen sah ich, wie diese Hügelchen am Fuße von getrocknetem Gras umgeben waren. Aron wird in kleinen runden Aushöhlungen gepflanzt, genau so wie unsere Gärtner Melonen pflanzen, wie Mr. [Banks] mir sagt. Die Yamswurzeln werden in gleicher Weise wie die Süßkartoffeln angepflanzt: die bestellten Flächen sind von einem völlig geschlossenen, etwa 20 Zoll hohen Schilfzaun umgeben. Die Eingeborenen sind jetzt [Oktober] dabei, die Zäune zu vervollständigen. Wir sahen ein, zwei Fallen auf dem Boden, zum Schutz vor irgendwelchen Tieren, vermutlich der Mus [eine einheimische Ratte]. Die Wurzel- resp. Samenblätter einiger Pflanzen befinden sich unmittelbar über dem Boden. Deshalb glauben wir, dass die Saatzeit ungefähr in jetzigem Monat ist. Vermutlich sind in dieser Bucht (Tolaga-Bucht, Nordinsel) hundert Acker Fläche kultiviert – an manchen Stellen ist die Erde locker und sandig – auf den Hängen der Hügel ist sie schwarzer, guter Mutterboden. Diese Gemüse, also Yamswurzel, Süßkartoffel und Aron, sind alles, was sie anbauen.

Die Eingeborenen hatten eine dunkelbraune Hautfarbe und dickes, schwarzes Haar; die Zähne wirkten in den dunklen Gesichtern kräftig und weiß. Cook war fasziniert von ihrer Sprache, die sehr viele Wörter mit der tahitischen Sprache gemeinsam hatte – was ihn zu der Frage führte, ob die beiden Völker einen gemeinsamen Ursprung hatten. Im Äußeren unterschieden sich die Maori jedoch stark von den Tahitianern. Die Maori hatten viele charakteristische Gebräuche, beispielsweise das Tätowieren von Gesäß und Oberschenkeln; die Art, wie sie ihre Kanus mit Schnitzereien verzierten, erinnerte stark an die Gesellschaftsinseln. Auf ihre Kanus waren sie außerordentlich stolz; selbst die Bugpartien kleiner Fischerkanus zierte oft ein menschliches Antlitz mit einer riesigen, daraus hervorragenden Zunge. Auf der Nordinsel hatte man ein doppelrümpfiges Kanu gesehen; gebräuchlicher waren jedoch einrümpfige Kanus, die man aus einem einzigen großen Holzstamm schnitzte. Die großen Kriegskanus, die 50 Fuß lang und fünf Fuß breit waren und an jeder Seite mit zwanzig Paddlern besetzt, konnten insgesamt bis zu 100 Krieger aufnehmen. Voll ausgestattet, waren die Fahrzeuge mit den großen, geschnitzten Heckpfosten – die zwölf Fuß über dem Wasser aufragten und zwei lange Wimpel aus festen Federn hatten, die im Fahrtwind flatterten – ein wunderschöner Anblick. Sydney Parkinson malte ein großartiges Bild, dem auch die schriftliche Beschreibung von William Monkhouse entspricht:

> Das Galionsbrett war schön geschnitzt. Es war etwa vier Fuß lang und etwas mehr als zwei Fuß breit und in vier gleiche Teile unterteilt, von denen jedes voller spiralförmiger Schnitzereien war – die Länge des Kanus betrug ungefähr 50 Fuß, die Breite etwa fünf Fuß – auch das Dollbord war geschnitzt, – der Achtersteven war zu einer offenen Schnecke geschnitzt – Bug wie Heck waren mit Streifen rußfarbener Federn verziert; diese hatte man dem Racha ausgerissen & sozusagen gewebt und hingen in zwei kleinen Wimpeln vom Achtersteven herab und boten einen schönen Anblick, wenn sie im Wind flatterten.

Das Tuch der Maori war ganz anders als das der Tahitianer und imponierte den Engländer wegen seiner Qualität. Es wurde aus einer Pflanze mit dem einheimischen Namen *harkeke (phornium tenax)* hergestellt, die als Flachs und Hanf diente. Die *harkeke* war enorm vielseitig: Man konnte sie zur Herstellung dicker Seile und Kordeln verwenden, aber auch zu einem sehr feinen Faden ziehen und zu Stoffen verarbeiten. Die Blätter schnitt man in Streifen und fertigte daraus Fischnetze und Matten. Den Maori war die Kunst des Webens bekannt; einige Stoffe hatten eine fünf bis acht Zentimeter breite Borte mit einem schwarz-weißen Rautenmuster, mitunter waren die Rhomben auch schwarz-braun oder schwarz-zimtfarben. Einige Maori-Häuptlinge trugen Umhänge aus Hundefellen, die mit roten Papageienfedern geschmückt waren.

Die Maori besaßen Steinäxte und -beile, die sie zum Bau ihrer Kanus und Häuser verwendeten. Die gewöhnlichen Äxte waren mit einem polierten schwarzen Stein versehen, die besseren mit einem harten grünen Stein, den die Eingeborenen sehr schätzten. Cook nannte den Stein »Green Talk« (eine Anspielung auf die Redeweise des Astronomen); es war ein extrem harter Grünstein beziehungsweise Nephrit, der nach entsprechender Bearbeitung eine sehr scharfe Klinge ergab.

Die Konstruktion der niedrigen Häuser eignete sich eher für kaltes als für warmes Wetter. Der Rahmen bestand aus Stöcken, das Dach aus langem Gras; das Innere war zum Zweck zusätzlicher Wärmeisolierung mit Baumrinde ausgeschlagen. Die Häuser dienten lediglich dazu, Schutz und Schlafmöglichkeiten zu bieten, wobei die kleine Tür normalerweise groß genug war, dass eine einzelne Person hindurchkriechen konnte. Banks schildert ein größeres Haus, das einen Höhepunkt der Maori-Architektur darstellt: Das Haus war etwa zehn Meter lang und mit breiten Brettern verziert, in die phantasievolle Spiralmuster und verzerrte Gesichter in der Art der Maori geschnitzt waren – doch war es nicht zu Ende gebaut worden und machte den Eindruck, als wäre es seit langer Zeit verlassen. Höchstwahrscheinlich hatte während des Baus eine »tapu«-Übertretung stattgefunden hatte, irgendetwas, was in den Augen der abergläubischen Maori Unheil brachte. Das Haus war offenbar kein Tempel oder Gebetsort – die Menschen beteten zwar irgendeine Art Gott an, aber wie üblich fanden die Europäer die Kompliziertheit der einheimischen Religion und »tapus« verwirrend. Die Maori hatten Mythen und Legenden über die Entstehung der Welt und der Menschheit hervorgebracht. Mit Eifer erzählten sie Geschichten über ihr Volk. Tupia, der sich fließend mit ihnen unterhalten konnte, zog sie mit seinen tahitischen Legenden und Mythen in seinen Bann.

In der Anaura-Bucht und in der Tolaga-Bucht, beide an der Ostküste der Nordinsel, war Joseph Banks durch die dortige Sauberkeit und die sanitären Einrichtungen beeindruckt. Ihm fiel auf, dass jedes Haus beziehungsweise jede Häusergruppe »über einen regelrechten Abtritt verfügt, den jeder aufsuchte«. Es handelte sich hier um eine sehr zivilisierte Vorkehrung, um etwas, was man bei einem Naturvolk noch nie erlebt hatte. Er macht keine Bemerkung darüber, ob es Derartiges auch an anderen Stellen Neuseelands gab, was jedoch vielleicht daran liegt, dass er es als unnötig empfand, ein solches »tapu«-Thema in seinem Tagebuch mehr als einmal zu erwähnen. Außerdem sah er einen Komposthaufen, auf den alle verdorbenen Lebensmittel geworfen wurden: Er überlegte zunächst, ob die Maori den Kompost wohl als Dünger verwendeten, fand später jedoch heraus, dass dem nicht so war.

Entlang des Küstensaums gab es Dörfer mit befestigten Häusern – *heppas* genannt –, die oft durch einen breiten Graben oder Wallgraben und stabile hölzerne Lattenzäune geschützt wurden. Häufig standen die *heppas* auf Klippen oder Felsvorsprüngen; in einer Zeichnung skizzierte Parkinson eine Ansiedlung, die auf einem großen Klippenbogen thront, der ins Meer hineinragt – ein Indiz dafür, dass sich die benachbarten Stämme in einigen Teilen des Landes in permanentem Kriegszustand befanden. Die befestigten Dörfer fanden sich vorwiegend im Norden und Westen von Aeheinomouwe, der Nordinsel. In einigen anderen Gegenden verfügten die Menschen aber offenbar über keine Befestigungen, was zeigte, dass sie wohl mit ihren Nachbarn friedlich zusammenlebten. In diesen friedfertigen Landesteilen besaßen die Bewohner schönere Kleidung und verfügten über weitaus mehr Schnitzarbeiten als ihre kriegerisch veranlagten Landsleute. Im Königin-Charlotte-Sund konnten Cook und Banks das Vertrauen der Maori gewinnen und eines der befestigten Dörfer besuchen. Man entdeckte, dass Menschenknochen hier zu Handelswaren geworden waren, stellte aber auch fest, dass die Kannibalen eine sehr zugängliche Seite hatten:

> Gingen heute los, um die Heppah oder Stadt aufzusuchen und unsere Indianerfreunde zu besuchen, die uns sehr vertrauensvoll und höflich empfingen und uns in ihren Behausungen herumführten, die recht sauber waren. Die Stadt lag auf einer kleinen Klippe, die vom Festland durch eine Felsspalte getrennt war, welche man beinahe überspringen konnte; die Seiten waren überall so steil, weshalb Befestigungen fast gänzlich unnötig waren; entsprechend befand sich am einen Ende, dort, wo der Felsen am leichtesten zugänglich war, nichts als eine leichte Palisade und eine kleine Kampfbühne. Die Leute brachten uns mehrere Knochen von Menschen, deren Fleisch sie gegessen; diese Knochen sind bei unseren Leuten, die ständig danach fragen und sie im Tausch gegen ein paar Kleinigkeiten erwerben, zu einer Art Handelsgut geworden. In einem Teil sahen wir eine Art hölzernes Kreuz, das mit Federn verziert war, die exakt in Gestalt eines Kruzifixes angeordnet waren. Als dies unsere Aufmerksamkeit erregte, teilte man uns mit, es handele sich um eine Gedenkstätte für einen Toten; vielleicht war es ein Ehrengrab, da der Leichnam nicht mehr vorhanden war; so viel erzählte man uns, wollte uns jedoch nicht mitteilen, wo sich der Leichnam befand.

Am nächsten Tag bereitete man Banks und Solander einen noch freundlicheren Empfang. Als sie zum Fischen in der Pinasse losfuhren, trafen sie eine große Maori-Familie, welche sie zu sich nach Hause einlud. Die Besucher wurden von 20 bis 30 Eingeborenen überaus freundlich empfangen, unter anderem mit »zahllosen Umarmungen und Küssen, mit denen uns die Angehörigen beiderlei Geschlechts, jung und alt, bedachten« – und all das im Tausch gegen ein paar Kurzwaren und Glasperlen.

Ihre primitive Musik produzierten die Eingeborenen auf Holzflöten und Muscheltrompeten, die in europäischen Ohren sehr dissonant klangen. Als man in der Poverty Bay drei einheimische Jungen an Bord holte, sangen diese ein improvisiertes Lied, das wegen der vielen Töne und Halbtöne ein wenig wie ein Choral klang. William Monkhouse liefert eine gute Beschreibung des Tanzes, den die drei Maori-Jungen bei dieser Gelegenheit für die Mannschaft der *Endeavour* aufführten:

> Sie bereiteten sich vor, indem sie sich ein Tuch, das sie sich zu diesem Anlass geliehen hatten, um die Lenden schlangen, die bis dahin völlig ohne Bedeckung gewesen waren. Dann stellen sie sich Rücken an Rücken, und der Vorderste beginnt, während die anderen seine Bewegungen sofort aufnehmen. Dabei hebt er das rechte Bein, bringt die Arme in eine waagerechte Stellung, beugt ein wenig den Unterarm und schüttelt die Finger mit großer Schnelligkeit – dann stimmt er eine Art Lied an und hebt das rechte Bein wie oben beschrieben, und los geht's: Takt schlagen und singen & die Finger im exaktesten Gleichmaß schütteln – gelegentlich wird der Körper zu der einen oder anderen Seite geneigt –, manchmal beugen sie sich ganz tief nach vorn, dann richten sie sich plötzlich wieder auf, strecken die Arme und ziehen dabei eine äußerst hässliche Grimasse – irgendwann wenden sie sich halb um und blicken in ein und dieselbe Richtung und [kehren] nach ein, zwei Sekunden zur vorhergehenden Stellung zurück, wobei sie sich nach vorn beugen und mit beiden Armen eine große ausholende Bewegung nach unten machen; und während sie sich auf dem linken Fuß umwenden, heben sie die Arme im Bogen in die Höhe, blicken wild umher & und stimmen einen Teil des Liedes in primitivem, wildem Tonfall an – dieser Teil der Zeremonie beendet im Allgemeinen den Tanz.

Die ausdrucksvollste Musikform bildete jedoch der Kriegstanz, bei dem die Eingeborenen den ganzen Körper einsetzten, hochsprangen und gestikulierten und ihre Paddel reckten und schüttelten. Die Tänzer verrenkten die Glieder, verzerrten die Gesichter, streckten die Zunge heraus, so weit sie konnten, und rollten die Augen derart, dass man das Weiße sah. Begleitet wurde der Gesang von Grunzlauten und einem lauten Seufzen, das nach jedem Gesang in vollkommenem Gleichklang ausgestoßen wurde. Banks bezeichnete den Kriegstanz »als ein Amüsement, das jeden Zuschauer immer wieder aufs Neue erfreute«; diesen offensichtlich sehenswerten Anblick boten die Eingeborenen oft an Bord ihrer Kanus, wobei sie bis zu 100 Paddel in vollendetem Gleichklang und perfektem Rhythmus gegen die Bootswand schlugen.

Manche der Männer und Frauen hatten sich Löcher in die Ohren gebohrt, in die sie Schmuckstücke aller Arten und Formen hängten. Als bevorzugter Schmuck diente ein ungefähr faustgroßes Büschel schneeweißer Albatrossdaunen. Auch ein fünf Zentimeter langes und etwa vier Zentimeter breites Ohrgehänge mit einem in den harten grünen Stein gemeißelten Affengesicht war beliebt. Sie fertigten Kopfschmuck aus schwarzen Federn an, die sie zu allen geselligen Anlässen trugen; einige Frauen trugen Armbänder aus Muscheln oder den feinen Knochen von Vögeln. Ein wertvoller Schmuck waren auch Walzähne, die man schräg anschnitt, damit sie der menschlichen Zunge glichen, und mit kleinen Steinen als Augen versah. Manche Maori trugen eine hühnereigroße ovale Kugel um den Hals; sie verströmte einen starken Duft, den sie offenbar gern rochen. Sie verwendeten eine Methode, die Arme und Oberschenkel zu tätowieren, die derjenigen auf Tahiti stark ähnelte. Manchmal betupften die Maori-Krieger ihre Körper mit einer dunklen Farbe und bemalten beide Gesäßhälften mit einer breiten Spirale. Dadurch wirkten die Oberschenkel fast völlig schwarz, nur ein dünner Streifen blieb übrig, sodass die Schenkel wie gestreifte Kniehosen aussahen. Je nach Vorlieben des Einzelnen variierten Umfang und Muster des Körperschmucks sehr stark.

Die Maori verfügten zwar nicht über Pfeil und Bogen für die Jagd, besaßen aber einen langen Wurfspeer, der mittels eines Stocks geschleudert wurde. Das wichtigste Kriegsgerät hieß *patoo-patoo*. Die Kurzwaffe fand Einsatz im Kampf von Mann gegen Mann, hatte eine Klinge in Form eines großen, breiten Blattes mit scharfen Schneiden und war aus dem gleichen grünen Gestein wie ihre Äxte gefertigt. Die tödlich wirkende Waffe wog vier oder fünf Pfund. Die Krieger waren außerordentlich stolz auf ihre *patoo-patoos*: Sie polierten die Schneiden, hielten sie scharf und tauschten die Waffen nur widerwillig gegen andere Handelsgüter.

Zwischen den europäischen Männern und den Maori-Frauen kam es nur selten zur Annäherung. Banks fand die Frauen im Vergleich zu den exotischen Mädchen der Gesellschaftsinseln ziemlich reizlos. Sie waren zwar stolz auf ihr Aussehen, doch steigerte ihr Schmuck nicht immer ihre Anziehungskraft:

> Die Frauen waren ziemlich unansehnlich, und dies umso mehr, als sie sich das Gesicht mit rotem Ocker und Öl anmalten, welches im Allgemeinen frisch und nass auf Wangen und Stirn aufgetragen wurde und leicht auf die Nase desjenigen abfärbte, welchselbiger sie zu küssen trachtete; was wiederum nicht bedeutete, dass sie gegen derartige Vertrautheiten etwas einzuwenden hätten – welches die Nasen anderer Leute deutlich zeigten; vielmehr waren sie kokett wie nur jede Europäerin, und die jungen Mädchen waren so ausgelassen wie junge Füllen. Einen Teil ihrer Bekleidung möchte ich nicht zu erwähnen versäumen: außer dem Tuch, welches sie sehr züchtig um ihren Körper schlangen, trug jede um den unteren Teil der Taille einen Gürtel aus den Blättern eines stark duftenden Grases, an dem ein kleines Büschel der Blätter einer Duftpflanze befestigt war. Selbiger diente ihnen als unmittelbarer Schleier der Scham.

Einer der Offiziere feilschte mit einer Eingeborenenfamilie, man einigte sich auf einen Preis in Tuch, für den er sich ein Mädchen auswählen durfte, um sich mit ihm zu vergnügen. Die Eingeborenen schickten ihn mit einem jungen Ding los, das sich jedoch als Junge erwies! Als sich der Offizier darüber beschwerte, tauschten sie den Jungen mit Freuden gegen ein anderes Mädchen ein, das sich aber gleichfalls als Junge erwies, woraufhin die Eingeborenen den Offizier auslachten, weil dieser sich so verwirrt zeigte. Hier fanden die einheimischen Mädchen also keinen oder nur wenig Gefallen am weißen Mann. Sie waren auch nicht bereit, irgendwelche kleinen Geschenke anzunehmen. In den Tagebüchern finden sich kaum Äußerungen über die Kinder der Maori. Allerdings erwarb Daniel Solander in der Tolaga-Bucht ein hochinteressantes Kinderspielzeug – einen Kreisel, »geformt wie jene, mit denen auch englische Jungen spielen«; die Eingeborenen zeigten ihm, wie man ihn zum Drehen brachte, nämlich nicht anders als man es in England tat.

Das Land verfügte reichlich über gutes Bauholz, das Cook als »geeignet für alle Zwecke außer Schiffsmasten« bezeichnete. Banks war da viel positiver und schrieb, die Bäume in der Umgebung des neu entdeckten Themse-Flusses seien das beste Holz, das er jemals gesehen habe. Hier entdeckten sie auch einen riesigen Baum, der noch in Kopfhöhe einen Durchmesser von gut sechs Metern besaß. Man fällte ein kleineres Exemplar dieses Baums und verwendete ihn für einige Reparaturen am Schiff. Das Holz war zwar zu hart, um einen Schiffsmast daraus zu fertigen, ergab aber sicherlich bewundernswerte Schiffsplanken.

Was die Pflanzenwelt betraf, so waren Banks und Solander enttäuscht, weil sie auf ihrer ersten Expedition am Königin-Charlotte-Sund nur drei neue Pflanzen fanden. Zuvor hatten sie jedoch schon mehrere Landungen auf der Nordinsel unternommen und viele interessante Exemplare der einheimischen Flora gesammelt – in ausreichender Zahl, um Parkinson und Spöring wochenlang zu beschäftigen. Auch die Fauna steckte voller Überraschungen, obwohl die Wissenschaftler etwas enttäuscht waren, in Neuseeland – abgesehen von den Hunden und einer Katze beziehungsweise einem kleinen Nager – keine weiteren Landtiere zu entdecken. Vögel gab es jedoch in großer Zahl. An ihrem ersten Morgen in dem neuen Land waren sie zu den lauten Klängen eines herrlichen Morgenchors erwacht. Er kam ihnen wie der melodiöseste Gesang vor, den sie jemals gehört hatten.

> Heute Morgen weckte mich der Gesang der Vögel an Land, das eine Viertel Meile entfernt liegt; es waren mit Sicherheit sehr viele, und sie sangen aus voller Kehle, als wollten sie es einander nachtun; es war der wohl melodiöseste Wohllaut der Natur, den ich je gehört habe; fast ähnelte er kleinen Glocken, aber mit dem feinsten, silberhellen Klang, der vorstellbar ist, wozu aber vielleicht die Entfernung das Ihre beitrug. Als ich mich bei unseren Leuten erkundigte, antwortete man mir, dass sie die Vögel schon seit unserer Ankunft beobachtet hätten und dass diese gegen 1 oder 2 Uhr morgens zu singen begännen und bis zum Sonnenaufgang weitersängen, wonach sie den ganzen Tag schwiegen.

Während des gesamten Aufenthalts der Engländer war dieses Ständchen der Vögel zu hören. »Alle Morgen lauschten wir ihnen mit großer Freude, bis sie üblicherweise verstummten, sobald die Sonne aufging.« Am 1. Februar regnete es so heftig, dass die Vögel schwiegen, und es blies ein derart starker Wind, dass die *Endeavour* zum ersten Mal auf der ganzen Fahrt drei Anker auswerfen musste, damit sie nicht aus ihrem Ankergrund gerissen wurde.

Auch in der letzten Januarwoche war es sehr regnerisch gewesen. Doch kaum war die Regenperiode vorüber, ergriff Cook die Gelegenheit, die Gegend zu erkunden – das Landesinnere zu Fuß, die Küste mit den Booten. In der großen Bucht gab es einen Meeresarm, der tief in die Küste einschnitt, und dort wollte er sich umsehen. Er fuhr mit der Pinasse los. Banks und Solander begleiteten ihn sowie einige Seeleute, die das Boot lenken sollten. Da ihnen der Wind entgegenblies, mussten die Männer die ganze Strecke von vier oder fünf Leagues rudern. Da nichts auf ein Ende des Meeresarms hindeutete, beschloss Cook, einen Hügel hinaufzusteigen, um vielleicht von dort aus zu sehen, wie weit sich die Passage ins Landesinnere erstreckte. Die Sicht war gut, weshalb der Anstieg durchaus der Mühe wert gewesen war. Von hier oben bot sich eine Aussicht, wie sie das Herz eines jeden Entdeckers höher schlagen lassen konnte.

Zwar wurde die Sicht teilweise durch die benachbarten Hügel verdeckt, aber dennoch lag vor Cook ein großartiges Panorama bewaldeter Berge und blauen Meeres, das mit grünen Inseln gesprenkelt war. Damit wurde deutlich, dass es sich bei der tiefen Bai, vor der sie geankert hatten, nicht nur um eine Bucht handelte, sondern um eine breite Meeresstraße, die sich südwärts schwang und durch das gesamte Land bis zur Meeresküste im Osten verlief. In den letzten beiden Monaten hatten sie also eine große Insel umsegelt. Der Kapitän hatte eine bedeutende Entdeckung gemacht: die Nordinsel von Neuseeland. Doch was in Richtung Süden lag, war weitaus geheimnisvoller. Handelte es sich hier um das Festland des großen Südkontinents?

> Mit einem der Männer stieg ich bis zur Spitze eines der Hügel, aber als ich dort ankam, hinderten mich höhere Hügel, auf die ich wegen undurchdringlicher Wälder nicht hinaufsteigen konnte, daran, in den Meeresarm landeinwärts zu blicken; ich wurde jedoch im Übermaß für die Anstrengung belohnt, die der Aufstieg bedeutete, denn von hier erblickte ich die östliche See und eine Meeresstraße oder Passage, die in die westliche See führte; diese Meeresstraße befand sich etwas östlich des Eingangs zu der Bucht, in der wir jetzt mit dem Schiff lagen; das Festland, das an der SO-Seite dieser Bucht lag, schien mir eine schmale Kette sehr hoher Hügel zu sein, die einen Teil der SW-Seite der Meeresstraße bilden. Das Land auf der gegenüberliegenden Seite erstreckte sich nach Osten, so weit das Auge reichte, und nach SO wirkte es auf mich wie offenes Meer; dieses hielt ich für die östliche See. Desgleichen sah ich auf der Ostseite des Meeresarms einige Inseln, die ich bislang für einen Teil des Festlands gehalten hatte.

Einige Tage darauf bestätigte eine zweite Expedition, dass tatsächlich eine Meeresstraße bis zur östlichen Meeresküste führte. Das hatte Cook, wie zuvor auch Tasman, bereits vermutet.

Der Holländer hatte jedoch weder über die Zeit noch die Mittel verfügt, um weitere Erkundungsfahrten vorzunehmen. Cook dagegen nahm sich vor, die Meerenge mit der *Endeavour* zu durchsegeln. Er ließ einen kegelförmigen Steinhaufen errichten, in den er eine Silbermünze sowie einige Musketenkugeln und Glasperlen legte, und ließ ein Stück einer alten Flagge von der Hügelkuppe flattern. Er war überaus angetan von diesem Teil Neuseelands, und noch bevor sein Schiff die Bucht verließ, nahm er das Land im Namen des Königs offiziell in Besitz. Die Schiffszimmerer bereiteten zwei Markierungspfosten vor, die mit dem Datum und dem Namen des Schiffs versehen wurden. Cook ließ einen der Pfosten an der Wasserstelle errichten und suchte bei den Eingeborenen um die Erlaubnis nach, den zweiten Pfosten auf der äußeren Insel aufzustellen, die sie Motu-ouru nannten. Die Einheimischen versprachen, den Pfosten nicht niederzureißen, woraufhin Cook den alten Männern des Dorfes einige Threepenny-Münzen schenkte, in denen das Datum 1763 eingeprägt war. Außerdem schenkte er ihnen Eisennägel mit der tief eingravierten Pfeilspitze des englischen Königs. Die Nationalflagge wurde gehisst, dann öffnete man eine Flasche Wein, um auf das Wohl Seiner Majestät König Georgs III. zu trinken. Die leere Flasche schenkte Cook einem alten Mann mit tätowiertem Gesicht, gefurchter Stirn, Streifen aus roter Farbe im Gesicht, einem Bart, ergrautem Haar und Ohrringen aus »Green Talk« und Menschenzähnen. Als ein breites Lächeln die grauen Gesichtszüge erhellte, war Cook klar, dass dem alten Maori das Geschenk gut gefallen würde.

Cook versuchte, von dem Alten mehr über die geographischen Gegebenheiten des Landes zu erfahren. Die Auskünfte, die er erhielt, waren teilweise korrekt: Der Maori bestätigte, dass zur östlichen See eine Passage führte, und behauptete, dass das Land, auf dem sie standen, nicht Teil eines großen Kontinents sei. Sein Wissen über fernere Gegenden des Landes war allerdings bruchstückhaft, und überdies schien er eher zu raten – so sagte er beispielsweise, dass das Land aus drei Inseln bestehe und dass man zwei dieser Inseln in ein paar Tagen umrunden könne, die Umsegelung der dritten jedoch viele Monde dauern würde.

Die Reparaturarbeiten am Schiff waren beendet. Cook stockte den Vorrat an wildem Sellerie auf, die *Endeavour* wurde an der Warpleine aus dem Schlupfhafen herausgezogen und dann steuerte sie durch die Meeresstraße in das östliche Meer. Bald wurde die Existenz einer tatsächlichen Meeresstraße bestätigt, allerdings unterschlägt Cook in seinem Schiffsjournal, welchen Namen er der Entdeckung gab. Es blieb Banks überlassen, uns mitzuteilen, dass man der Passage den Namen »Cookstraße« gab – das erste topographische Merkmal, das nach Cook selbst benannt wurde. Das Schiff wandte sich nordwärts entlang der Küste und traf – nach nur einem Seetag – am Cape Turnagain ein, dort, wo das Schiff im vorigen Oktober gewendet hatte und nach Norden gefahren war. Die Umschiffung der Nordinsel war vollbracht; sie hatte von Oktober bis Februar gedauert – fast vier Monate. Es war an der Zeit, den Rest des unbekannten Kontinents zu erkunden.

Man fuhr südwärts die Küste entlang und setzte die kartographische Erfassung fort. Mit an Sicherheit grenzender Wahrscheinlichkeit war es Banks, der darauf bestand, die Meeresstraße nach Cook zu benennen; als eine große vorgelagerte Insel auftauchte, bestand der Kapitän wiederum darauf, sie »Banks Island« zu taufen. Die *Endeavour* segelte auf ihrem Weg nach Süden seewärts weiter, weshalb man nicht erkannte, dass es sich mitnichten um eine Insel handelte, sondern um eine Halbinsel, die mit dem Festland fest verbunden war. Diesen Fehler hätte man vermeiden können, aber John Gore hatte vorschnell erklärt, er könne nach Südosten hin Land sehen. Cook war da anderer Meinung, aber weil ihm niemand den Vorwurf machen sollte, auf der Suche nach Land nicht alles versucht zu haben, steuerte er in die Richtung, in die Gore gewiesen hatte. Man fand kein Land und Cooks Karte wird hier etwas ungenau. Inzwischen fuhren sie auf fast 46 Grad südlicher Breite, und Banks war voller Optimismus, was die Größe des Kontinents betraf. Er zitierte das Gerücht hinsichtlich der neueren Entdeckungen der Holländer, wonach sich der Kontinent weit nach Süden erstrecke:

> Weit von der Küste entfernt nahmen wir Messungen vor und das Land schien sehr hoch zu sein. Dadurch hatten wir abermals große Hoffnung, dass nun endlich unsere Wünsche in Erfüllung gegangen seien und dass es sich hier ganz sicher um einen Teil des Südkontinents handele; zumal wir einem Hinweis in manchen Büchern folgten, wonach die Holländer, die sich mit den Entdeckungen Tasmans nicht zufrieden gaben, später weitere Schiffe entsandt hätten, die das Land sahen und ihm südwärts bis auf 64° südlicher Breite folgten.

Banks übersah dabei geflissentlich, dass die Anzahl der Bewohner beträchtlich gesunken war. Vermutlich hielt er das für unwichtig – nachts sah man zwar gelegentlich noch den Rauch der Feuer, jedoch in immer größeren Abständen. Dennoch blieb er zuversichtlich. Die Mannschaft hingegen spaltete sich in eine Land- und eine Insel-Fraktion, wobei die Mitglieder der Land-Gruppe zahlenmäßig überwogen. »Land so weit im Süden gesichtet, dass unsere Ungläubigen fast geneigt sind zu glauben, die Vertreter der Kontinenttheorie könnten am Ende den Sieg davontragen.« Aufgrund der Wetterlage hatte es die *Endeavour* weit auf See verschlagen, weshalb es einige Tage dauerte, bis sie wieder die Küste erreichte. Am 9. März segelte man auf eine Klippenreihe zu, gegen die riesige Wellen brandeten. Um von ihr klar zu kommen, musste Cook nach Osten steuern; er hielt die Felsen für so gefährlich, dass er sie »The Traps« (»Die Fallen«) nannte.

Als man sah, wie die Sonne auf dem blanken Granit der Fraser Peaks auf Stewart Island glitzerte, wurden zahlreiche Vermutungen über die Mineralvorkommen des Landes angestellt. Die Küste nahm jetzt offensichtlich einen anderen Verlauf. Es schien, als wäre das Land einfach weggebrochen; tags darauf umrundete man weiter südlich ein Kap. Es wurde viel darüber diskutiert, ob das am weitesten südlich gelegene Land (Stewart Island) vom Festland getrennt sei, aber Cook hatte Grund zu der Annahme, dass es sich um eine Halbinsel handele. Auf Molyneux' Seekarte, die der des Kapitäns hinsichtlich Genauigkeit deutlich unterlegen war, erscheint das Land als Insel; auch Hicks war der festen Überzeugung, dass es mit dem Festland nicht verbunden sei. »Bei Sonnenuntergang lag das nordöstlichste Land fünf Leagues NO. Von dieser Stelle aus scheint es NzW eine Durchfahrt zu geben«, schreibt er am 6. März. Fünf Tage später notierte er, er habe die westliche Öffnung der Meeresstraße gesehen: »Die Passage befindet sich auf N 69° O bis N 72° O am äußersten Ende der großen Insel, wobei das südlichste Land der Straße zwischen S 72° O bis S 41° O liegt; Entfernung von der Küste 3 1/2 Leagues«. Während sie Stewart Island umsegelten, kam aus Südwest eine große Dünung.

> Allmählich glaubte ich, dass dies das südlichste Land ist und dass wir im Westen darum herumkommen müssten, denn seit dem letzten böigen Wind aus dieser Richtung hatten wir eine große, tiefe Dünung aus Südwest, was mich glauben lässt, dass sich in jener Richtung kein Land befindet.

Cook glaubte im Grunde nie daran, dass sie einen Kontinent gefunden hatten, doch nun, da man Stewart Island umsegelte, wurde der Traum, eine unentdeckte Welt zu finden, vollends zerstört. In gewisser Weise war dies der traurigste Augenblick der ganzen Fahrt. Der Traum von der *Terra Australis Incognita*, die seit Jahrhunderten die Karten der Südsee ausgefüllt hatte, löste sich in Luft auf. Wenn das, was sie in ihren Karten verzeichnet hatten, der Südkontinent war, dann war er auf die Größe der Britischen Inseln geschrumpft. Die unverbesserlichen Vertreter der Kontinenttheorie waren völlig entmutigt. Sie waren um die halbe Welt gesegelt und zahllose Monate auf den großen Meereswogen des Südpazifiks geritten, weshalb sie sich darüber im Klaren sein konnten, dass die Dünung nur eines bedeute: Hunderte von Leagues nach Westen gab es kein Land.

»Wehte den ganzen Tag frisch, was uns aber auch zum Punkt der völligen Zerstörung unseres Luftschlosses namens Kontinent führte«, artikulierte Banks treffend, was er fühlte. Bei Neuseeland handelte es sich zwar um eine recht bedeutende Entdeckung zweier großer bewohnter Inseln in der gemäßigten Zone, doch war es mitnichten die große kontinentale Landmasse, die ihnen vorschwebte und derentwegen sie über die Weltmeere gesegelt waren.

> Immer noch frische Böen und Wind, der uns nicht nach Norden vorwärtskommen lässt. Wir fuhren nahe der Küste, die sich als sehr hoch erwies, und die ungeheuer steilen Berge gewährten uns einen höchst erhabenen Anblick. Viele waren kegelförmig, die meisten hatten schneebedeckte Gipfel, waren aber an den Seiten und unten stark bewaldet, so weit wir das erkennen konnten; doch wegen des widrigen Windes konnten wir uns der Küste nicht weiter als bis auf zwei Leagues nähern.

Cook steckte einen weiträumigen Kurs: Er steuerte das Schiff auf die offene See und hatte dennoch Schwierigkeiten, das tückische Westkap zu umsegeln; nachdem er es aber umsegelt hatte, konnte er entlang der Westküste bei nachlaufender See gute Fahrt machen. Er stieß auf eine Felsenküste mit steilen vorgelagerten Klippen. Bei idealem Wetter hätte man das Schiff in eine der geschützten Buchten lenken können. Außerdem drängte es Banks, an Land zu gehen, um es botanisch zu untersuchen und die mineralischen Ablagerungen zu studieren, die er vom Schiff aus sah. Cook weigerte sich jedoch zu Recht, das Schiff aufs Spiel zu setzen. Es war eine gefährliche, klippenreiche Küste mit unvorhersehbaren Winden und Strömungen in Ufernähe. Banks war klar, dass er die Entscheidung des Kapitäns zu akzeptieren hatte.

Die Berglandschaft war hier ganz besonders imposant. Die niedrigeren Hänge waren grün und bewaldet, hinter ihnen stiegen die Berge steil an und dahinter wiederum ragte eine erhabene Bergkette nach der anderen auf. Die Gipfel waren mit hohem, tiefem Schnee bedeckt. Er war offenbar erst kürzlich gefallen, sah pulvrig aus und wies keine Spuren auf. Der Herbst rückte immer näher, aber wegen des Regens und des Nebels waren die Berggipfel nicht immer zu erkennen. Das Land, das sie nun in die Karten einzeichneten, war sehr schön und unberührt. Anzeichen, dass es bewohnt war, waren kaum auszumachen. Vom offenen Meer her blies ein frischer Wind, und das Schiff reagierte darauf, indem es gute Fahrt machte. Man kam also schnell voran, nur entlang der Küste nahe Cape Foulwind ging es langsamer. Dort warfen Gegenwinde das Schiff zurück, sodass es vom geplanten Kurs abkam. Aber das war nur ein vorübergehender Rückschlag, und bald gelangte die *Endeavour* wieder an jenen Abschnitt der Küste, wo einst Tasman seinen Landfall gemacht hatte. Sie segelten nach Nordost, bis sie das Kap am Ende der Südinsel Neuseelands erreichten. Sie befanden sich in vertrauten Gewässern, als das Schiff in eine Bucht kreuzte, die sie als die Tasman-Bucht erkannten, und steuerten wieder zum Königin-Charlotte-Sund, wo Cook Heizmaterial und Wasser laden und die Mannschaft mit dem dortigen Scharbockkraut verpflegen wollte, bevor er erneut Kurs aufs offene Meer nahm.

Es war Ende März und somit an der Zeit, hinsichtlich der restlichen Fahrt einen Entschluss zu fassen. Die Vorräte an Zucker, Salz und Tabak gingen allmählich zur Neige, doch wenn man die Mannschaft auf Zweidrittelration setzte, sollten sie noch für ein weiteres halbes Jahr reichen, glaubte man. Damit standen ihnen drei Möglichkeiten offen.

In seinem Tagebuch räumt Cook ein, dass er über Kap Hoorn nach Hause zurückkehren wollte. Er wollte den Pazifik in hohen Breiten durchqueren, um ein für alle Mal das Vorhandensein oder eben Fehlen des geschrumpften Südkontinents zu beweisen, an den einige seiner Besatzungsmitglieder immer noch hartnäckig glaubten. Doch rasch rückte der südliche Winter näher, und nach den Schlägen, die man bei der Umsegelung der Kaps von Neuseeland hatte einstecken müssen, waren Segel und Takelage stark mitgenommen. Da man die Route um Kap Hoorn bald als zu gefahrvoll ansah, blieben nur noch zwei Möglichkeiten: Entweder sie fuhren auf direktem Weg zum Kap der Guten Hoffnung, hielten sich dabei südlich von Van-Diemens-Land (Tasmanien) und segelten über die leere Wegstrecke des Ozeans, die Tasman bereits im Jahrhundert zuvor durchquert hatte, oder sie fuhren entlang der Breiten Neuhollands und hofften, die unbekannte Ostküste jenes Landes zu entdecken, das – wie Cook wusste – irgendwo dort liegen musste. Es hätte überhaupt nicht zu Cook gepasst, Tasmans Route zu folgen, wenn sich dabei nicht neue Entdeckungen machen ließen. Daher überzeugte er seine Besatzung, dass man nach der Ostküste Neuhollands suchen und ihr so weit wie möglich nach Norden folgen sollte. Das Vorhaben wurde einstimmig angenommen. Zwar musste man in diesem Fall mehrere Monate lang segeln, aber Cook hoffte, auf diesem Weg bis zu den von Quiros im Jahr 1606 entdeckten Inseln zu gelangen, zu beweisen, dass es zwischen Neuholland und Neuguinea eine Meeresstraße gab, und schließlich die Heimreise über Niederländisch-Indien antreten zu können.

Am darauf folgenden Tag kam aus Ost eine sanfte Brise. Auf der *Endeavour* wurde der Anker gelichtet, und die Matrosen setzten die Segel, um die Bucht zu verlassen und das Schiff aufs offene Meer zu steuern. Man hatte beide Inseln Neuseelands umrundet. Cook und mehrere seiner Offiziere hatte viel zu tun und mussten die Karten des neuen Landes vervollständigen. Und während sich die Segel im Wind bauschten, gedachten sie der Orte, die sie nun verließen: Young Nick's Head, Cape Kidnappers, die Mercury Bay, Mount Egmont, Cape Palliser, Königin-Charlotte-Sund. Auf der Südinsel Neuseelands finden sich viele Erinnerungen an ihre Entdeckungsfahrt – Banks Island, Cape Saunders, Solander Island, Cape Foulwind. Die letzte Landspitze, die sie Cape Farewell nannten, verschwand langsam im Dunst. Sie hatten die Geschichte ihrer Reise überall in die Gestade und Gebirge des Landes eingeschrieben, das sie für die Nachwelt entdeckt hatten. Man sprach davon, das

Land zu kolonisieren, sowie über die besten Orte für Häfen und Ansiedlungen. Cook arbeitete an seiner Karte von Neuseeland und gab den Hauptinseln die Namen der Eingeborenen: Aeheinomouwe und Tovypoenammu. Er schuf ein Meisterwerk der Kartographie des 18. Jahrhunderts.

> Die Karte, die ich gezeichnet habe, zeigt vorzüglich Gestalt und Ausmaß dieser Inseln, die Lage der Buchten und Häfen, die jene beherbergen, sowie die umliegenden kleineren Inseln. Und nun, da ich die Karte erwähnt habe, will ich jene Orte aufzeigen, die mit so viel Genauigkeit gezeichnet sind, dass man sich auf ihre Position verlassen kann, und jene, bei welchen das nicht der Fall ist, wobei ich mit Kap Palliser beginne und über das Ostkap mit Aechei no Mouwe fortfahre & cetera. Die Küste zwischen diesen beiden Kaps wird, so glaube ich, recht genau festgehalten, sowohl hinsichtlich Gestalt, Verlauf und der Entfernung von Punkt zu Punkt ... Da wir vom Kap Maria Vandieman bis hinauf zur Breite von 36° 15' der Küste selten näher als bis auf 5 oder 8 Leagues kamen, kann die Küstenlinie dieses Gestades an einigen Stellen fehlerhaft sein; von der oben genannten Breite bis fast zur Länge von Entry Island fuhren wir die gesamte Strecke nahe der Küste entlang, und es kam zu keinem Umstand, der mich hätte veranlassen können, einen bedeutenden Fehler zu begehen ...; für Tovy-peoammu kann ich dies jedoch nicht behaupten, da mir die Jahreszeit und die Umstände der Reise nicht gestatteten, so viel Zeit vor dieser Insel zu verbringen, wie ich es an der anderen getan hatte; überdies machte das windige Wetter, auf das wir häufig stießen, es sowohl gefährlich als auch schwierig, nahe der Küste zu fahren. Dennoch werde ich auf die Orte hinweisen, die in dieser Karte möglicherweise fehlerhaft sind, so wie ich es auf der anderen Karte getan habe. Vom Königin-Charlotte-Sund bis Cape Cambel und so weit nach SW bis zur Breite von 43° dürfte die Karte recht genau sein; zwischen dieser Breite und 44° 20' ist die Küste recht zweifelhaft beschrie-

ben, da wir einen Teil davon kaum, wenn überhaupt sahen. Von dieser letztgenannten Breite bis Cape Saunders befanden wir uns meist in zu großer Entfernung, als dass wir genau zeichnen konnten; zudem war das Wetter zur selben Zeit ungünstig. Die Küste, wie sie von Cape Saunders bis zum Südkap und sogar bis zum Westkap niedergelegt ist, ist zweifellos an vielen Stellen sehr fehlerhaft, da wir kaum je in der Lage waren, uns nahe der Küste zu halten, und bisweilen völlig davon fortgeweht wurden. Vom Westkap hinunter bis zum Cape Fare-Well und sogar bis zum Königin-Charlotte-Sund dürfte die Karte hinsichtlich der meisten Orte nicht sehr von der Wirklichkeit abweichen.

Cook und seine Mannschaft konnten nicht ahnen, dass ihr Besuch in der Überlieferung der Maori noch lange fortwirken sollte. Ein kleiner Junge namens Te Horeta, der an der Mercury Bay lebte, hielt bis ins hohe Alter an seinen Erinnerungen fest. Er entsann sich der Geschehnisse in seiner Jugend, wo ein fremdes Schiff vor der Küste auftauchte, und an fremdartig gekleidete Männer, die nach hinten schauten, wenn sie ihr Boot ruderten. Te Horetas Erinnerungen sind teilweise ungenau und durch Jahre der Tradition geformt, aber John Beaglehole, der die Überlieferungen gründlich studiert hat, ist vom Wahrheitsgehalt dessen Berichts überzeugt. Und so fasst er die wesentlichen Fakten zusammen, die es verdienen, hier in voller Länge wiedergegeben zu werden:

Mehr als achtzig Jahre später, als die ersten Siedler in Neuseeland eintrafen, erzählte ihnen ein uralter Häuptling namens Te Horeta, ein Mann, der in vielen Kriegen gefochten hatte, von der großen Begebenheit während seiner Kindheit. Ein Schiff sei gekommen gleich einem übernatürlichen Ding, und dessen Männer seien ihm wie übernatürliche Wesen erschienen, denn sie ruderten ihre Boote mit dem Rücken zur Küste, an der sie an Land gehen wollten. Hatten sie denn Augen hinten im Kopf? Sie zeigten mit einem

Stock auf eine Krähe, der Stock blitzte und donnerte, worauf die Krähe tot vom Himmel fiel; die Kinder fürchteten sich, liefen mit den Frauen fort und versteckten sich im Wald. Aber diese *tupua* – Kobolde oder Dämonen – waren freundlich und schenkten ihnen zu essen: etwas, das wie Bimsstein war, aber süß, und etwas anderes, das fett war, vielleicht Walfett oder Menschenfleisch, obwohl es salzig war und im Hals kratzte – Schiffsbrot oder Zwieback, gepökeltes Rind- oder Schweinefleisch. Es gab einen, der Muscheln, Blumen, Baumblüten und Steine sammelte. Sie luden die Knaben ein, mit den Kriegern an Bord des Schiffs zu kommen, und der kleine Te Horeta ging und sah, wie die Krieger ihre Umhänge gegen andere Güter tauschten, und sah einen, der eindeutig der Herrscher war, der Anführer der *tupua*. Er sprach selten, betastete jedoch die Umhänge, er nahm die Waffen in die Hand und tätschelte den Kindern die Wangen und berührte sie zärtlich am Kopfe. Die Jungen gingen nicht umher, denn sie hatten Angst, verzaubert zu werden, sondern saßen still da und schauten: und der große Herr gab Te Horeta einen Nagel, und Te Horeta sagte Ka pai, was »sehr gut« heißt, und die Leute lachten. Te Horeta benutzte diesen Nagel auf seinem Speer und dazu, Löcher in die Wände der Kanus zu bohren; er hielt ihn für einen Gott, aber eines Tages kenterte sein Kanu, und er verlor den Nagel, und obwohl er danach tauchte, konnte er ihn nicht finden. Und dieser Herr, der Anführer, gab Te Horetas Volk zwei Hand voll Kartoffeln, die sie pflanzten und pflegten; sie waren das erste Volk, das in diesem Land Kartoffeln besaß. (John White, *Ancient History of the Maori*, Wellington 1889)

8. KAPITEL

Australien

Die *Endeavour* verließ Neuseeland auf 40° 30' südlicher Breite. Cook beabsichtigte, auf dieser Breite zu fahren, bis er auf die Küste des Van-Diemens-Lands stieß, an der Tasman im Jahr 1642 seinen Landfall gemacht hatte. Das Schiff machte beständige Fahrt: An einem guten Tag legte es ein Etmal von mehr als 100 Seemeilen zurück. Am 16. April drehte der Wind jedoch nach Süd und Böen und Stürme verschlugen es nordwärts des gesetzten Kurses. Da das Sprietsegel fast völlig zerfetzt war, entschloss sich Cook, ganz darauf zu verzichten, und John Ravenhill flickte damit zwei Bramsegel. Der Klüver war eingerissen und in ähnlich schlechtem Zustand, deshalb ordnete Cook an, eines der Zelte zu zerschneiden und für die Ausbesserungsarbeiten zu verwenden. Zwei Tage später tauchten Schwärme neugieriger Seevögel auf. Als sie laut kreischend ihre Kreise um das fremde Schiff zogen, das in ihre Gewässer eingedrungen war, wussten die Seeleute, dass es bis zum Land nicht mehr weit sein konnte. Das Wetter blieb den ganzen Tag über und bis in die darauf folgende Nacht unbeständig; als der Morgen des 19. Aprils heraufzog, war gerade Zachariah Hicks im Topp. Von der Stelle etwas nördlich des Sonnenaufgangs bis ganz herum zum westlichen Horizont sah der Erste Offizier Land. Es war eine Küste, die noch kein Europäer erblickt hatte.

Mehr als ein Jahrhundert war seit Tasmans Reise in die süd-

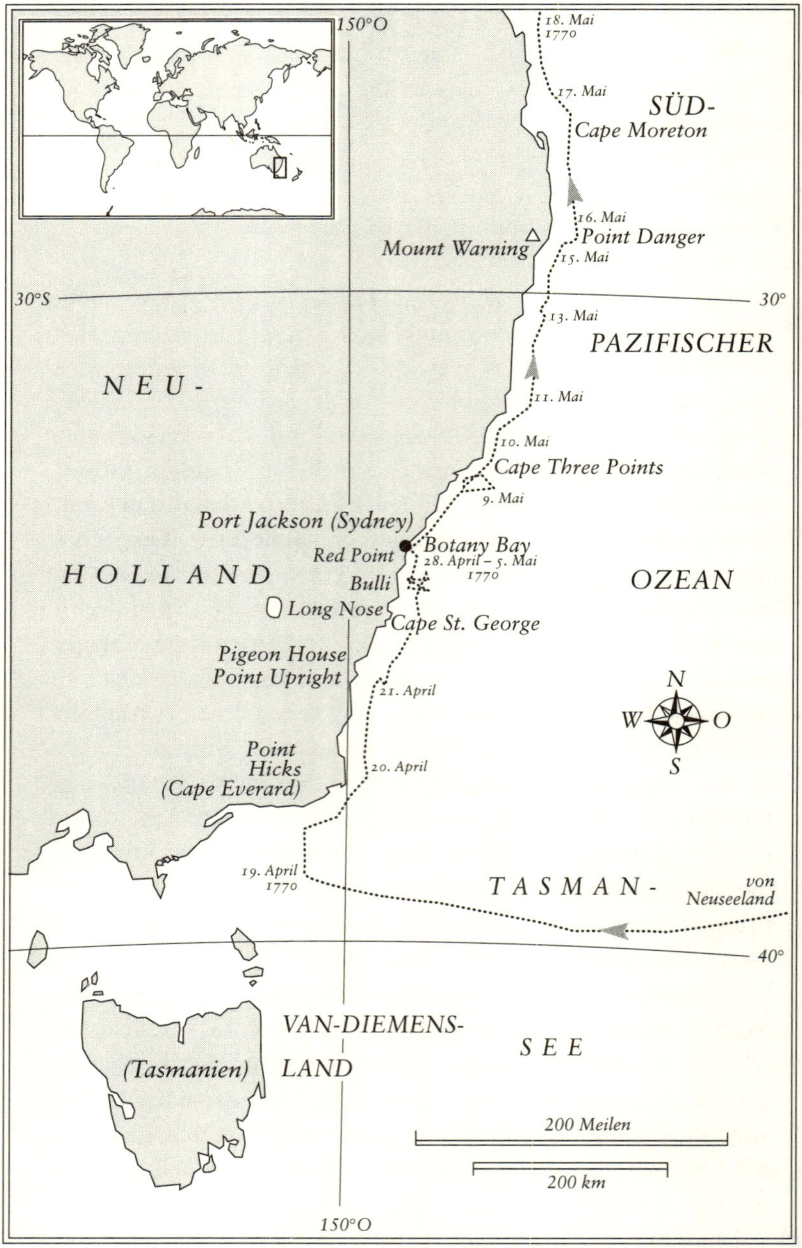
150°O
18. Mai 1770
17. Mai
SÜD-
Cape Moreton
16. Mai
Point Danger
15. Mai
Mount Warning
30°S
30°
13. Mai
PAZIFISCHER
NEU-
11. Mai
10. Mai
Cape Three Points
9. Mai
Port Jackson (Sydney)
Botany Bay
Red Point
28. April – 5. Mai 1770
HOLLAND
Bulli
OZEAN
Long Nose
Cape St. George
Pigeon House
Point Upright
21. April
N
W
O
S
Point Hicks (Cape Everard)
20. April
19. April 1770
TASMAN-
von Neuseeland
40°
VAN-DIEMENS-LAND
(Tasmanien)
SEE
200 Meilen
200 km
150°O

lichen Meere vergangen. Es gab keinen Anlass, am Wahrheitsgehalt seiner Logbücher zu zweifeln, doch passte der neue Landfall nicht zur Position des Ortes, den er Van-Diemens-Land genannt hatte. Die schwere Dünung bedeutete, dass es dort, wo Cook es vermutete, kein Land gab. Aber wenn sich in Richtung Süden kein Land befand, so konnte das nur bedeuten, dass es sich bei dem gesichteten Land nicht um Van-Diemens-Land handelte. Der Sextant zeigte, dass die südlichen Winde die *Endeavour* etwa drei Grad nordwärts von Tasmans Landfall verschlagen hatten. Cook rechnete daher damit, eine von Norden nach Süden anstatt von Osten nach Westen verlaufende Küste vorzufinden.

Er vermutete, dass zwischen diesem Landfall und Van-Diemens-Land eine Meeresstraße existierte und dass sie zufällig auf die Küste Neuhollands gestoßen waren. Allerdings bedeutete diese Hypothese auch, dass es sich bei Neuholland um eine sehr große Insel handelte, die fast die Ausmaße eines Kontinents hatte. War das Land, das vor ihnen lag, also die Ostküste Neuhollands? Oder war es ein ganz neues Land? Handelte es sich etwa um die sagenumwobene *Terra Australis Incognita*, die zu suchen sie so weit gesegelt waren, oder handelte es sich doch nur um eine weitere kleine Insel im Pazifik? Die Route der *Endeavour* sah vor, dass man nordwärts in Richtung Äquator fuhr. Das hieße, dass man, um die Existenz einer Meeresstraße nachzuweisen, den Plan ändern müsste – und dies würde zweifellos sehr viel Zeit kosten. In diesen nicht in den Karten eingezeichneten Gewässern würde man natürlich viel entdecken können; zu den zahlreichen Fragen, die zu beantworten wären, zählte auch die, ob sich das neue Land von diesen Breiten bis ganz zu der Breite Neuguineas erstreckte.

Als wollten sie die *Endeavour* willkommen heißen, erhoben sich drei emporschlängelnde Wasserhosen aus dem Meer. Zwei davon lösten sich zwar rasch wieder auf, aber die dritte blieb gut ein Viertelstunde lang zu sehen. Joseph Banks zeigte sich von dieser Naturerscheinung fasziniert:

> Sie sah aus wie eine Säule, war etwa so dick wie ein Mast oder mittlerer Baum und reichte von einer rauchfarbenen Wolke etwa zwei Drittel der Strecke bis zur Meeresoberfläche hinunter … Als sich die Röhre am weitesten entfernt vom Wasser befand, war sie vollkommen durchsichtig und ähnelte dabei sehr einer Glasröhre oder Wassersäule – wenn so etwas denn mitten in der Luft hängen kann; dabei zog sie sich oft zusammen und weitete sich; sehr selten verblieb sie senkrecht, vielmehr neigte sie sich meist bogenförmig in die eine oder andere Richtung, so wie man es beobachten kann, wenn der Wind einen leichten Gegenstand vor sich her treibt. Während der ganzen Zeit, da diese Erscheinung andauerte, schienen sich kleinere [Wasserhosen] in der Nähe formen zu wollen; dies gelang schließlich einer, die ungefähr so dick war wie ein Tau und sich ganz in der Nähe befand; daraufhin wurde sie länger als die voraufgehende, die sich in diesem Augenblick in ihrem kürzesten Zustand befand. Plötzlich verschmolzen beide, zogen sich allmählich zusammen und verschwanden in der Wolke.

Cook konzentrierte sich in seinem Tagebuch auf die Merkmale des Landes, das auf ihn flach und fruchtbar wirkte, sowie auf die praktischen Fragen hinsichtlich Breite und Länge:

> Gegen zwölf Uhr befanden wir uns auf der Breite von 37° 50' und der westlichen Länge von 219° 29', wobei sich die Endpunkte des Landes von NW nach ONO erstreckten; ein auffälliger Punkt lag N 20° O in einer Entfernung von 4 Leagues. Dieser Punkt erhebt sich zu einem runden Hügel, sehr ähnlich dem Ram Head am Eingang zum Plymouth Sound, weshalb ich ihm diesen Namen gab. Breite 37° 29', Länge 210° 22' W. Die mit Handpeilkompass ermittelte Missweisung betrug an diesem Morgen 8° 7' Ost. Was wir bisher von diesem Land gesehen haben, ist recht flach und nicht sehr hügelig; das Land ist grün und bewaldet, die Küste besteht jedoch ausschließlich aus weißem Sand.

Die südlichste Landspitze benannte man Point Hicks, nach dem Leutnant, der sie als Erster gesichtet hatte. (Es ist etwas bedauerlich, dass dieser Name die Zeitläufte nicht überdauert hat; die ersten Siedler nannten die Landspitze Cape Everard.) Die *Endeavour* wandte sich nach Osten und folgte dem Küstenverlauf. Schon bald stellte es sich heraus, dass man nicht eine kleine Insel, sondern eine große Landmasse entdeckt hatte. Wie sich zeigte, war Cook bei der Annahme, dass es sich um flaches Land handelte, voreilig gewesen, denn als es aufklarte und die Sicht besser wurde, sah man nahe der Küste einen Berg mit einem Höcker darauf, der dem eines Dromedars glich – man benannte ihn nach dem Tier, dem er ähnelte. Auch wurde etwas anderes deutlich: Wenn dies die Küste Neuhollands war, dann ähnelte sie in keiner Weise den Beschreibungen in den etwas dürftigen Berichten über die Gestade im Westen, die Abenteurer wie Dampier und die holländischen Seefahrer vor diesem mit nach Hause gebracht hatten.

Die Seeleute schauten ehrfürchtig und interessiert auf das Land, da sich ihnen nach jeder Umrundung einer Landspitze großartige neue Ausblicke boten. Abermals folgte das Benennen von Kaps und Landspitzen, die noch kein Europäer gesehen hatte. Cape Upright bestand aus nahezu senkrechten Klippen, Pigeon House (»Taubenhaus«) ähnelte seinem Namen, Cape St. George wurde am Sankt-Georgs-Tag gesichtet, Long Nose und Red Point wurden nach ihrer Form und Farbe benannt. Das Land war offenkundig bevölkert, denn am Tag sah man Rauch und nachts flackerten in den Wäldern rot glühende Feuer. Es dauert nicht lange, bis man in sicherer Entfernung die Eingeborenen selbst sah – sie liefen zu den Stränden hinunter und jagten im Wasser zwischen den Felsen mit Speeren nach Fischen.

Nach weniger als einem Segeltag wurde klar, dass die Küste nicht mehr nach Westen, sondern eher nach Norden verlief. Man fuhr mit der *Endeavour* auf der Suche nach einem geeigneten Landungsplatz weiter. Im Küstenverlauf wechselten Felsvorsprünge mit Sandstränden ab, an denen sich unablässig die weiß schäumende Brandung brach. Man musste so bald wie möglich an Land gehen, aber leider waren geschützte Buchten und tiefe, sichere Ankergründe mit der Möglichkeit zur Trinkwasseraufnahme schwer zu finden; auch nach sieben Tagen hatte man noch keine geeignete Stelle gesichtet. Daher fasste man den Entschluss, ungeachtet der starken Brandung, an einem der Strände an Land zu gehen. Das Schiff hielt einen Sicherheitsabstand von zwei Meilen. Man machte die Pinasse für die Landung bereit, aber kaum hatte man sie zu Wasser gelassen, lief das Wasser so schnell hinein, dass man sie zurück an Deck hieven musste, um sie zu reparieren. Stattdessen machte man jetzt die Jolle klar: Das kleinere Boot konnte aber gerade einmal vier Ruderer und drei Passagiere aufnehmen. Am Strand wartete bereits eine Gruppe Eingeborener auf sie. Nachdem man sich mit der Jolle dem Strand genähert hatte, erkannte man jedoch, dass an allen Stellen eine enorm hohe Brandung ging, weshalb eine Landung viel zu riskant gewesen wäre. (Dieser erste Versuch, in Australien an Land zu gehen, fand am Strand zwischen Bulli und Bellambi Point statt.)

Am darauf folgenden Morgen, dem 29. April, entdeckte man eine geschützte Bucht, die ein vielversprechender Ankerplatz zu sein schien. Robert Molyneux wurde vorausgeschickt, um Lotungen vorzunehmen. Bei seiner Rückkehr sprach er sich für den Ankerplatz aus. Die *Endeavour* wurde in die Bucht gelotst und am Nachmittag lag sie bei sechs Faden Wassertiefe sicher vor Anker.

Erneut näherte sich der Landungstrupp der Küste. Inzwischen hatte man die Pinasse auch repariert. In drei Booten mit insgesamt 30 oder 40 Mann Besatzung ging es diesmal an Land. Neben dem Kapitän fuhren im ersten Boot Banks, Solander, Tupia, der Cousin von Cooks Ehefrau – der junge Isaac Smith – und mehrere Seeleute mit. An beiden Enden des Strands sah man kleine Ansammlungen von Eingeborenenhütten. An der Stelle, auf die sie zusteuerten, hatte sich eine Schar Ureinwohner – Männer, Frauen und Kinder – versammelt. Man steuerte die Boote bewusst auf die Eingeborenen zu, denn man hoffte, ihre Bekanntschaft zu machen, um mehr über sie zu erfahren. Die Eingeborenen schienen den Neuankömmlingen jedoch nicht zu trauen und liefen in den Wald, sobald die Boote näher herangekommen waren. Offenbar wollte man aber seine angestammten Rechte verteidigen, denn zwei bedrohlich wirkende, handfeste Kerle mit Kraushaar und buschigen Bärten – sie waren schlank und knochig und hatten die Leiber mit weißer Farbe betupft – blieben zurück, um sich der Landungsgruppe entgegenzustellen. Die beiden Krieger wedelten drohend mit ihren Lanzen und riefen etwas, was weder Tupia noch irgendjemand sonst verstand. Cook gab einen Schuss aus seiner Muskete ab, damit sie Angst bekämen und davonliefen, bewirkte damit jedoch nur, dass sie zu einer Stelle zurückliefen, wo sie einen kleinen Vorrat an Wurfgeschossen angelegt hatten. Einer der beiden Männer hob einen Stein auf und warf ihn. Cook feuerte ein zweites Mal. Einer der Männer wurde von einer der Schrotkugeln am Bein getroffen, doch auch damit wurde kaum mehr bewirkt, als dass er etwa 100 Meter zu einer Hütte zurücklief und mit einem hölzernen Rundschild zurückkam, um sich zu verteidigen.

Die Boote gelangten zu einem Felsen, der ihnen als Landungssteg diente. Der Kapitän wollte gerade einen Schritt an Land tun, da erkannte er die historische Bedeutung dieses Augenblicks. »Isaac«, sagte er und wandte sich mit großzügiger Geste an seinen 18-jährigen Verwandten. »Du sollst als Erster an Land gehen.« Isaac Smith sollte das seinen Lebtag nicht vergessen: Er war der erste Europäer, der einen Fuß auf den neuen Kontinent setzte. Diese Geschichte erzählte er bis ins hohe Alter immer wieder gern. Aber man hatte wenig Zeit, den großen Moment gebührend auszukosten. Die Eingeborenen waren offenbar zu dem Schluss gekommen, dass die langsamen und behäbigen Eindringlinge sie auf ihrem eigenen Territorium nicht fangen konnten. Aus sicherer Entfernung schleuderte einer der Eingeborenen mittels eines Wurfstocks ein Wurfgeschoss. Sydney Parkinson behauptete, das Wurfgeschoss sei ihm direkt vor die Füße gefallen und habe wie eine Lanze oder ein langer Pfeil ausgesehen. Cook gab einen dritten Schuss ab, worauf sich die Ureinwohner langsam in den Wald zurückzogen; einige Männer der Landungsgruppe machten sich an die Verfolgung. Der übermäßige Einsatz von Feuerwaffen gegen die Eingeborenen sah Cook gar nicht ähnlich; vielleicht lagen ja aufgrund einiger der Erlebnisse in Neuseeland seine Nerven blank. Nach wie vor wollte er jedoch auf freundliche Weise die Bekanntschaft der Eingeborenen machen.

Bei der Inspizierung der kleinen Hütten, die man schon während der Heranfahrt erblickt hatte, sah man, dass sie aus Baumrinde gefertigt waren. Man entdeckte dort eine Hand voll Kinder, die von den Eltern zurückgelassen worden waren; man gab ihnen Glasperlen zum Spielen.

Als Nächstes galt es, Frischwasser zu finden. Trinkwasser war der Faktor, der bestimmte, ob man lang genug bleiben konnte, um das Terrain ausreichend zu erkunden. Man grub bis zum Grundwasser im Sand, wo aber nur brackiges Wasser zum Vorschein kam. Reines Wasser fand man lediglich in einem kleinen Rinnsal, das aber so schwach war, dass man die Fässer damit nur mit Mühe würde füllen können.

> Wir fanden hier etwas Frischwasser, das aus den Felsen herauströpfelte und in den Becken dazwischen aufgefangen wurde; jedoch war es so schwierig, an das Wasser zu gelangen, dass ich am Morgen eine Gruppe Männer an Land zu der Stelle schickte, an der wir zunächst gelandet waren, wo diese Löcher in den Sand graben sollten; dabei entdeckte man ein kleines Bächlein, das ausreichend Wasser zur Versorgung des Schiffs führte. Die Glasperlenketten etc., die wir gestern Abend den Kindern zurückgelassen hatten, lagen heute Morgen noch immer in der Hütte; vermutlich haben die Eingeborenen Angst, sie mitzunehmen. Nach dem Frühstück gingen wir mit einigen leeren Fässern und einer Gruppe von Männern an Land, die Holz schlagen sollte; ich selbst fuhr in der Pinasse los, um die Bucht auszuloten und die Gegend zu erkunden; dabei sah ich mehrere der Einge-

borenen, aber alle flohen, als ich näher kam. Ich ging an zwei Orten an Land; aus einem waren die Menschen kurz zuvor geflohen, denn wir entdeckten kleine Feuerstellen und frische Muscheln, die darauf brieten – hier lagen auch große Haufen der größten Austernschalen, die ich je gesehen habe.

Es gab viel zu tun. Am Schiff mussten kleinere Reparaturen und Instandsetzungsarbeiten durchgeführt werden, das Land, das vor ihnen lag, musste kartiert und vermessen, das Logbuch musste auf den neuesten Stand gebracht, Berichte und Tagebücher mussten vervollständigt, mit den scheuen Eingeborenen musste irgendeine Art von Kontakt hergestellt werden. Die Seesoldaten organisierten die Verteidigung der Landgruppe. Die Matrosen fuhren fort, Wasser in die Fässer zu füllen. John Satterly und sein Maat Edward Terrel untersuchten den Zustand der äußeren Planken des Schiffs. John Ravenhill und sein Segelmachermaat breiteten die zerschlissenen Segel aus, um sie zu flicken. An der Nordseite der Bucht ging den Männern eine große Menge Fisch ins Netz. Leutnant Gore fuhr in einem der Boote los, um mit dem Schleppnetz Austern zu fischen. Charles Green nahm die Höhe der Sonne und ermittelte eine Breite von 34 Grad, dann machte er sich an die schwierigere Aufgabe, die Länge zu bestimmen. Banks und Solander begannen – wie zu erwarten – Pflanzen zu sammeln; wohl kein Botaniker kann jemals glücklicher als diese eifrigen Sammler gewesen sein, vor denen sich ein ganz neuer Kontinent auftat. Sie sammelten so viele Arten, dass sie diese nur mit größter Anstrengung erhalten konnten. Eines der großen Segel wurde am Strand ausgebreitet, auf dem man 200 Blätter Löschpapier auslegte, mit deren Hilfe die Botaniker ihre Proben konservierten. Banks fand heraus, dass sich die Pflanzen, wenn man sie einen Tag lang der Sonne aussetzte und regelmäßig wendete, in gutem Zustand hielten und somit konservieren ließen. Die Zeichner hielten eifrig die Pflanzen und Landschaftsszenen fest.

Eine Gruppe neugieriger Eingeborener näherte sich dem Lager bis auf 100 Schritt. Zachariah Hicks versuchte, mit ihnen zu sprechen und Handel zu treiben, indem er ihnen Glasperlen, Nägel und andere Geschenke anbot, aber sie schienen an diesen nutzlosen Kinkerlitzchen kein Interesse zu haben. John Gore näherte sich einer anderen Gruppe bis auf 20 Schritt, konnte mit ihr aber nicht ins Gespräch kommen. William Monkhouse traf dieselbe Gruppe und täuschte in der Hoffnung, die Eingeborenen würden ihm folgen, einen Rückzug vor: Sie verhielten sich abwartend und misstrauisch, kamen aber nicht so nahe heran, dass er mit ihnen auf Fühlung gehen konnte. Einer der Fähnriche traf einen alten Mann, der von einer Frau und zwei kleinen Kindern begleitet wurde. Er konnte sich ihnen so weit nähern, dass er mit ihnen sprechen und ihnen einen Papagei anbieten konnte, den er geschossen hatte, aber sie wichen ängstlich und erschrocken vor dem toten Vogel zurück; vermutlich hatten sie Angst und weigerten sich deshalb, mit dem weißen Mann zu sprechen.

Die *Endeavour* blieb eine Woche lang in der Bucht. Jeden Tag wurde die Nationalflagge gehisst. In einen Baum schnitzte man eine Inschrift, aus der der Tag des Besuchs und der Name des Schiffs hervorging. Schon bald drängte die Zeit, wieder weiterzufahren. Im Morgengrauen des 5. Mai blies aus Nordwest ein leichter Wind, der Anker wurde gelichtet und die *Endeavour* schob sich langsam hinaus aufs offene Meer. Die Abreise wurde von einem Trauerfall überschattet, denn einer der Seeleute starb: Forby Sutherland, der seit der Umsegelung von Kap Hoorn an Tuberkulose erkrankt war. Man beerdigte ihn neben der Wasserstelle in der Nähe des Lagers, eine halbe Welt entfernt von seinem Zuhause auf den Orkney-Inseln. Cook fand es angebracht, den südlichsten Punkt der Bucht nach ihm zu benennen. Am letzten Tag kehrte die Jolle mit einem Fang Stachelrochen zurück, die insgesamt vier Zentner auf die Waage brachten. Der Kapitän überlegte, ob er den Ort nicht Sting Ray Harbour (»Stachelrochen-Hafen«) nennen sollte. Er wendete den Gedanken hin und her und überlegte, ob die euphorischen Botaniker, die sich von der Vielzahl neuer Arten so überaus begeistert gezeigt hatten, nicht vielleicht doch kennzeichnender für diesen Ort wären. Wie wäre es also, ihn Botanist's Bay zu nennen? Er entschied sich dann aber noch einmal um: »Die Vielzahl neuer Pflanzen etc., die Mr. Banks und Dr. Solander an diesem Ort sammelten, veranlasste mich, ihm den Namen *Botany Bay* zu geben. Diese Bucht ist gelegen auf 34° 0' S, 208° 37' W.«

Die *Endeavour* steuerte auf Kurs Nordnordost an der Küste entlang. Nach nur drei Leagues sichtete man eine weitere Bucht beziehungsweise Hafen, der ebenfalls ein sicherer Ankerplatz zu sein schien – man nannte ihn Port Jackson. »Das Land, an dem wir den ganzen Nachmittag vorbeisegelten, war zerklüftet und scheint geeignete Häfen zu bieten«, notierte Banks. Die Seeleute konnten in die offene Einfahrt von Port Jackson blicken, aber man hielt nicht an, um den Hafen genauer zu erkunden. So blieb Sydney Harbour, einer der schönsten Naturhäfen der Welt auf der Südhalbkugel, unentdeckt.

Zwei Tage lang kam der Wind aus Nord, sodass man mit dem Schiff nicht vorwärts kam. Am Abend des 9. Mai – man war vor Cape Three Points – schien hinter einer Wolke kräftig die Sonne hervor; Sydney Parkinson beschrieb einen hellen Regenbogen, zu dem ein zweiter hinzukam: »Zwei der schönsten Regenbogen, die ich bislang gesehen habe: Die Farben waren kräftig und lebendig; die des inneren Bogens waren so hell, dass sich der Schatten auf dem Wasser spiegelte (Reflexion). Die Regenbogen bildeten einen vollständigen Halbkreis, wobei der Raum zwischen ihnen viel dunkler als der übrige Himmel war.«

Der Wind drehte nach Süd, und das Schiff konnte ein Etmal von zwei Breitengraden zurücklegen. Das Land erinnerte in seiner Art an die Botany Bay, doch während sie nordwärts segelten, wurde die Küste zunehmend gefährlicher, und mehrere Seemeilen vor der Küste sah man Brecher – ein Indiz, dass sich dort Untiefen und seichtes Wasser befanden. Ein Kap wurde Point Danger benannt, ein Gipfel im Landesinneren – als warnende Landmarke für künftige Seefahrer – Mount Warning.

Die *Endeavour* segelte in sicherer Entfernung weiter, doch nahe genug, dass man die Küste weiterhin einigermaßen genau kartieren konnte. Das nächste Kap nannte man nach dem Präsidenten der Royal Society Cape Moreton; in Wirklichkeit handelt es sich um eine Insel, aber man war zu weit entfernt, um das erkennen zu können. Hinter dem »Kap« waren eine schöne Bucht und eine Flussmündung zu sehen. Der Kapitän kletterte in den Topp. Von dort aus konnte er hinter der Bucht eine Hochebene erblicken.

Die schwere Dünung aus Südost hielt noch zwei, drei Tage an. Schließlich gelangte das Schiff ans Ende einer langen Insel, deren Nordspitze eine Nehrung bildete. Da es vor ihnen offenbar Untiefen gab, wurde ein Boot losgeschickt, um Lotungen vorzunehmen. Das Schiff umfuhr das Ende der langen, schmalen Nehrung und geriet dadurch in ruhigeres Gewässer. Die Nehrung wurde Break Sea Spit genannt. Weitere Lotungen wurden bei einer so ruhigen und klaren See vorgenommen, dass Joseph Banks behauptete, noch in 20 Faden Tiefe den Meeresgrund zu sehen. Man verlieh der Bucht den Namen Hervey Bay nach John Hervey, einem Marineoffizier, dem späteren dritten Graf von Bristol.

Am 24. Mai überquerte die *Endeavour* die Grenze zu den Tropen; einem Felsvorsprung, von dem man glaubte, er liege exakt auf der Breite des südlichen Wendekreises, also des Wendekreises des Steinbocks, gab man den Namen Cape Capricorn (»Kap Steinbock«). Auch zweier ranghoher Seeoffiziere, Augustus Keppel und Charles Townsend, wurde durch Ortsnamen gedacht. Es war nicht zu leugnen, dass das Schiff sehr träge segelte. Der Rumpf war mittlerweile mit Seegras und Entenmuscheln überzogen, die in den warmen, tropischen Gewässern gut gediehen. Man benötigte einen Meeresarm mit großem Tidenhub, eine Stelle also, an der das Schiff sicher auf Grund gesetzt werden konnte, um das Unterwasserschiff zu reinigen. Sämtliche Seebuchten, die sie untersucht hatten, boten ähnliche Probleme: Die Lotungen zeigten flaches Gewässer und sehr unterschiedliche Wassertiefen. Es würde nicht leicht werden, eine wunschgemäße Stelle zu finden. Das eine Mal betrug die Wassertiefe 14 Faden, während das Schiff hart am Wind ostwärts segelte, das andere Mal, beim nächsten Wurf der Leine, lediglich dreieinhalb Faden, wobei das Schiff weiter auf seichtes Gewässer zusteuerte. Es blieb keine Zeit mehr, die Segel zu reffen. Für derartige Notfälle hielt man aber stets einen Anker bereit, den man jetzt auch eilig über das Heck herunterließ, sodass das Schiff jäh zum Stehen kam, wobei sich alle Segel blähten. Wertvolle Zeit ging in einer kleinen Bucht verloren, in der Cook und Molyneux einen geeigneten Ort fanden, an dem man das Schiff an Land setzen konnte. Das einzige Süßwasser, das man dort fand, stammte aus einem von Insekten verseuchten stehenden Becken. Man nannte den Ort Thirsty Sound (»Durstsund«).

Ungeachtet der Gefahren, die wegen der Untiefen drohten, folgte Cook dem Küstenverlauf. Er entdeckte eine Durchfahrt zwischen einer Insel und dem Festland; man nannte sie Whitsunday Passage (»Pfingstsonntag-Passage«), da man sie an jenem Feiertag entdeckte. Eine Insel erhielt den Namen Magnetic Island, weil sie offenbar die Kompassnadel beeinflusste. Es war nicht das erste Mal, dass dem Schiffsmeister Schwankungen der Kompassnadel entlang dieser neu entdeckten Küste aufgefallen waren; einer solchen Missweisung war man auch am Kap Dromedar begegnet. Damals hatte sich Joseph Banks beiläufig an dem Problem interessiert gezeigt:

> Im Gespräch machte der Master heute eine Bemerkung über die Abweichung der Kompassnadel, die mich sehr erstaunte, da sie neu für mich war und viel Licht auf die Theorie dieser Erscheinung warf. Die Missweisung ist hier sehr gering, sagt er: Er hat die Linie dreimal passiert, und in allen diesen Fällen wie auch bei dem jetzigen hat er beobachtet, dass die Nadel sehr unruhig war, sich sehr leicht bewegte und kaum einmal ruhte; das zeigte er mir. Darüber hinaus erklärte er mir, dass an mehreren Orten, an denen er gewesen, das Land eine bemerkenswerte Auswirkung auf die magne-

tische Deklination hatte, so wie an dem Ort, an dem wir uns jetzt befinden: bei 1 oder 2 Leagues von der Küste betrug die Misweisung 2 Grad weniger als bei einer Entfernung von 8 Lgs.

Es gibt mehrere mögliche Erklärungen für die Kompassmissweisung: Eine verbreitete Fehlerursache hierfür waren metallische Objekte im Schiff. Überdies lässt die Tatsache, dass die Kompassnadel nicht leicht ruhte, auf einen großen Neigungswinkel im Magnetfeld der Erde schließen.

Während der Suche nach einer geeigneten Stelle, an der man das Schiff überholen konnte, um es auszubessern, ergab sich ein drängenderes Problem: Es handelte sich um einen gravierenden Verstoß gegen die Disziplin auf See, bei dem es um Richard Orton ging, den Sekretär des Kapitäns. Orton hatte sich nicht gerade als Musterknabe erwiesen. Gelegentlich benahm er sich achtlos und eigensinnig, außerdem hatte er offenbar mit den gewöhnlichen Matrosen eine Angewohnheit gemein – er trank zu viel. Doch soweit man weiß, war er bei der Mannschaft beliebt und hatte sich keine Feinde an Bord gemacht. Es war daher ein großer Schrecken für den Kapitän, als er seinen Schreiber, dem man sämtliche Kleidung vom Leib gerissen hatte, in dessen Koje entdeckte: Er lag blutüberströmt mit verstümmelten Ohren da.

Cook war außer sich. Er fand heraus, dass James Magra, ein Fähnrich aus New York, Orton bei ein, zwei früheren Trinkgelagen aus Übermut hinten die Kleidung abgeschnitten hatte, während dieser betrunken schlief – deshalb schien es auf der Hand zu liegen, dass Magra der Schuldige war. Der Seekadett stritt das Vergehen energisch ab, und irgendetwas an seiner Aussage vermittelte Cook den Eindruck, dass er möglicherweise die Wahrheit sagte. Damit steckte Cook in der Klemme, denn wer war der Missetäter, wenn nicht James Magra? Am verwirrendsten aber war: Wie hatte überhaupt jemand in den beengten Räumen eines Schiffs wie der *Endeavour* so etwas unbemerkt tun können? Irgendjemand musste doch dafür verantwortlich sein! Es war die Pflicht des Kapitäns, diese Person zu finden und zu bestrafen. Cook legte immer großen Wert darauf, in all seinem Tun und Handeln äußerst gerecht zu sein; was seine Anschuldigung Magras betraf, war er sich also ungewiss, und das brachte ihn in eine schwierige, verwundbare Position:

> Mr. Orton ist kein Mann ohne Fehl, doch nach allen Nachforschungen, die ich vornehmen konnte, schien es mir offenbar zu sein, dass er keineswegs eine solche Behandlung verdiente, insofern er niemanden an Bord absichtlich geschädigt hatte, sodass ich ihn als Geschädigten betrachte und immer betrachten werde. Jedoch lassen sich einige Gründe anführen, warum ihn ein solches Unglück ereilte, welches er sich bis zu einem gewissen Grade selbst zuzuschreiben hat; da dies aber nur Vermutungen sind und dadurch irgendwelchen Leuten an Bord die Schuld zugeschrieben wird, von denen ich kaum glaube, dass sie sich einer solchen Tat schuldig gemacht haben, werde ich nichts darüber sagen, es sei denn, ich werde im Folgenden die Missetäter ausfindig machen, wozu ich alles in meiner Macht Stehende tun werde, denn ich betrachtete solche Vorgänge auf einer Reise wie dieser als außerordentlich gefährlich und als die größte Beleidigung, die man meiner Autorität auf diesem Schiff zufügen kann.

Die *Endeavour* war ein Schiff der Royal Navy. Theoretisch waren deshalb alle Besatzungsmitglieder berufsmäßige Seeleute. Praktisch jedoch wurden viele durch Presskommandos zwangsrekrutiert. Dennoch waren sie alle erfahrene Matrosen, denen die beengten Verhältnisse unter Deck nicht viel ausmachten. Es dürfte allerdings mehr Zank und Streit unter Offizieren und Mannschaft gegeben haben, als die Tagebücher verzeichnen. Cook wusste auch, dass es die Seeleute in den beengten räumlichen Verhältnissen unterdecks nur dann lange miteinander aushielten, wenn an Bord strikte Disziplin herrschte.

Die Zeit, um die Pinasse vorauszuschicken, die Zeit, um die Tiefenlotungen und Peilungen für die kartographische Erfassung vorzunehmen – das alles führte zusammengenommen dazu, dass die *Endeavour* nur langsam vorwärts kam. Den Naturforschern bot sich dadurch aber eine fast ideale Situation. Ganz anders als in Neuseeland hatten sie nun jede Menge Gelegenheit, die Küste zu erforschen und hin und wieder Ausflüge ins Landesinnere zu unternehmen, wenn das Schiff vor Anker lag. Das Land war zum großen Teil von Bäumen bedeckt, von denen der Gummibaum oder Eukalyptus, dessen Blätter dem Koala so gut schmeckten, am häufigsten vorkam. Manche Bäume ähnelten Kiefern, andere dagegen erinnerten an die Immergrüne Virginische Eiche aus Amerika. Eine Art trug eine kleine Frucht von der Größe eines Holzapfels. Wie sich herausstellte, war diese Frucht essbar. Sie schmeckte wie Haferpflaume, hatte aber einen ziemlich großen Kern, was den Verzehr wenig genüsslich machte. Etliche neue Pflanzenarten wurden entdeckt. Die Marschgebiete an der Küste standen bei Flut unter Wasser und waren mit Mangroven bedeckt. Oft gab es wenig oder gar kein Unterholz, sodass man mühelos zwischen den Bäumen hindurchspazieren konnte.

Die erste Expedition ins Landesinnere hatte man in der Botany Bay unternommen, wo sich die Landungsgruppe zum Schutz gegen die Eingeborenen mit zehn Musketen bewaffnete. Diese Vorsichtsmaßnahme hatte sich als unnötig herausgestellt – oder war ein exzellentes Abschreckungsmittel gewesen, denn den ganzen Tag sahen sie nur einen einzigen Ureinwohner, der sofort die Flucht ergriff, kaum dass er sie gesehen hatte. Die einzigen Schüsse, die abgefeuert wurden, dienten dazu, Banks' unstillbaren Jagdhunger zu befriedigen. Das Gebiet in der Umgebung der Botany Bay war zum größten Teil von Sumpf- oder leichtem Sandboden bedeckt. Man sah zwar keine großen Tiere, aber viele Hinweise, dass es solche gab: ein Känguru und ein Dingo hatten ihre Losung hinterlassen. Man entdeckte ein kleines Tier, das wesentlich dazu beitrug, dass Banks' Windhund ein schmerzhaftes Missgeschick zustieß:

> Wir sahen einen Vierfüßer von der Größe eines Kaninchens. Kaum hatte mein Windhund ihn erblickt, da stieß er gegen einen im langen Gras verborgenen Baumstumpf und lahmte daraufhin; wir sahen auch die Losung eines großen Tieres, das sich von Gras ernährt hatte, welchselbiges sehr dem eines Hirschen ähnelte; außerdem die Fährte eines Tieres, das Klauen wie die eines Hundes oder Wolfs hatte und so groß wie Letzterer war; und die eines kleinen Tieres, dessen Pfote denen eines Iltisses oder Wiesels ähnelte. Über uns in den Bäumen hockten zahllose Loris und Kakadus, von denen wir mehrere erlegten; diese beiden Arten flogen in Schwärmen von mehreren Dutzend.

Zunächst glaubte man, Landtiere seien selten – was aber darauf zurückzuführen war, dass sie sich leicht im Gebüsch verstecken konnten. Einer der Seeleute beschrieb ein Geschöpf, das so schwarz und hässlich war, dass er meinte, der Teufel persönlich sei hinter seiner armen Seele her. Er schilderte das Tier als »etwa so groß und sehr ähnlich einem Gallonenfässchen, schwarz wie der Teufel, mit zwei Hörnern auf dem Kopf, es ging langsam, aber ich traute mich nicht, es anzufassen«. Er erwähnt zudem, dass dieses satanische Geschöpf Flügel hatte – die Beschreibung passt recht gut auf den Australischen Flughund.

Man sah ein großes, schlankes, mausgraues Tier, das Tieren, die man aus Europa oder irgendeinem anderen Kontinent kannte, in kaum einer Weise ähnelte. Es hielt sein Gleichgewicht durch einen langen Schwanz und sprang wie ein Hase. »Wir beobachteten zu unserer großen Verwunderung, dass das Tier, anstatt auf allen vieren zu gehen, auf zwei Beinen ging und dabei weite Sprünge vollführte wie ein Jerbua [Jerboa: afrikanische Wüstenspringmaus, die mit den Hinterbeinen hüpft]«, schrieb der verblüffte Banks, als er diese Art der Fortbewegung zum ersten Mal sah. Und Cook notierte: »Das Haupt, der Hals und die Schultern dieses Tieres waren sehr klein im Verhältnis zu den anderen Teilen. Der Schwanz war fast so lang wie der Körper; er war dick am Rumpfe und wurde seinem Ende zu dünner … Seine Fortbewegung erfolgt durch Hüpfen oder Springen, und jeder Sprung beträgt 7 oder 8 Fuß, wobei es nur die Hinterbeine benützt, die vordern haben daran keinen Anteil; diese scheinen nur zum Kratzen in der Erde etc. zu dienen.« Erstaunt stellten die Seeleute fest, dass das Tier dem Windhund mühelos davonlaufen konnte, wobei man jedoch berücksichtigten musste, dass das hohe Gras, über welches das Tier mühelos hinwegsprang, den Hund stark behinderte. Der Name der Ureinwohner für das Tier lautete »Känguru« – die Wissenschaftler nahmen die Bezeichnung sofort in ihren Sprachgebrauch auf.

Es gab aber noch viele andere Arten. Da waren Ratten, Eidechsen, Schlangen, Skorpione und Insekten, die alle zu zahlreich waren, um sie vollständig zu klassifizieren. Einmal sah man auch ein Krokodil. Das Meer war überall klar und fischreich: Man fand kleine Haie, Lippfische, Meeräschen, Brassen und viele andere, für die die Matrosen ihre eigenen Namen hatten: Schweinstisch, Fünffinger, Stachelrochen und Peitschenrochen. In Ufernähe lebten Herzmuscheln, Miesmuscheln, Taschenkrebse, Felsaustern und Mangrovenaustern, Perlaustern und die großen, köstlichen Schlickaustern. Zu seiner großen Freude entdeckte Banks einen Fisch von der Größe eines Hornhechts, der sich offenbar zu Lande wie zu Wasser gleich zu Hause fühlte. Das Tier hatte zwei kräftige Brustflossen, die es ihm ermöglichten, wie ein Frosch auf den Schlammbänken entlangzuhüpfen. Begeistert sahen die Naturforscher zu, wie es behände und selbstbewusst über dem Wasser von Stein zu Stein sprang. Zum ersten Mal sahen sie den Australischen Schlammspringer.

Das Korallenriff war der Lebensraum einer Schildkröte mit grünem Panzer. Banks und Solander hatten weder die Zeit noch die Mittel, all das farbige Getier zu untersuchen, von dem es in dem Riff nur so wimmelte, dafür aber sah man Seeschlangen und Fische mit schöner Farbgebung, darunter einen Hornhecht, der mitten aus dem Wasser senkrecht in ihr Boot sprang. Zu den Seevögeln gehörten die vertrauten Reiher, Tölpel, Möwen, Brachvögel und Pelikane. Einige Landvögel – die Trappen, Adler, Habichte und Krähen – ähnelten ihren englischen Vettern; andere, wie beispielsweise der weiß-braune Kakadu, die Papageien und Loris mit ihrem bunten strahlenden Gefieder, waren dagegen kennzeichnend für ein wärmeres, subtropisches Klima. Mit dem Blick des Künstlers beschrieb Sydney Parkinson einige dieser Tropenvögel und beweist somit zugleich seine exzellenten naturgeschichtlichen Kenntnisse:

> Zwei Arten von wunderschönen Langschwanzpapageien; ein sehr ungewöhnlicher Falke, schwarz-weiß gescheckt ... die Iris resp. die Augen sehr breit, von tief scharlachroter Farbe, ins Orangefarbene spielend, der Schnabel schwarz, die Wachshaut am Schnabel ein schmutziggraues Gelb, die Füße waren von einem tiefen Goldton oder dunklem Lederton wie Königsgelb ...; große schwarze Kakadus, mit scharlachroten und orangefarbenen Federn am Schwanz und einigen weißen Flecken zwischen Schnabel und Ohr wie auch einem auf jedem Flügel; ein Ziegenmelker oder Schwalm; ein Specht oder Bienenfresser; große Fledermäuse; ein kleiner Vogel mit Kehllappen von einem tiefen Orangerot; ein Vogel wie ein Moorhuhn, der Kehllappen von einer schönen ultramarinen Farbe hatte und dessen Schnabel und Beine schwarz waren; eine Eule, deren Iris von goldener Farbe war, die Pupillen dunkelblau; eine große schwarz-weiße Möwe mit hellgelbem Schnabel, am gewölbten Teil davon befand sich ein scharlachroter Fleck – die Schnabelwinkel und die Iris der Augen waren von einem hellen Scharlachrot, die Beine und Füße von einem grünlichen Gelb; eine Amsel der Austernknacker-Art mit hellrotem Schnabel außer zur Spitze hin, wo er gelb war; die Farbe der Augen ein helles Scharlachrot, Regenbogenhaut hellorange; Füße und Beine von einer Ale-roten Farbe; ein großer olivfarbener Vogel der Klasse der Kreuzschnäbler, dessen Iris der Au-

> gen eine Gallensteinfarbe hatte, mit schwarzen Pupillen; eine schwarz-weiße Krähe, deren Iris ein schöne dunkelgrüne Farbe hatte, die Pupillen schwarz, die Haut um die Augen von einer berggrünen Farbe, der Schnabel ein Hellgrau, auf jeder Seite einen klargelber Fleck, die Füße waren schwarz ...

Auf den Sandbänken lebte eine Art Pelikan, der größer als ein Schwan war und fast fünf Fuß maß. Man entdeckte eine Art Trappe, so groß wie ein Truthahn, die aussah, als könnte sie schmecken – Banks beschloss, einen der Vögel abzuschießen, um dies herauszufinden. »Wie sich herausstellte, schmeckte der Vogel exzellent, bei weitem das Beste – wie wir alle meinten –, was wir seit unserer Abreise aus England gegessen; und da er 15 Pfund wog, war unser Dinner nicht nur gut, sondern auch reichlich.« Das Essen wurde für so gut befunden, dass man übereinkam, den Ort Bustard Bay (»Trappenbucht«) zu nennen.

An einer der Haltestationen entdeckte Banks ein Nest grüner Ameisen. Mit Interesse beobachtete der Naturforscher, dass sie ein Nest bauen konnten, indem sie Blätter knickten, die größer als eine Männerhand waren und ihre eigene Größe und ihr eigenes Gewicht um eine Mehrfaches übertrafen. Die Ameisen huschten und kletterten übereinander her, um das Blatt zu erreichen, manche zogen es an die vorbestimmte Stelle, andere schieden ein klebriges Sekret aus, um das Blatt zu befestigen. Zufällig streifte Banks den Ast, auf dem die Ameisen ihr Nest bauten. »Sofort stürzten sich tausende hinab, viele fielen auf uns und ließen uns durch Stiche ihre rachsüchtige Wesensart spüren, zumal sie uns oft am Genick und in den Haaren erwischten.« In der Nähe einer anderen Landungsstelle fand er eine Kolonie kleiner schwarzer Ameisen, die Äste und Zweige von Bäumen aushöhlten, um ihr Nest zu bauen. Er brach einen gesund wirkenden Ast ab – und stellte fest, dass er kaum mehr als ein hohles Stück Baumrinde war, in dem die Ameisen nur so herumschwärmten. Im Mangrovensumpf geriet er in eine weitere Insektenfalle, als er auf eine große Kolonie kleiner, stechender Raupen stieß: »… grün und mit zahlreichen Härchen versehen; sie saßen auf den Blättern, Seite an Seite wie aufgestellte Soldaten, 20 oder 30 auf einem Blatt; wenn man diese aufmerksamen Militärs auch nur ganz sanft berührte, bekam derjenige, der sie störte, unweigerlich ihren Zorn zu spüren, jeder Stich der Härchen brannte wie Nesseln, jedoch mit einem schärferen, wenn auch weniger dauerhaften Schmerz.« Er schreckte einen Schwarm Schmetterlinge auf, der so groß war, dass der Himmel beim Aufstieben von flatternden Flügeln und leuchtenden Farben überzogen war. »Die Luft war auf einer Fläche von 5 oder 6 Morgen in wunderbarem Maße mit ihnen bedeckt: Wohin man auch blickte, man sah Millionen von ihnen; trotzdem blieb jeder Ast, jeder Zweig geradezu von jenen überzogen, die still dasaßen.« Von den Blättern eines Gummibaums pflückte er eine Raupe: Sie glänzte so sehr, dass sie poliertem Silber glich, und er nahm sie mit zum Schiff zurück, um sie weiterhin zu beobachten. Tags darauf kroch ein schöner Schmetterling hervor, dessen Flügel einen Farbton wie von schwarzem Samt hatten, der in ein tiefes Blau hinüberspielte; an der Unterseite wiesen die Flügel viele helle, schwefelfarbene Tüpfelchen auf. Bei jeder neuen Landung entdeckte man neue Tier- und Pflanzenarten.

Alle, die Wissenschaftler wie die Seeleute, interessierten sich für die scheuen Eingeborenen. Die Aborigines waren schlank und mittelgroß, die Haut hatte die Farbe dunkler Schokolade. Das Haar war dunkel, meistens glatt und kurz geschnitten, manchmal auch mit Naturlocken versehen, aber nicht so wie beim kurzen Kraushaar der Afrikaner. Die Männer trugen kurze dunkle Bärte, sie besaßen keine Rasiermesser, sengten die Haarspitzen jedoch ab, um den Bart kurz zu halten. Viele hatten sich einen drei bis vier Zoll langen Knochen durch die Nase gesteckt – er war derart markant, dass ihn die Matrosen »Bugsprietrah« nannten. Sie verstümmelten ihre Ohren, sodass sie Ohrringe tragen konnten. Manchmal trugen sie eine Art Brustharnisch aus Muscheln, häufig bemalten sie Körper und Gesicht mit weißer Farbe, wobei jeder andere Vorlieben bei den Mustern zeigte.

Bei den wenigen Malen, die sie mit den Eingeborenen nähere Fühlung aufnahmen, hielten diese ihre Frauen offenbar von den Neuankömmlingen fern – was die Seeleute jedoch nicht davon abhielt, die Frauen durch Fernrohre und Ferngläser zu beobachten, wann immer sich ihnen die Gelegenheit dazu bot. Für den europäischen Geschmack kamen die Frauen der Aborigines denen der Maori näher als den tahitischen, aber die australischen Ureinwohner waren auch nicht ganz frei von Eitelkeit und trugen Ornamente auf dem nackten Leib. Sie hängten sich Halsbänder aus Muscheln um den Hals und fertigten Armbänder für die Handgelenke. Sie banden sich Reife aus Haar um den Oberarm – manchmal waren die Reife auch um den Leib gegürtet.

Einmal während der Reise konnten Banks und Cook einen etwas persönlicheren Kontakt herstellen. Ein Kanu mit vier Ureinwohnern näherte sich der Pinasse bis auf die Entfernung eines Musketenschusses. Die Eingeborenen gestikulierten lauthals miteinander. Man lockte sie heran, bis sie schließlich längsseits der Pinasse kamen. Man schenkte ihnen Stoffe, Nägel und Papier, was sie alles ohne große Begeisterung entgegennahmen – plötzlich wurde versehentlich ein kleiner Fisch in ihr Kanu geworfen.

»Sie brachten die größte Freude zum Ausdruck, die man sich vorstellen kann«, schrieb Banks. »Und indem sie unverzüglich vom Schiff ablegten, machten sie Zeichen, dass sie ihre Kameraden herbeiholen wollten.« Wie angedeutet, kamen die Eingeborenen wieder, doch nun mit erhobenen Speeren, die sie drohend über die Köpfe hielten. Tupia überredete sie, die Waffen niederzulegen und ohne diese näher zu kommen. Man wollte offenbar irgendeine Art Handel schließen: Die Eingeborenen brachten Fische und kamen in Begleitung weiterer Leute aus ihrer Sippe, darunter ein Junge und eine junge Frau. »Letztere blieben auf der sandigen Stelle auf der anderen Seite des Flusses stehen, etwa 200 Schritt von uns entfernt«, schrieb

Cook. »Mittels unserer Ferngläser ließ sich ganz deutlich erkennen, dass die Frau nackt war, wie Gott sie schuf, selbst die Körperteile, von denen ich bislang meinte, dass die Natur den Frauen gelehrt hätte, sie zu verbergen, waren unbedeckt.« – »Die Frau eiferte nicht einmal unserer Mutter Eva nach, die immerhin ein Feigenblatt trug«, bestätigte Joseph Banks diese Beobachtung und weiß Ähnliches von den Männern zu berichten:

> Alle hatten schlanke Gliedmaßen, waren lebhaft und behände. Kleidung trugen sie keine am Leib, nicht den geringsten Faden, sodass sich die Körperteile, welche man aus natürlicher Empfindung üblicherweise bereitwillig verbirgt, völlig unbedeckt unseren Blicken darboten; wenn sie jedoch reglos dastanden, bedeckten sie sich oftmals oder fast immer zumindest in gewissem Maße mit der Hand oder etwas, was sie darin hielten, wobei sie dies offenbar wie instinktiv taten.

Die Waffen waren primitiv, aber wirkungsvoll und wurden mit großem Geschick eingesetzt. Die Wurfgeschosse, die man Cook und seiner Gruppe in der Botany Bay entgegengeschleudert hatte, wurden von einem schmalen, etwa drei Fuß langen Holzstock angetrieben, der eine gewisse Ähnlichkeit mit der Klinge eines Entermessers aufwies. Man hatte gesehen, wie die Aborigines mit der Waffe ein Tier, ja sogar einen Vogel auf eine Entfernung von 40 bis 50 Schritt erlegten. Die Wurfgeschosse selbst bestanden aus Knochen und hatten vier Enden. Manchmal waren die Enden mit Widerhaken versehen, jedoch nicht mit Gift versehen, wie Joseph Banks zunächst geargwohnt hatte. Zum Fischen benutzten die Ureinwohner hölzerne Harpunen. Bisweilen trugen sie kleine ovale Schilde wie diejenigen, die man bereits in der Botany Bay hervorgeholt hatte – sie kamen jedoch selten zum Einsatz. Die Waffen waren offenbar vornehmlich für die Jagd und nicht zur Kriegführung entwickelt worden. Man sah Bumerangs, aber die Engländer durchschauten deren Funktion nicht ganz; dass die Aborigines nicht über Pfeil und Bogen verfügten, blieb unkommentiert.

Obwohl sich die Ureinwohner mit weißer Körperfarbe bemalten und trotz ihres bisweilen Furcht einflößenden Aussehens kam Cook zu dem Schluss, dass es sich um ein ängstliches und friedfertiges Volk handelte. Die Leute lebten ausschließlich von der Jagd und dem Fischfang; sie waren Nomaden, also ohne dauerhafte Siedlungen, und es fanden sich keinerlei Anzeichen, dass sie Landwirtschaft betrieben oder den Boden urbar machten. Sie bauten Hütten, die aber sehr klein waren und wohl in der Regensaison zum Schutz dienten, vielleicht auch zur Kinderaufzucht. Bei den Aborigines handelte es sich um ein Steinzeitvolk mit einfachen Arbeitswerkzeugen und ohne Kenntnis der Metallverarbeitung. Ihre Technik war höchst einfach, doch konnten sie Boote oder Kanus herstellen, indem sie die Rinde von einem Baum schälten und die Enden einfach streckten und zusammenbanden. Das ergab ein wasserfestes Boot mit sehr geringem Tiefgang, mit dem sie in den Untiefen der Wattflächen nahe der Flussmündungen Schalentiere jagen konnten. Manche Kanus waren entwickelter, da sie aus einem ausgehöhlten Baumstamm gefertigt wurden: Man sah mindestens ein Kanu mit Auslegern, in dem vier Leute fuhren. Die Aborigines stachen in ihren primitiven und leicht gebauten Booten oft in See, und es fanden sich zudem deutliche Hinweise darauf, dass einige meilenweit vom Festland entfernte Inseln bevölkert waren.

Im Gegensatz zu Tahiti war Neuholland von so riesigen Ausmaßen, dass sich eine organisierte soziale Hierarchie hier nur schwer herausbilden konnte. Die Eingeborenen unterhielten zwar zweifelsfrei Beziehungen untereinander, denn es herrschte ein hohes Maß an Einheitlichkeit zwischen den einzelnen Gruppen, und an der ganzen Ostküste wurde eine gemeinsame Sprache gesprochen, aber der Kontinent war zu groß und die Menschen waren zu rückständig, als dass sich eine höhere, stabilere Kultur als die bereits existierende hätte etablieren können.

Man konnte kaum engere Fühlung mit den Ureinwohnern aufnehmen, jedoch nicht, weil man es nicht versucht hätte: Sie zeigten sich den Neuankömmlingen gegenüber interessiert, schienen aber sehr misstrauisch zu sein, denn sie verschwanden schon beim geringsten Anlass im Dickicht. Die weit verbreitete Einschätzung, dass die Aborigines von der *Endeavour* überhaupt keine Notiz nahmen, rührt von einigen Bemerkungen in Banks' Tagebuch her, und sicherlich lässt sich dieses Desinteresse an vielen Beispielen ablesen. Das Ausmaß der Begegnungen war weitaus geringer als in Neuseeland und hätte keinen größeren Kontrast zu der Ankunft in Tahiti bilden können, wo die Eingeborenen auf dem ganzen Schiff herumgeklettert waren und jeden Teil davon erforscht hatten. Aber man darf dieses mangelnde Interesse nicht allzu wörtlich nehmen: Das Volk der Aborigines umfasste einen ebenso großen Anteil an Individualisten wie jedes andere. Zur Widerlegung der Vorstellung, die Menschen hätten kein Interesse an dem Schiff gezeigt, lassen sich Beispiele anführen, dass die Eingeborenen der *Endeavour* und ihren Booten mit all der Erregung und Neugier folgten, wie man sie bei vielen Naturvölkern vorfand.

Die Sprache der Aborigines hatte, so weit man das erkennen konnte, einige Wörter mit der Sprache auf Tahiti gemein, wies aber zu viele Unterschiede auf, als dass sich Tupia mit den Menschen hätte unterhalten können. Schließlich erzielte man kleinere Fortschritte, verstand einige Wörter und stellte einen Grundwortschatz zusammen, der hauptsächlich aus Substantiven bestand. Darin werden Körperteile, die Namen einiger Tiere und geläufiger Gegenstände sowie einige verwandtschaftliche Beziehungen beschrieben. Es wurde deutlich, dass die Aborigines zwar über eine hoch entwickelte Sprache verfügten, hier aber Kulturen von so grundunterschiedlichem Charakter zusammentrafen, dass es in gebotener Zeit keine Möglichkeit gab, sich auch über die Bedeutung von Adjektiven und Adverbien zu verständigen.

Die australischen Ureinwohner stellten die Anthropologie vor die verschiedensten Fragen. Sie hatten offenbar wenig mit den Maori und den anderen polynesischen Völkern gemein, was man aber mit den zeitgenössischen Theorien problemlos akzeptieren konnte. Dass die Völker in Wirklichkeit in vielem übereinstimmen, sollten erst nachkommende Generationen, die sich mit der Untersuchung des Ursprungs der Völker befassten, herausfinden. In den frühen Begegnungen mit den Ureinwohnern zeigten die Aborigines zwar Interesse an den Eisennägeln, Glasperlen und Spiegeln, die man ihnen anbot, schienen es aber rasch wieder zu verlieren. War der Grund hierfür, dass sie bereits alles besaßen, was sie für ihre einfache Lebensweise brauchten, oder lag es einfach daran, dass ihnen allein die elementarsten Nahrungsmittel und möglicherweise Kleidungstücke wertvoll erschienen? Solche Fragen diskutierte man in der Kapitänskajüte der *Endeavour*. Die Insulaner lebten in einer Welt, die den nebligen feuchten Straßen einer englischen Hafenstadt bei weitem überlegen war. Dennoch besaßen sie keinerlei Literatur, hatten keine technischen Entwicklungen hervorgebracht, die sich mit europäischen vergleichen ließen. Spielten diese Dinge überhaupt eine Rolle, und waren die Südseeinsulaner dem idealen Dasein näher als die Londoner Gesellschaft mit ihren Clubs, sozialen Zirkeln und Kaffeehäusern an der Strand? Wieder einmal kam die Vorstellung vom edlen Wilden auf. Als die Ergebnisse der Fahrt der Öffentlichkeit zugänglich gemacht worden waren, entwickelten sich daraus Fragen, welche nicht wenige Philosophen daheim zu verschiedensten Überlegungen inspirierten.

An den sonnigen Abenden war die Kapitänskajüte das reinste Bienenhaus. Der Kapitän und seine Offiziere fertigten, Kompasse und Zirkel in der Hand, Karten und Ansichten des neu entdeckten Gestades an. Banks und Solander katalogisierten ihre Pflanzenproben und konservierten sie mithilfe feuchter Tücher, Dosen und Löschpapier. Sydney Parkinson zeichnete inzwischen so schnell und genau, dass er binnen zweier Wochen 94 vorzügliche Skizzen anfertigte. Die Seeleute hatten auf dem Schiff immer alle Hände voll zu tun. Pickersgill und Clerk nahmen Mondobservationen vor und mühten sich anhand des *Nautischen Almanachs*, die geographische Länge zu bestimmen. Manchmal ging die *Endeavour* nachts vor Anker, doch wenn der Mond hell am Himmel stand, segelte man weiter, mit einem Ausguck im Topp und einem Mann an der Lotleine. Dann stiegen die mittlerweile vertrauten südlichen Sternbilder über dem östlichen Ozean auf, drehten sich dort oben langsam und verschwanden wieder hinter den Bergen im Westen.

Man vermaß die Küste mittels der Methode der »Schiffsstationen«. Dabei segelte das Schiff etwa zwei Meilen vor der Küste und ging an einem günstigen Aussichtspunkt vor Anker. Man bestimmte die Position aller sichtbaren Kaps, Landspitzen und weiterer topographischer Landmarken und fertigte vom Schiff aus Skizzen an. Nachdem man die geographische Breite und Länge gemessen hatte, segelte das Schiff zur nächsten Station. Die Logleine diente dazu, die zurückgelegte Entfernung mittels Besteckrechnung zu ermitteln, zur Bestimmung der Wassertiefe verwendete man die Lotleine. An letzterer Messung wurde immer wieder eine Korrektur vorgenommen, damit man auch die Tiefe bei Ebbe angeben konnte. Diese ließ sich nur schwer ermitteln, wenn das Schiff nicht einen vollständigen Tidenzyklus vor Anker lag. Wenn das Schiff über Nacht fuhr, musste am folgenden Morgen mindestens ein topographisches Merkmal der Küste zu sehen sein, damit man für die Vermessungen an der nächsten Haltestation einen Anhaltspunkt hatte. Zwar konnte man mit dem Schiffskompass Peilungen vornehmen, aber Cook gab dem Sextanten den Vorzug, weil er damit weitaus präzisere Winkel erhielt und außerdem Scheitelwinkel messen konnte, wodurch sich die Höhe der Berge schätzen ließ. Die Winkel und die Skizzen zusammenzustellen und auf diese Weise eine Karte anzufertigen verlangte großes Können. Auch einige der anderen Offiziere waren in der Lage, Karten zu zeichnen, aber was die Präzision und die Anschaulichkeit betraf, konnte es keiner auch nur entfernt mit Cook aufnehmen.

Während sich das Schiff nordwärts vorarbeitete, wurde die

Küste zunehmend gefährlicher. Cook und Molyneux waren noch mehr bestrebt, eine Stelle zu finden, an der man anhalten und das Schiff überholen konnte. Sowohl die Landvermesser als auch die Naturforscher wollten sich möglichst dicht unter Land halten, weil aber die großen Abschnitte mit Flachwasser immer häufiger wurden, musste einer der Männer jeden Meter der Wegstrecke ausloten. Auch die Eilande und unter Wasser liegenden Riffe wurden häufiger, und weit auf See sah man Wellen, die sich brachen. Cook war klar, dass sich hier und da unter den Brechern Korallenriffe befanden, aber im Allgemeinen war das Wasser sehr klar, weshalb die Riffe für den Mann im Topp bereits auf große Entfernung hin auszumachen waren. Cook konnte sich die Ausmaße des Korallenriffs kaum vorstellen und hatte keinerlei Kenntnis vom Great Barrier Reef (Großes Barriereriff). Immer wenn die *Endeavour* für die Nacht beidrehte, gab er, bevor er sich zurückzog, alle erforderlichen Anweisungen und teilte der Nachtwache mit, ihn zu rufen, sollte etwas Unvorhergesehenes geschehen. Dann ging er zu Bett und schlief normalerweise bis zum Morgen durch. Am Abend des 11. Juni machte das Schiff unter doppeltgerefften Toppsegeln bei günstigem Wind gute Fahrt. Da Vollmond war, entschied Cook, dass keine Gefahr bestand, auch wenn man die ganze Nacht fuhr. Wie üblich gab er, bevor er sich zurückzog, die Anweisung, ihn nötigenfalls zu wecken.

Die *Endeavour* segelte weiter, nur das Knarren des Hanfes und des Holzes, das Schwappen der Wellen gegen die Bordwände und das Seufzen des Windes in den Segeln störte die Ruhe in dieser warmen tropischen Nacht. Gelegentlich wurde die Stille durch den Mann am Lot durchbrochen, der die Wassertiefe aussang: Sieben, acht, 14, dann rief er 17 Faden Tiefe aus.

Der Lotgast schwang erneut das Senkblei und wollte es abermals auswerfen, kam aber nicht mehr dazu. Es ertönte ein beängstigend lautes Geräusch, als zersplitterte irgendetwas, die *Endeavour* knarrte und kam jäh zum Stehen. Die Dünung verursachte ein grässliches Geräusch, als bräche irgendwo unter der Wasserlinie Holz. Im Mondlicht sah man, dass rund um das Schiff Planken schwammen. Das Schiff war auf ein verborgenes Korallenriff gelaufen. Die rasierklingenscharfen Korallen hatten ein großes Loch in die Bordwand gerissen. Das Wasser des Pazifischen Ozeans strömte in den Laderaum. Die *Endeavour* sank.

9. KAPITEL

Schwere Prüfungen

Die Lage war höchst besorgniserregend. Jedes Mal, wenn sich das Schiff in der Dünung bewegte, hörte man, wie die scharfen Korallenfelsen am Schiffsboden entlangkratzten und es splittern ließen: Die Schutzplanken am Rumpf waren bereits weggescheuert und allmählich brach auch der Loskiel weg. Es war Ebbe, und falls das Schiff auf dem Riff strandete, drohte es unter seinem Eigengewicht zu zerbersten. Es war so dunkel, dass man nicht erkennen konnte, wie weit das Festland entfernt war. Das Schiff war jedoch drei, vier Stunden auf einem Kurs gewesen, der winklig von der Küste wegführte, und bei gutem Rückenwind schnell vorwärts gekommen. Die Beiboote würden nicht einmal die Hälfte der Besatzung aufnehmen können. Wenn die *Endeavour* sank, würde die Hälfte der Menschen an Bord mit ihr untergehen. In der Nähe gab es keine Inseln. Wenn sie in die Boote gingen, erwartete alle, die es nicht bis an Land schafften, ein schlimmerer und sich länger hinziehender Tod als diejenigen, die auf dem Schiff blieben.

Noch im Nachthemd, kam der Kapitän sofort an Deck, rief Befehle und versuchte das Ausmaß des Schadens einzuschätzen. Er ermahnte alle, Ruhe zu bewahren, und entsandte Robert Molyneux in einem der Boote. Er sollte ringsum Lotungen vornehmen und den Schaden inspizieren. Dann befahl Cook, die Lenzpumpen zu bemannen und Vorbereitungen zu treffen, die Anker fallen zu lassen und die Boote zu fieren.

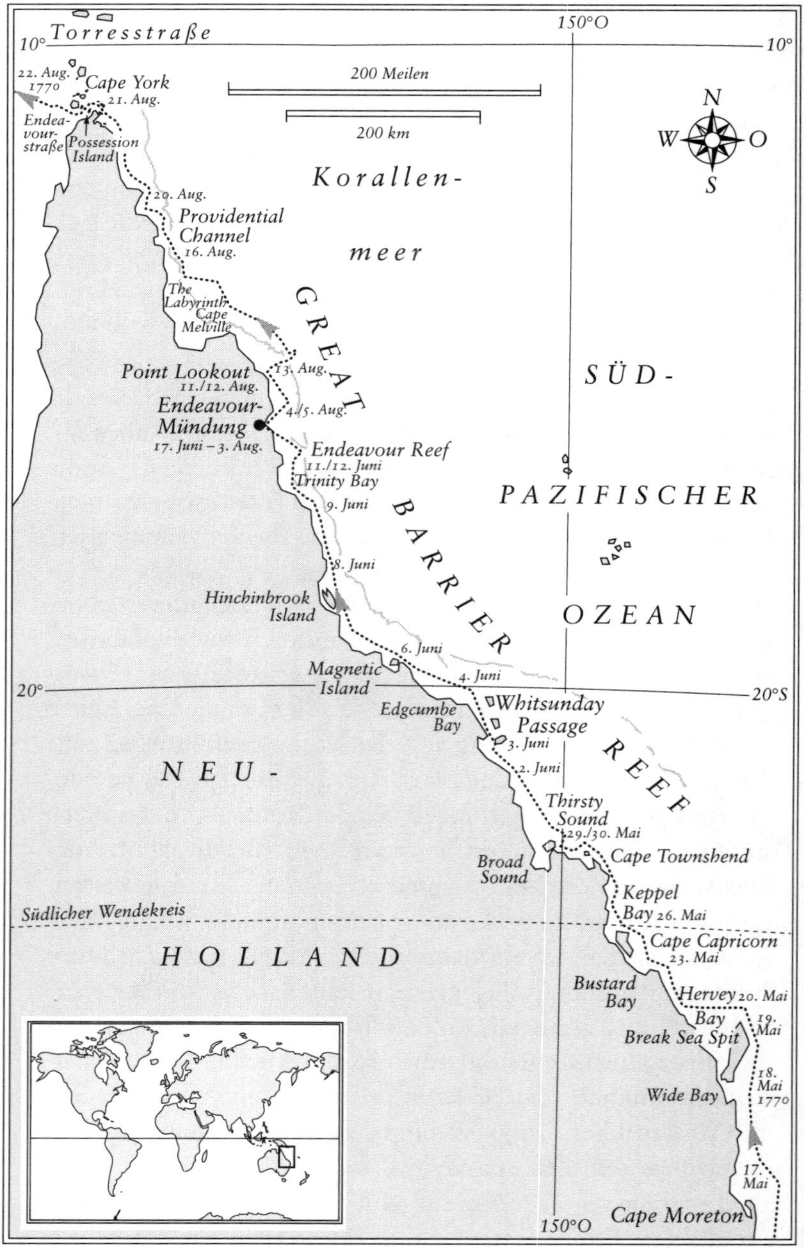

Torresstraße
10°
150°O
10°
22. Aug. 1770
Cape York
21. Aug.
Endeavourstraße
Possession Island
200 Meilen
200 km
N
W
O
S
Korallenmeer
20. Aug.
Providential Channel
16. Aug.
The Labyrinth
Cape Melville
GREAT BARRIER REEF
Point Lookout
11./12. Aug.
13. Aug.
SÜD-PAZIFISCHER OZEAN
Endeavour-Mündung
17. Juni – 3. Aug.
4./5. Aug.
Endeavour Reef
11./12. Juni
Trinity Bay
9. Juni
8. Juni
Hinchinbrook Island
6. Juni
Magnetic Island
4. Juni
20°
20°S
Edgcumbe Bay
Whitsunday Passage
3. Juni
2. Juni
NEU-HOLLAND
Thirsty Sound
29./30. Mai
Cape Townshend
Broad Sound
Keppel Bay 26. Mai
Südlicher Wendekreis
Cape Capricorn
23. Mai
Bustard Bay
Hervey Bay 20. Mai
19. Mai
Break Sea Spit
18. Mai 1770
Wide Bay
17. Mai
Cape Moreton
150°O

Der Schiffsmeister bestätigte, dass die *Endeavour* gegen ein Korallenriff geprallt war, und meldete, das Wasser um das Schiff herum sei sehr flach. Am Heck betrug die Wassertiefe drei, vier Faden, nahe dem Bug jedoch nur ein paar Fuß. Als man schließlich alle Boote ausgesetzt hatte, war der Ebbstrom so stark, dass man das Schiff vor dem nächsten Hochwasser nicht wieder flottmachen konnte. Das angeschlagene Schiff senkte sich aufs Riff und neigte sich zur Seite. Es schaukelte in der Dünung vor und zurück – was vorn an Steuerbord ein grässliches knirschendes Geräusch verursachte, das am deutlichsten in den vorderen Vorratskammern zu hören war. Im Laderaum stieg der Wasserpegel, die Pumpen wurden in Schichten bemannt, um einen weiteren Anstieg zu vermeiden, selbst der adlige Joseph Banks bediente gemeinsam mit den Seeleuten die Pumpenschwengel. Nur drei der vier Pumpen funktionierten richtig: Noch wusste niemand, ob ihre Kräfte reichen würden, den Wasserpegel niedrig zu halten.

Die ganze Nacht hörte man die quietschenden Pumpen mühselig ihre Arbeit verrichten. Bei Tagesanbruch war die Tide um etwa zwei Fuß zurückgegangen und fiel weiter. In einer Entfernung von etwa acht Leagues sah man das Land. Die Anker wurden am Grund festgemacht und bereitgehalten, weil man versuchen wollte, das Schiff vom Riff abzubringen, sobald wieder Hochwasser war. Cook gab den Befehl, das Schiff zu leichtern, und reichlich Ballast wurde über die Bordwand geworfen. Auch die sechs Deckskanonen warf man samt der Lafetten über Bord; man markierte sie mit Bojen, in der vagen Hoffnung, sie später vielleicht bergen zu können. (Fast 200 Jahre später, im Februar 1969, wurden die Geschütze an die Oberfläche geholt.) Verdorbene Vorräte, Fässer, Fassdauben und Ölkannen wurden ebenfalls über Bord geworfen. Die Krisensituation formte aus der Besatzung eine effiziente Arbeitsgruppe, alle Mann an Bord gaben nicht nur ihr Bestes, sondern blieben auch ruhig und hoffnungsvoll.

»Die Seeleute arbeiteten die ganze Zeit mit überraschender Fröhlichkeit und Bereitwilligkeit«, schrieb Banks. »Auf dem ganzen Schiff war kein Murren, kein Grollen zu vernehmen, nicht einmal Flüche wurden ausgestoßen (wenn auf ihm im Allgemeinen auch genauso viel geflucht wurde wie auf den meisten anderen Schiffen in Diensten Seiner Majestät).« Da setzte langsam die Flut ein. Eine furchtbare, Nerven zerreißende Zeitspanne, weil die Wellen das Schiff jetzt noch heftiger gegen die Korallen schlugen. Wegen des ansteigenden Wassers wurde der Druck auf das Leck noch schlimmer; den Pumpen fiel es immer schwerer, mit dem einströmenden Wasser fertig zu werden. Allmählich schien es, als wäre die Aufgabe, das Schiff zu retten, aussichtslos und übersteige ihre Möglichkeiten – Joseph Banks glaubte, alles sei verloren. Er war so niedergeschlagen, dass er alle Hoffnung aufgab und seine Habseligkeiten in einem der Boote verstaute.

Gegen Mittag hatte das Hochwasser seinen höchsten Stand erreicht und bald darauf überschritten. Die *Endeavour* hob und rührte sich ein wenig, als wollte sie sich aufrichten. Man hatte zwar 40 Tonnen Ballast über Bord geworfen, dennoch hatte sie immer noch nicht genug Wasser unterm Kiel, um wieder flottzukommen. Cook steckte in einer großen Klemme, denn eines war ihm klar: Wenn es ihm schließlich doch gelang, das Schiff wieder in tieferes Wasser zu steuern, konnte es sich immer noch erweisen, dass die Pumpen nicht ausreichten, um mit dem steigenden Druck des Wassers gegen den Schiffsrumpf fertig zu werden. Zudem: Wenn das Wetter sich verschlechterte, würden die Wellen das Schiff einfach gegen die Korallen schleudern und ihm den Garaus bereiten. Die Matrosen wurden nicht müde, sich gegenseitig zu versichern, dass das nächtliche Hochwasser immer höher sei als das bei Tage – was nichts weiter als ein Märchen war, denn die Höhe des Tidenhubs wird lediglich durch die relative Position von Sonne und Mond bestimmt. Aber es war ein Strohhalm, an den man sich klammern konnte und der eine plausible Erklärung dafür lieferte, warum das Schiff nicht wieder flott wurde. Die Nachttide war die letzte verbliebene Hoffnung, wenn die *Endeavour* offensichtlich auch schwer beschädigt war. Sollte das Wetter ruhig bleiben und das nächtliche Hochwasser einen Fuß höher steigen als bei Tage, konnten sie bestenfalls darauf hoffen, das Schiff wieder freizubekommen und es irgendwo auf dem Festland auf Grund zu setzen, um aus dem beschädigten Holzwerk ein neues Schiff zu bauen. Den ganzen Tag über bis in die Nacht hinein setzten die Pumpen ihr monotones Geklirr fort. Man hörte keine Shantys, keine gemurmelten Flüche, sondern nur das schwere Atmen der grimmig entschlossenen Seeleute. Das Hochwasser kam erst gegen 22 Uhr.

> Der gefürchtete Zeitpunkt rückte näher, und allen war die ihnen innewohnende Angst recht deutlich anzusehen: Ankerwinde und -spill wurden bemannt, und man begann zu hieven: Todesfurcht stand uns nun ins Gesicht geschrieben; Hoffnungen hatten wir keine, bis auf die, das Schiff über Wasser zu halten, bis man es irgendwo auf den Strand laufen lassen konnte, wo wir aus den Materialien ein Fahrzeug bauen könnten, das groß genug wäre, um damit bis nach Ostindien zu gelangen.

Während der Wasserhöchststand näher rückte, richtete sich das Schiff auf, aber allmählich wurden die Pumpen nicht mehr mit dem Leck fertig: ein alarmierender Hinweis darauf, was möglicherweise passierte, wenn das Schiff in tieferem Wasser wieder flottkam. Aber es gab keine andere Möglichkeit, das Schiff zu retten. Cook entschied, es sei besser, etwas zu riskieren und möglicherweise zu scheitern, als das Schiff aufzugeben: Er beschloss, das Schiff vom Riff zu ziehen, wenn es denn menschenmöglich war. Die Ankertaue waren straff gespannt, einer der großen Buganker befand sich direkt achtern, der andere an Steuerbord. Die Männer hievten und schwitzten an Ankerwinde und -spill, während das weiße Mondlicht ihre angestrengten Mienen beschien. Auch die Boote waren zu Wasser gelassen, jedes mit einer vollständigen Mannschaft von Seeleuten besetzt, die sich schwer ins Zeug legten. Immer noch hörte man das Knarren der Pumpen und das Keuchen der

Männer durch das Geräusch der Brecher und das widerwärtige Knirschen der Korallen am Schiffsrumpf. Gegen zehn Uhr abends schien sich das Schiff etwas zu bewegen. Das machte den Männern Mut und sie hievten noch kräftiger an Tauen, Riemen und Ankerwinde. Wieder rührte sich das Schiff. Die Matrosen spürten, dass die straffen Taue etwas durchhingen. Dann ließ sich die Ankerwinde allmählich drehen und das Schiff kam mit der Flut flott. Die Männer legten sich noch ein letztes Mal richtig ins Zeug und einige Minuten später kam die *Endeavour* von dem Riff los und gelangte wieder ins Tiefe. Welch ein wunderbarer Augenblick!

Die Probleme waren damit aber noch längst nicht behoben. Eine der Ankerketten verfing sich in den Korallen. Man musste sie kappen und damit den Anker aufgeben. Der Zimmerer rief, dass das Leck die Oberhand über die Pumpen bekam und dass das Wasser im Laderaum bereits vier Fuß hoch stand. Daraufhin verdoppelten die Pumpenden ihre Anstrengungen und der Taktschlag der Pumpen erhöhte sich entsprechend. Glücklicherweise handelte es sich um einen falschen Alarm: Satterly hatte den Wasserstand an einer anderen Stelle gemessen als der Mann, der die vorhergehende Ablesung vorgenommen hatte. Als man den Irrtum entdeckte, fiel allen ein Stein vom Herzen. Die Pumpen schafften es gerade eben, das Leck einzudämmen, und dank der zusätzlichen Bemühungen war der Pegel sogar etwas zurückgegangen. Alle Mann waren hundemüde. 24 Stunden hatten sie die Pumpen bedient. Der Wind blies aus der ungünstigen Richtung, und es sah so aus, als würde das Wetter sehr bald schlechter werden. Sie würden Tage brauchen, bis sie das Schiff in die Nähe der Küste gesteuert hatten. Es war zudem völlig unklar, wie lange es dauern würde, bis man eine geeignete Stelle für die Reparaturen am Schiff gefunden hatte, doch wie durch ein Wunder hielt die Flaute immer noch an, und somit blieb ein Fünkchen Hoffnung, dass man das Schiff doch noch retten konnte.

Es war die Erfahrung des jungen Jonathan Monkhouse, die ihnen jetzt zu Hilfe kam. Monkhouse war auf einem Handelsschiff aus Virginia, das damals unterwegs nach London war, schon einmal in einer ähnlichen Lage gewesen. Ihm war es gelungen, mit einem Leck, das dem auf der *Endeavour* glich, den Atlantik zu überqueren – man hatte es durch ein »Lecksegel« abgedichtet. Man nahm dazu ein Segel, das man mit geteertem Werg kalfaterte. Dann war es ein kniffliges Unterfangen, das Segel unter das Schiff zu schaffen und an der Stelle in die richtige Position zu befördern, um das Leck zu »füttern«. Die unteren Leesegel der *Endeavour* wurden an Deck geholt und hergerichtet, indem man Büschel aus Werg und Wolle hineinnähte; die Büschel waren etwa faustgroß und wurde in Reihen aufgenäht, die einige Zentimeter auseinander lagen. Idealerweise warf man noch Schafs- oder Pferdedung auf das Segel, aber damit konnte die *Endeavour* nicht dienen, weshalb man frohgemut auf die Exkremente der Schiffsziege und des Windhunds zurückgriff. Dann musste man das Lecksegel nahe der Steuerbordfockrüst, dort, wo der Rumpf beschädigt war, unter das Schiff bringen. Theoretisch sollte der Druck des Wassers, das durch das Leck einströmte, bewirken, dass das Kalfaterwerg in den Riss gepresst wurde und diesen verstopfte.

Die Seeleute warteten ungeduldig auf das »Füttern« – denn sie kämpften damit, den Wasserstand niedrig zu halten. Am Nachmittag hatte man das Segel an die richtige Stelle befördert und mittels Tauen an seinen vier Ecken festgemacht. Da gewannen die Pumpen wieder die Oberhand über das Leck und nach einer Stunde war der Wasserstand fast auf null gesunken. Die positive Auswirkung auf die Moral war enorm. »Das abgrundtiefe Bangen [der Männer] wechselte über in großes Hoffen.« Der unmittelbare Druck war sichtlich von ihnen genommen. Das Schiff konnte jetzt fast wieder normal segeln, nun musste man nur noch einen geeigneten Ort für die Reparaturen finden. Die Anspannung der letzten beiden Tage war vorüber. Joseph Banks war verblüfft und beeindruckt von der Art, wie sich die Mannschaft für die Rettung des Schiffs ins Zeug gelegt hatte. Das entsprach so gar nicht den pessimistischen Vorhersagen seiner wohlinformierten Freunde daheim:

> Zur Ehre unserer Leute muss ich sagen, dass während der ganzen Seenot, wie ich glaube, jeder Mann seine Äußerstes gab, um das Schiff vor dem Untergang zu bewahren, im Gegensatz zu dem, was ich allerorten gehört habe, wie sich Seeleute üblicherweise verhalten, sobald ihr Schiff in eine verzweifelte Lage gerät, nämlich dass sie plündern und alle Befehle verweigern. Dies war zweifellos auch dem ruhigen und stetigen Verhalten der Offiziere zu verdanken, die während der ganzen Zeit ausschließlich Befehle gaben, die bewiesen, dass die Umstände sie völlig gelassen und unbewegt ließen, so furchtbar sie auch erscheinen mochten.

Kapitän Cook spendete seiner Mannschaft ebenfalls großes Lob. »Um der Schiffsbesatzung gerecht zu werden, muss ich sagen, dass sich die Männer niemals besser verhalten haben als in dieser Angelegenheit«, notierte er in seinem Tagebuch. »Angespornt durch das Verhalten jedes Gentleman an Bord hatte jeder Mann ein rechtes Gefühl für die Gefahr, in der wir uns befanden, und gab sein Äußerstes.« Das war ein großes Lob aus der Feder des sonst so zurückhaltenden Cook, der auch nicht mit Beifall für Jonathan Monkhouse sparte. Das Ganze war eine gemeinschaftliche Anstrengung gewesen, die Mannschaft hatte einen vorzüglichen Teamgeist bewiesen und alle Mann an Bord verdienten Anerkennung für ihren Anteil an der Bewältigung dieser Krise. Cook kritzelte eine Randnotiz in sein Tagebuch: »Heute ließ ich Magra seinen Dienst wieder aufnehmen, da ich ihn nicht der Vergehen für schuldig befand, die ihm zur Last gelegt wurden.« Auch Magra hatte sein Letztes gegeben und den Kapitän dadurch von seiner Unschuld überzeugt.

Tags darauf fuhr die arg mitgenommene *Endeavour* langsam die Küste entlang und suchte sich ihren Weg zwischen den seichten Stellen, während man mit einem Boot vor dem Bug fuhr und ständig Lotungen aussang. Der Schiffsmeister und einer seiner Maate stiegen in das zweite und dritte Boot, um dem Schiff vorauszufahren; sie wollten jede kleine Bucht untersuchen, ob man dort nicht vielleicht das Schiff zu Reparaturzwecken auf Grund setzen konnte. Das alles war eine mühselige Arbeit, die nur langsam vorankam, und bei Einbruch der Dunkelheit kehrte Molyneux mit der deprimierenden Nachricht zurück, der Hafen, den er gefunden habe, sei zu flach, um das Schiff dort hineinsteuern zu können. Der Wind hatte aufgefrischt, ein Sturm braute sich zusammen. Die Männer konnten von Glück sagen, dass das Wetter in den letzten beiden Tagen gehalten hatte. Cook ging für die Nacht vor Anker; eine Stunde später kehrte Molyneux' Maat aus einer ferneren kleinen Bucht, die etwa zwei Leagues in Lee lag, mit der Nachricht zurück, er habe eine ideale Stelle gefunden, an der man das Schiff überholen könne.

Gleich am Morgen fuhr Cook los, um den Ort selbst zu besichtigen: Es war eine Flussmündung mit steilem Sandstrand, an dem der Tidenhub etwa acht Fuß betrug. Ein großes Problem war die sehr schmale Einfahrt in die Bucht, aber mit der nötigen Vorsicht sollte es gelingen, das Schiff dort hineinzusteuern. Ein drängenderes Problem stellte das Wetter dar, das sich erheblich verschlechtert hatte, weshalb man das Schiff erst dann sicher durch die Einfahrt lenken konnte, sobald Wind und Seegang wieder etwas nachgelassen hatten. Allmählich begannen sich die Anstrengungen und die Nervenanspannung der vergangenen Tage bei allen Besatzungsmitgliedern bemerkbar zu machen: Am schlimmsten ging es Charles Green, dessen Gesundheitszustand sich erheblich verschlechtert hatte, und Tupia, dem normalerweise quicklebendigen Tahitianer, der unter einem geschwollenen Gaumen und anderen Symptomen des Skorbuts litt.

Cook ließ die Rahen der Bramsegel entfernen sowie Klüverbaum und Bugspriet einziehen, weil er den vorderen Teil des Schiffs über der Stelle, an der sich das Leck befand, leichter machen wollte. Sobald das Wetter besser war, versuchte er, in die Flussmündung hineinzugelangen. Da man die Einfahrt gründlich gelotet hatte, kannte er die Wassertiefe, aber die Passage war sehr schmal, und einmal lief das Schiff sogar auf

Grund und blieb auf einer Sandbank stecken. Die Seeleute zogen es zwar ohne allzu große Mühe herunter, dann aber blieb es noch einmal stecken und rührte sich nicht mehr vom Fleck. Cook bewahrte Ruhe; der Wind war günstig, zudem ermittelte man sorgfältig den Stand der Tide, damit die Operation leichter verlief. Er leichterte erneut das Schiff, indem er anordnete, die Marsstengen über die Bordwand herunterzulassen. Er wies die Männer an, ein Floß daraus zu bauen. Wieder kam die *Endeavour* langsam frei. Die Matrosen holten die Taue und Trossen an und zogen das Schiff zu dem steilen Strand auf der Südseite des Flusses. Die Flut stieg allmählich, während die Seeleute unter dem Knarren des Hanfes an Ankerwinde und -spill die *Endeavour* auf den Strand hinaufgezogen. Die Ebbe setzte ein und schließlich saß das Schiff auf Grund. Die Ankerketten und Trossen wurden an Land genommen, und man legte das Schiff auf die Seite, damit die Zimmerer an das Leck herankamen. Sie bauten einen Landungssteg vom Schiff zum Land, die Vorräte wurden entladen und die Zelte errichtet, weil man damit rechnete, einige Wochen hier bleiben zu müssen.

Die Flussmündung stellte nach den Anstrengungen der voraufgegangenen Woche einen höchst angenehmen Hafen dar. Die Zimmerer gelangten an die Spanten des Schiffs und konnten mit den Reparaturarbeiten beginnen. Bald widmeten sich auch die anderen Männern wieder ihren Aufgaben. Cook beschrieb das große Loch in der Bordwand, das beinahe zu ihrer aller Tod geführt hatte:

> … die Felsen waren durch vier Planken gedrungen und sogar in die Hölzer und hatten drei weitere beschädigt. Die Art, wie die Planken beschädigt oder herausgeschnitten worden waren, ist, wie ich wohl sagen darf, kaum zu glauben; man sah fast überhaupt keine Splitter, vielmehr schien das Loch wie von Menschenhand mit einem stumpfen Schneidewerkzeug ausgeschnitten worden zu sein. Zum Glück lagen die Hölzer an dieser Stelle sehr nahe beieinander, an-

dernfalls hätten wir das Schiff nicht retten können, und auch so war es sehr ungewöhnlich, dass es nicht mehr Wasser aufnahm, als es der Fall war. In einem Loch stak ein großes Stück Korallenfelsen, und mehrere Stücke des Lecksegels, kleine Steine, Sand & cetera waren eingedrungen und hatten sich zwischen den Hölzern verkantet und auf diese Weise verhindert, dass das Wasser in großen Mengen eindringen konnte. Ein Teil des Beschlags an Backbord war nicht mehr vorhanden, ein Teil des Loskiels war verschwunden; das Übrige war so sehr zerstört, dass es fast besser wäre, wenn es ebenfalls nicht mehr da wäre; der Fuß und einige Teile des Hauptkiels waren ebenfalls beschädigt, doch nicht bedeutend; welchen Schaden das Schiff möglicherweise nach achter zu genommen hat, ließ sich nicht erkennen; jedoch ist er unserer Meinung nach wohl nicht sehr groß, da es wenig Wasser zieht, solange die Tide unterhalb des Lecks im vorderen Teil bleibt.

Zwar hatte man den Bug des Schiffs weit auf den Strand gezogen, doch mit dem hinteren Teil lag die *Endeavour* noch immer mindestens acht Fuß tief im Wasser. Cook schickte drei Männer nach unten, um Boden und Kiel untersuchen zu lassen. Alle drei berichteten das Gleiche: Rund um den Großmast war die Verschalung abgeschürft und eine der Planken war beschädigt. Es war so gut wie ausgeschlossen, den Schaden ohne entsprechende Vorrichtungen und Werkzeuge zu beheben. Der Schutz, den der Bodenbeschlag vor dem Schiffsbohrwurm bot, war nicht mehr gewährleistet, und durch die beschädigte Planke würde etwas Wasser eindringen. Cook wusste, dass es nur eine Frage der Zeit war, bis sich der Wurm durch die Beplankung gefressen haben würde, aber es gab keine andere Möglichkeit – wenn sie so lange durchhielt, bis das Schiff nach Ostindien gelangte, würde das reichen. Mit dem Leck durch die beschädigte Planke müssten die Pumpen eigentlich fertig werden.

Banks und Solander waren sehr froh, dass sie ins Landesinnere verschwinden konnten, um dort botanische Forschung zu betreiben. Man hatte auch ein Känguru gesehen, das durchs hohe Gras hüpfte, und Banks war entschlossen, das Tier seiner Sammlung hinzuzufügen. Es gab reichlich Fisch, man fand sogar ein paar essbare Gemüse. Die Frischkost heilte Tupia schnell vom Skorbut, und der Astronom erholte sich wenigstens so weit, dass er die Monde des Jupiters beobachten und mit der Bestimmung der Länge beginnen konnte. Indem er den Zeitpunkt des Wiedererscheinens des ersten Trabanten des Jupiters beobachtete, konnte er die Zeit in Greenwich ermitteln und diese mit der örtlichen Zeit vergleichen; danach befanden sie sich auf 214° 42' 30" westlicher Länge. Cook und Green maßen die Länge stets nach Westen, auch wenn die Winkelangaben dadurch mehr als 180 Grad betrugen – vermutlich taten sie das, weil die *Endeavour* die Erde in westlicher Richtung umsegelte. Vierzehn Tage später wiederholte Green die Messungen und das neue Ergebnis wich um acht Winkelminuten vom alten ab. Trotzdem waren die Messungen außerordentlich präzise und wichen im Mittel lediglich vier Winkelminuten von der wahren Position ab; das war das Optimum, das sich mit der Jupiter-Methode erreichen ließ.

Mit den Instandsetzungsarbeiten an der vorderen Beplankung war man bald fertig. Da die Flut nicht so hoch wie am Tag der Ankunft stieg, machte sich Cook allmählich Sorgen, wie er das Schiff wieder flottbekommen sollte. An den Bug wurden Fässer, an den Schiffsboden 38 leere Tonnen festgezurrt. Man hoffte, dass das Schiff dadurch Auftrieb erhielt und bei der nächsten Flut wieder flottkommen würde. Da der Versuch erfolglos blieb, war es Cook klar, dass er eine höhere Tide abwarten musste, bis er wieder Kurs auf die offene See nehmen konnte.

Man schrieb den 1. Juli. Ein jeder an Bord brannte darauf, abzusegeln, aber es lagen noch viele Hindernisse vor ihnen. Zunächst war da der Wind, der ständig aus der falschen Richtung blies; dann würde es auch äußerst schwierig sein, eine sichere Durchfahrt durch die Korallenbänke zu finden, denn von einem nahe gelegenen Hügel sah man bis zum Horizont nur untiefes Wasser. Cook entsandte den Schiffsmeister in der Pinasse mit dem Auftrag, er solle eine Passage durch die Untiefen finden. Nach der ersten Erkundung behauptete Molyneux, in etwa fünf Leagues Entfernung eine Lücke zwischen den Riffen gefunden zu haben, dahinter seien schiffbare Gewässer. Cook blieb jedoch skeptisch und schickte ihn abermals los, um weitere Untersuchungen anzustellen. Cooks Intuition erwies sich als richtig, denn ein paar Tage später kehrte der Schiffsmeister voller Verzweiflung zurück. Er berichtete, sieben Leagues entfernt sei er auf ein vorgelagertes Riff gestoßen, durch das man auf keinen Fall fahren könne. Der einzige Trost war, dass er eine Riesenschildkröte mitbrachte, die zur Lösung des Verpflegungsproblems beitrug.

Schildkröten zu fangen wurde zu einer Art neuem Sport: Man musste sie auf einer Verfolgungsjagd mit einem der Boote fangen. Die Tiere waren gute Schwimmer und konnten den Booten aufgrund ihrer kräftigen Flossen mühelos davonschwimmen. Wenn sie über die Korallenbänke krochen, waren sie dagegen langsam und behäbig. Da sie in den Riffen lebten, die ungefähr fünf Leagues seewärts lagen, stellte das Jagen zwar eine zeitaufwändige Methode dar, um Frischfleisch zu erhalten, aber irgendwie fing man dann doch zwölf Schildkröten und brachte sie zum Schiff zurück. Cook war es nämlich inzwischen gelungen, die *Endeavour* wieder flottzumachen, weshalb man die Schildkröten jetzt auch an Deck ausbreitete und nicht an Land. Unterdessen hatten sich Banks und Solander mit einigen der Aborigines vor Ort angefreundet. Zwar waren sie wie immer ängstlich und schweigsam, aber dennoch kam einmal eine zehnköpfige Gruppe mit zum Schiff. Offenbar hatten sie es auf Schildkröten abgesehen, doch obwohl Cook und seine Leute die Eingeborenen für die Glasperlen und Kinkerlitzchen zu interessieren versuchten, schien sie nur der Nachschub an Nahrungsmitteln zu reizen. Plötzlich versuchte einer von ihnen, eine der Schildkröten zu stehlen, indem er sie in sein Kanu zog. Er versuchte es zwei, drei Mal, aber die Matrosen leisteten ihm Widerstand, denn sie wollten eine derart große Menge hart erkämpften Frischfleisches nicht gleich wieder verlieren. Das nahmen ihnen die Eingeborenen anscheinend übel, denn einer von ihnen rannte zum Strand an die Stelle, wo einer der Schiffsbauer unter einem Kessel mit Pech ein Feuer entfacht hatte. Er nahm eine der Fackeln aus dem Feuer und im Nu hatte er alle trockenen Gräser und Stoppeln rund um das Lager in Brand gesteckt.

Die Engländer waren äußerst beunruhigt über das Tempo, mit dem das trockene Gras Feuer fing. Bald brannten alle Büschel, die an manchen Stellen bis fünf Fuß hoch waren, und knisterten wie wild. Zum Glück trug der Wind das Feuer vom Lager und den dazugehörigen Dingen fort. Die Expedition war gerade noch einmal davongekommen. Hätte sich der Vorfall nur einige Tage früher ereignet, wäre es möglicherweise zu gravierenden Folgen gekommen, da das gesamte Schießpulver, das man zu der Zeit zum Trocknen ausgebreitet hatte, in die Luft hätte gehen können, wobei sicherlich auch viele Vorräte vernichtet worden wären.

Der Wind kam den ganzen Juli über aus Südost. Um zu den ostindischen Inseln zu gelangen, würde man noch sehr viele Meilen zurücklegen müssen. Allmählich gingen viele der wesentlichen Vorräte zur Neige, und so warteten alle ungeduldig darauf, wieder in See stechen zu können. Das Schiff wurde beladen und mit Ballast versehen. Jetzt brauchte es nur noch einen günstigen Wind. Eines Nachts trieb das Schiff bei Ebbe an Land, wobei das Ruder gefährlich mit dem Meeresboden kollidierte. Gleichzeitig wurde die Ruderpinne hart gegen die Stützen gedrückt, die man über der Ruderplattform gebaut hatte, und es zeigte sich deutlich, dass entweder die Ruderpinne oder die Plattform unter dem Druck zerbersten würde. Glücklicherweise brach die Plattform und nicht die Ruderpinne. Der Wind wehte immer noch aus der ungünstigen Richtung. Bald kam der August, und Cook wäre am liebsten sofort in See gestochen, obwohl er noch immer keine geeignete Passage durch die Untiefen und Riffe gefunden hatte.

Als sich das Wetter am 3. August milde zeigte, wagte er den Versuch, das Schiff an der Warpleine aus der Mündung zu ziehen. Einmal geriet die *Endeavour* dabei auf der Nordseite des Flusses mit dem Heck auf Sand und lief auf Grund, aber die Männer bekamen sie wieder flott. Bis zum Abend hatten sie das Schiff schon fast bis aufs offene Meer gezogen. Die Ebbe setzte ein und schließlich machte auch noch eine frische Meeresbrise ihre Bemühungen gänzlich zunichte. Tags darauf ließ Cook einen Leichtanker mit langem Tau außerhalb der Flussbarre auslegen. Es ging zwar immer noch eine gefährliche Brandung, doch gelang es den Seeleuten, das Schiff über die Sandbank zu ziehen: Endlich konnte es mithilfe der Segel hinaus aufs Meer kreuzen. Während sie das Flussufer verließen, das ihnen während vieler schwieriger Wochen als Heimat gedient hatte, beschloss Cook, den Fluss nach seinem Schiff zu benennen, und so wurde er unter dem Namen Endeavour River bekannt. Cook verfasste einen detaillierten Bericht über die Gezeiten und Wasserstellen samt einer Beschreibung der angrenzenden Landschaft und einer nützlichen Karte zum Gebrauch für künftige Seefahrer. Er fügte sogar einige Anmerkungen über die Tier- und Pflanzenwelt an – der Enthusiasmus seiner Herren Wissenschaftler begann zu guter Letzt auf ihn abzufärben.

Man segelte das Schiff jetzt mit äußerster Vorsicht weiter. Die Pinasse fuhr voraus und alle paar Meter nahm man Lotungen vor. Man stationierte einen Mann im Topp, der nach unter Wasser liegenden Korallenbänken Ausschau halten sollte, und hielt einen Anker bereit, um das Schiff sofort zum Stehen bringen zu können, falls es abtrieb. Alles ging gut, bis die *Endeavour* das Schildkrötenriff passierte; dort wehte der frische Wind aus einer ungünstigen Richtung und sie musste 24 Stunden vor Anker liegen. Sie blieb die ganze Nacht dort, wobei die See erbarmungslos an ihr zerrte und den Anker über den Meeresboden schleifte. Bei Tagesanbruch war das Schiff ganze drei Meilen abgetrieben, und die Mannschaft musste feststellen, dass man auf ein gefährliches Riff zusteuerte. Cook ließ einen zweiten Anker auswerfen, um das Schiff zu halten, aber Tide und Strömung waren so stark, dass selbst die beiden Anker nicht ausreichten, die stete Abdrift in Richtung der Korallenbank zu verhindern. Banks fasste die Situation zusammen, wie er sie sah:

> Unsere Lage stimmte uns melancholischer denn je: Die Untiefe war klar zu erkennen, und das Schiff trieb noch immer sanft darauf zu; gleichzeitig ging eine See, die es unmöglich machen würde, je wieder davon loszukommen, wenn wir das Pech hatten zu stranden. Daher holten wir Rahen und Marsstengen nieder und taten alles Erdenkliche, um das Schiff flottzumachen, doch ohne Erfolg: Das Schiff trieb trotzdem weiter, sodass die gefürchtete Untiefe immer näher auf uns zu kam.

Als letztes Mittel bereitete man den Notanker vor. Doch während der Arbeiten verfing sich einer der anderen Anker irgendwo auf dem Meeresgrund und hielt das Schiff fest. Cook betrachtete die gefährlichen Riffe in allen Richtungen und schilderte die Lage als »… höchst bedrohlich, insofern ich überhaupt nicht wusste, in welche Richtung ich steuern sollte, sobald das Wetter erlaubte, unter Segel zu gehen«. Er kletterte in den Topp und begutachtete das äußere Riff, sah aber keinerlei Anzeichen für eine Lücke, durch die er das Schiff hätte steuern können. Molyneux, der das Gebiet von der Pinasse aus gelotet und erkundet hatte, war dafür, möglichst zurück nach Süden zu kreuzen, doch denselben Weg, den man gekommen war, gegen den Wind zurückzusegeln, würde dermaßen lang dauern, dass Cook auf der Weiterfahrt bestand. Ungefähr fünf Leagues voraus lag ein Eiland, auf dem ein hoher Hügel aufragte. Cook fuhr in einem der Boote auf die Insel und erklomm den Hügel; von dort bot sich ihm ein grandioser Blick auf den türkisblauen Pazifik, der sich an den Korallenbänken des Großen Barriereriffs brach. An einer Stelle schien es eine kleine Lücke zwischen den Brechern zu geben, die ihnen eine hauchdünne Chance bieten konnte, weshalb er ein Boot zum Loten vorausschickte. Wegen des starken Seegangs konnte das Boot zwar nicht in die Öffnung hineingelangen, aber der Maat kam mit der Meldung zurück, dass die Wassertiefe nahe der Lücke mindestens 15 Faden betrage.

Die Pinasse fuhr vor der *Endeavour* durch den Kanal im Riff – eine kluge, wenn auch unnötige Vorsichtsmaßnahme, wie sich herausstellen sollte: Sie schlüpfte ohne Mühe hindurch. Endlich befand man sich wieder auf dem offenen Meer. »Alle Mienen drückten unverkennbar Zufriedenheit aus.« Welche Erleichterung es bedeutete, auf offener See zu sein und bis 100 Faden Tiefe keinen Grund unter sich zu haben, können nur diejenigen würdigen, die einmal eine solche Nervenbelastung und eine solche Gefahr überstanden haben. Das Schiff schlug zwar übel voll und zog stündlich neun Zoll Wasser, aber mit dieser Menge kamen die Pumpen ganz gut zurecht.

Die Erleichterung war nur von kurzer Dauer. Einen Tag lang machte das Schiff gute Fahrt und nachts steuerte es weit vom Großen Barriereriff ab. Am Morgen hatte es die *Endeavour* aber wieder gefährlich nahe in Richtung des scharfkantigen Korallenriffs verschlagen. Jetzt wurden die wahren Gefahren der Navigation in diesen tückischen Gewässern noch deutlicher. Wie jedes andere Segelschiff war die *Endeavour*, um vorwärts zu kommen, gänzlich abhängig von den Launen des Windes und der Strömung. Ging kein Wind, musste das Schiff mit dem Tidenstrom oder der Strömung fahren; oder einen Anker auswerfen und hoffen, auf dem Meeresgrund Halt zu finden, um die Position so lange zu halten, bis man wieder Wind hatte. War das Meer so tief, dass der Anker keinen Grund fand, so war das Schiff bei Windstille dem Gezeitenstrom und den Meeresströmungen wehrlos ausgesetzt. Die einzige Möglichkeit bestand dann darin, die Boote auszusetzen und das Schiff mit den Riemen zu ziehen – eine äußerst mühselige Arbeit, der man sich nur als letztes Mittel bediente.

Die *Endeavour* befand sich in einer völligen Flaute. Durch den Tidenstrom trieb sie sehr schnell auf die Korallenriffe zu, vor denen – in weniger als einer Meile Entfernung – deutlich wilde Brecher zu sehen waren. So etwas wie das Barriereriff hatten die europäischen Seeleute noch nie gesehen: Derzeit erhob es sich senkrecht aus dem Meer; bei Ebbe glich es einer glatten, senkrechten Wand aus Korallenfelsen. Bei Flut aber strömte die See in einer Tiefe von sieben bis acht Fuß über diesen Wall, und zwar so, dass man es als »höchst furchteinflößende, berghohe Brandung« beschrieb. Die *Endeavour* wurde fortgerissen und ließ sich nicht mehr beherrschen. Sie trieb nun auf dieses Inferno aus Wasser und scharfen Korallen zu – die einzige Möglichkeit, die Fahrt des Schiffs zu verringern, bestand jetzt darin, die Boote zu Wasser zu lassen und zu pullen. Einen Anker zu werfen stand außer Frage: Man hatte zur Tiefenlotung bereits drei Leinen zusammengeknüpft, aber noch nicht einmal diese Länge reichte aus, Grund zu finden. Die Pinasse wurde gerade repariert, eine der Planken war abgenommen; die Barkasse war unter allem möglichen Gerümpel an Deck festgezurrt, sodass es Stunden dauern würde, bis man sie über die Bordwand gehoben und gefiert hätte. Die Jolle war so klein, dass sie nur einige wenige Ruderer aufnehmen konnte. Diejenigen, die das Endeavour-Riff für den gefährlichsten und furchterregendsten Teil der Reise gehalten hatten, wurden schnell eines Besseren belehrt. Cooks Bericht vom 16. August schildert die Gefahren recht gut, aber sein Berufsehre stand auf dem Spiel, was in seiner Darstellung auch zum Ausdruck kommt. Banks macht in seiner Tagebucheintragung vom selben Tag kein Hehl aus der Bedrohung. Atemlos schildert er, was für ein Gefühl es ist, wenn man nur einen einzigen Brecher und einen einzigen Windhauch vom Tod entfernt ist und ins wässrige Tal der Toten starrt:

> Um drei Uhr heute Morgen wurde es plötzlich völlig windstill, wodurch sich unsere Lage allerdings überhaupt nicht besserte: Wir schätzten, dass wir uns nicht mehr als 4 oder 5 Leagues vom Riff entfernt befanden, vielleicht viel weniger, und die Dünung, die unmittelbar darauf zulief, trug das

Schiff schnell hinan. Wir versuchten, häufig zu loten in der Hoffnung, Grund zu finden, damit wir ankern konnten – aber vergeblich noch vor 5 war das Donnern der Brandung deutlich zu hören und bei Tagesanbruch waren die riesigen schäumenden Sturzwellen in knapp einer Meile Entfernung recht deutlich zu sehen; auf diese Wellen trieb das Schiff nun überraschend schnell zu, sodass wir um 6 Uhr eine Kabellänge entfernt waren, so schnell fuhren wie je und bei 100 Faden Lotleine immer noch keinen Grund fanden. Wir hatten jede Methode ausprobiert, seit wir die Gefahr erkannt hatten, und brachten die Boote aus in der Hoffnung, sie könnten uns wegziehen, aber es war uns noch nicht gelungen; von der Pinasse hatte man zu Reparaturzwecken eine Planke abgenommen, und die Barkasse war zu unserer mutmaßlichen Sicherheit so gut unter den Bäumen festgezurrt und befestigt, dass wir sie nicht befreit hatten. An der Heckpforte wurden zwei lange Riemen ausgebracht, damit man die Schiffsnase in die andere Richtung drehen konnte in der Hoffnung, Zeit zu gewinnen, bis die Boote im Wasser waren. Das alles gelang uns, während wir uns dem Riff näherten und wir, wie ich glaube, nur noch 40 Schritt von der Brandung entfernt waren; dieselbe See, die über die Bordwand spülte, stieg beim nächsten Mal, da sie hereinkam, zu einem riesigen Brecher empor, sodass zwischen uns und diesem nur ein schrecklich elendes Tal von der Breite einer einzige Welle blieb; noch immer loteten wir die Tiefe mit 3 oder 4 zusammengeknüpften Leinen, aber selbst bei 150 Faden war kein Grund zu spüren. Jetzt war unsere Lage wirklich verzweifelt, niemand, so glaube ich, außer er vertraute sich völlig Gott an, konnte etwas anderes als einen schnellen Tod erwarten, einen Tod, an dem, jedenfalls den riesenhaften Brechern nach zu urteilen, die das Schiff schnell in Stücke hauen würden, kaum noch ein Zweifel bestand. Hoffnung konnten wir uns nicht hingeben: Die Boote waren an Bord und würden mit dem Schiff entzweigehauen werden, das nächstgelegene trockene Land war 8 oder 10 Leagues entfernt. Dennoch setzten wir unsere Anstrengungen fort, die Barkasse zu Wasser zu lassen, was bald zur Gänze vollbracht war. In diesem kritischen Moment, in diesem, wie ich sagen muss, Furcht erregenden Augenblick, da offenbar sogar aller göttlicher Beistand zu gering war, als dass wir zumindest unser nacktes Leben hätten retten können, kam ein Windhauch auf, so leicht, dass wir ihn sonst während einer Flaute gar nicht bemerkt hätten. Es war deutlich zu erkennen, dass sich dadurch unsere Fahrt sofort vermindert hatte; daher wurden alle Segel in die genehme Richtung gestellt, um den Windhauch zu erhaschen, und wir sahen gerade noch, wie sich das Schiff in einer schrägen Richtung von den Brechern fortbewegte. Das gab uns zumindest Zeit, und indem wir unsere Anstrengungen verdoppelten, bekamen wir wenigstens das Boot zu Wasser und bemannten es, damit es vorausfahren konnte. Das Schiff bewegte sich immer noch fort, doch in weniger als zehn Minuten legte sich unsere kleine Brise – und es war genauso windstill wie zuvor. Nun bekamen wir es erneut mit der Angst zu tun: Man warf unzählige kleine Stückchen Papier & cetera über die Bordwand, um herauszufinden, ob die Boote das Schiff wirklich bewegten, doch rührte es sich so wenig, dass man fast nach jedem Wurf eines Papierstückchens darüber stritt. Wieder besuchte uns unsere kleine freundliche Brise, wobei sie ungefähr so lange anhielt wie zuvor und wir vielleicht 100 Schritt von den Brechern wegkamen; gleichwohl blickten wir immer noch in den Abgrund des Todes. Etwa eine Achtelmeile von uns entfernt hatte man eine Öffnung im Riff erspäht, die kaum so breit wie das Schiff lang war; dennoch beschloss man, das Schiff wenn möglich dort hindurchzusteuern. Da in der Lücke eine Brandung ging, könnten wir vielleicht mit dem Leben davonkommen; jedoch war zweifelhaft, ob wir mit dem Schiff überhaupt so weit kommen würden; aber unsere kleine Brise besuchte uns ein drittes Mal und schob uns fast dorthin. Die Furcht vor dem Tode ist bitter. Bei der Aussicht, die wir nun hatten, nämlich dass wir vielleicht gerettet würden, obwohl auf Kosten allen Besitzes, wurde mir viel leichter ums Herz, und es gab wohl niemanden, der nicht das Gleiche empfand. Schließlich kamen wir vor der Mündung der heiß ersehnten Öffnung an, wobei wir zu unserer Überraschung feststellten, was – zusammen mit der kleinen Brise – unser Entkommen wirklich verursacht hatte – etwas, was wir uns nicht einmal im Traum vorgestellt hätten. Die Flut hatte uns unerklärlich schnell aufs Riff zugetrieben, in deren Nähe wir gerade bei Hochwasser eintrafen, und da sie uns nun nicht weitertrieb, konnten wir jenem entgehen. Nun aber kam die Ebbe; sie ergoss sich aus der schmalen Öffnung wie ein Mühlbach, sodass es unmöglich war, dort hineinzukommen; aus diesem Strom zogen wir jedoch möglichst großen Nutzen, und er trug uns fast eine Viertelmeile von dem Riff fort. Da uns wohl bewusst war, dass wir die Ebbe zu unserem größtmöglichen Nutzen verwenden mussten, zogen wir weiter mit aller Kraft und mit allen Booten – die Pinasse war inzwischen repariert –, bis wir Seeraum von ungefähr 1$^1/_2$ oder 2 Meilen gewonnen hatten. Unterdessen war die Tide gekentert, und wieder stieg die Spannung: Da wir so wenig gewonnen hatten, während uns die Ebbe förderlich war, hatten wir einigen Grund zu der Annahme, dass uns die Flut trotz größter Anstrengungen wieder auf das Riff zutreiben würde. Und da es immer noch so windstill war wie zuvor, war es unwahrscheinlich, dass an diesem Tag noch Wind aufkam; ja, wenn Wind aufgekommen wäre, hätten wir nur nach einer anderen Öffnung suchen können, da wir derart umringt von dem Riff waren, dass es bei dem vorherrschenden Passatwind unmöglich wäre, anderweitig herauszukommen. Aber wir sahen vor uns eine andere Öffnung, also fuhr der Erste Offizier im kleinen Boot dorthin, um sie zu untersuchen. Unterdessen kämpften wir gegen die Flut, bald gewannen wir ein wenig, bald hielten wir unsere Position, bald wieder verloren wir etwas, sodass unsere Lage fast genauso schlimm wie vordem war, zumal die Flut noch nicht ihre ganze Kraft entfaltet hatte. Um 2 Uhr jedoch kam der Leutnant mit der Nachricht zurück, dass die Öffnung sehr schmal sei und es darin einen guten Ankergrund und eine Durchfahrt gebe, die ganz von Untiefen frei sei. Der Bug des Schiffs wurde sofort darauf zu gewendet, und mit der Tide ließ es sich schnell ziehen, sodass wir um 3 in die Öffnung gelangten und mit einer Strömung, fast so wie eine Mühlgerinne, hindurcheilten, wobei wir kaum Zeit hatten, um die Bordwände zu bangen, obwohl die Öffnung kaum mehr als eine Viertelmeile breit war. Um 4 gelangten wir zu einem Ankergrund, abermals glücklich, auf jene Untiefen zu treffen, denen wir nur zwei Tage zuvor – wie wir glaubten – noch höchst glücklich entronnen waren. Wie wenig weiß doch der Mensch, was ihm wirklich zum Vorteil gereicht: Zwei Tage [zuvor] waren unsere größten Wünsche in Erfüllung gegangen, als wir aus dem Riff herauskamen, und heute sind wir glücklich, dort wieder hineinzukommen.

»Das knappste Entrinnen, das wir jemals erlebt haben. Wäre uns die Vorsehung nicht sofort zur Hilfe geeilt, wären wir unweigerlich untergegangen«, schrieb Pickersgill. Cook blieb nach außen hin gefasst, doch zeigt der erste Entwurf in seinem Logbuch, dass auch ihn Gedanken an den unmittelbar bevorstehenden Tod bewegten. Dieses eine Mal zeigte er seine Gefühle. Zwar änderte er charakteristischerweise den Eintrag ab, bevor er seinen Vorgesetzten die endgültige Version vorlegte, aber die ursprünglichen Gedanken aus der ersten Fassung haben überdauert: »Es gefiel GOTT, uns an diesem Scheideweg einen leichten Windhauch zu schicken«; mit diesen Worten beschrieb er das gefahrvolle Entkommen. Cook rief nur höchst selten seinen Schöpfer an. Der Lücke in dem Riff gab er den Namen »Providential Channel« (Kanal der Vorsehung). Sie veranlasste ihn, über sein Leben als Entdecker zu philosophieren. Es ist kennzeichnend, dass er sich am Ende des Absatzes entschuldigt, uns einen der seltenen Einblicke in seine Denkweise und Gefühlswelt gewährt zu haben, über die man aus seinen zwar detaillierten, aber ehrerbietigen und emotionslosen Schiffsjournalen jedoch gern mehr erfahren hätte.

> Wäre da nicht die Freude, die sich natürlicherweise bei einer ersten Entdeckung einstellt, und sei es nur die Entdeckung von Sandbänken und Riffen, so wäre dieses Tun unerträglich, besonders in weit entfernten Gegenden wie dieser, wo man knapp an Nahrung und fast allen notwendigen Dingen ist. Kaum eine Entschuldigung wird angenommen, wenn so ein Mann eine von ihm entdeckte Küste unerforscht lässt. Wenn er sich mit Gefahren entschuldigt, so macht man ihm *Ängstlichkeit* und mangelnde Ausdauer zum Vorwurf und nennt ihn zugleich den unfähigsten Entdecker der Erde; trotzt er aber allen Gefahren und Hindernissen und kommt misslicherweise nicht zum Erfolg, so zeiht man ihn der *Verwegenheit* und mangelnder Besonnenheit. Jener Vorwurf mag mir billigerweise nicht gemacht werden, und wenn ich das Glück habe, alle Gefahren zu überwinden, welche uns begegnen mögen, so wird dieser niemals erhoben werden. Ich muss allerdings gestehen, dass ich mich den Inseln und Untiefen an dieser Küste mehr gewidmet habe, denn es einem vorsichtigen Manne geziemen mag, welcher nur das eine Schiff hat; doch hätte ich dies nicht unternommen, so wäre ich nicht in der Lage, einen besseren Bericht als über die Hälfte dessen zu geben, als wenn ich die Küste nie gesehen hätte, will heißen, ich hätte nicht zu sagen vermocht, ob es sich hier um Inseln oder Festland handele. Auch wären wir völlig unwissend hinsichtlich der Hervorbringungen des Landes geblieben, denn das eine lässt sich von dem anderen nicht trennen. Und in diesem Falle wäre es weitaus zufriedenstellender für mich gewesen, das Land niemals entdeckt zu haben. Aber nun sei es an der Zeit, mit diesem Thema abzuschließen, das bestenfalls als unangenehm zu bezeichnen ist & über das nachzudenken mich nur die Gefahr verleitet hat, der wir kürzlich entronnen.

Für Cook war es also von größter Bedeutung, dass er mit Beschreibungen der Länder und mit Land- und Seekarten der Küstenlinien zurückkehrte. Er beschloss, dass es, solange es einen schiffbaren Weg gab, sicher sei, innerhalb des Riffs zu bleiben und so nahe an Land zu segeln, wie es die Wassertiefe erlaubte. Man würde nur langsam vorwärts kommen, aber die Strömung zog nordwärts, was nur bedeuten konnte, dass es irgendwo im Norden offenes Meer außerhalb der Untiefen geben musste. Den Naturforschern bot sich zwar kaum eine Gelegenheit, an Land zu gehen, doch hatte man viel Zeit, die Riffe zu untersuchen; die Forscher waren sehr angetan von dem erstaunlichen Farbenspiel und der Vielfalt der hier entdeckten Lebensformen. So schrieb Sydney Parkinson:

> Die Riffe waren von zahllosen schönen Korallen aller Farben und Gestalt bedeckt und hie und da mit Zwischenräumen aus sehr weißem Sand durchsetzt. Dies ergab ein überaus schönes Bild unter Wasser, das im Riff glatt war, sich an der ganzen Außenkante hingegen jedoch brach, wobei sich das Riff treffend mit einem unter Wasser liegenden Hain aus Sträuchern vergleichen lässt. Zahlreiche schön gefärbte Fische leben unter den Felsen und können bei Niedrigwasser auf dem hoch gelegenen Teil des Riffs mit bloßer Hand gefangen werden. Darüber hinaus finden sich Krebse, Mollusken verschiedener Arten sowie eine große Vielzahl merkwürdiger Schalentiere, die an den alten, toten Korallen anhaften, aus denen das Riff besteht.

Nach einigen Tagen traf das Schiff wohlbehalten an einem Kap ein, bei dem es sich offenbar um das Nordende des Landes handelte: Cook nannte es Cape York, zu Ehren des Herzogs von York. Jenseits des Kaps fiel das Land nach Süden ab. Nordwärts sah man Inseln und etwas, was eine Meerenge zu sein schien. Cook wäre gern weiter um die Küste herumgesegelt, doch war das wegen des Zustands des Schiffs und aufgrund der mangelnden Vorräte ausgeschlossen. Deshalb entschied er, das Land achteraus zu lassen und die Meerenge zu durchfahren, bei der es sich – davon war er jetzt überzeugt – um diejenige handelte, die Torres bereits lang vor ihm entdeckt hatte.

Eines blieb jedoch noch zu tun, bevor man die Küste Neuhollands verließ. Das Land musste annektiert und im Namen des Königs in Besitz genommen werden. Am Cape York fand Cook ein kleines Eiland. Dort landete er mit einem der Boote, hisste die englische Flagge und nahm den ganzen Kontinent von 38 Grad südlicher Breite bis zu der Stelle, wo er stand, offiziell in Besitz. Vor ihnen lag eine Strecke offenen Gewässers. Dies war die lang gesuchte Straße zwischen Neuholland und Neuguinea, die Durchfahrt, die Torres in seinem Bericht gemeint haben musste, der jedoch vor so langer Zeit geschrieben worden war, dass niemand ganz sicher sein konnte, ob man ihm vertrauen konnte. Es war ein bedeutender Augenblick der Reise. Denn wäre die Straße nicht vorhanden gewesen, so hätte die *Endeavour* weitaus mehr Seemeilen bis zur Rückkehr in die Zivilisation zurücklegen müssen, und ob sie eine solche Fahrt überstanden hätte, ist sehr zu bezweifeln. Cook gab dem Land, das er kartographiert hatte, den Namen New South Wales (Neusüdwales). Zwar ähnelte es kaum dem alten keltischen Land Wales, der Heimat des Schiffsmeistermaats Francis Wilkinson und des Vollmatrosen Thomas Jones, doch gab es bereits ein Neuengland und ein Neubritannien, weshalb es sich um eine verständliche Namensgebung handelte. Aber warum Südwales, weshalb nicht einfach Neuwales? Wie kam Cook dazu, die Nordwaliser zu schmähen? Über diese Fragen wird man in Australien und in Wales sicher auch noch in Zukunft viel diskutieren. Doch was immer der Grund dafür war, warum nicht das ganze Wales für den Namen herhielt, er sollte doch als wesentlicher Teil Australiens Bestand haben.

Während Cook und seine Begleiter auf dem kahlen Gipfel von Possession Island standen, gaben sie drei Musketenschüsse ab. Das Schiff antwortete ihnen mit drei Salven, die klar und deutlich über das Wasser hallten. Die Männer an Bord wussten, dass das Signal ein gutes Omen war – denn es bedeutete, dass man endlich eine schiffbare Passage gesichtet hatte. Von den Leuten auf dem Schiff folgten drei raue, aber herzliche Hochrufe: Sie kündeten von dem doppelten Erfolg ihrer großen Entdeckungsfahrt und bedeuteten, dass es nun nach Hause ging.

Der August war beinahe zu Ende, die *Endeavour* umschiffte die letzten Untiefen und Inseln. Sie ließ das große neue Land hinter sich und steuerte nordwärts auf die Küste Neuguineas zu. Einmal gab es einen blinden Alarm, als man glaubte, ein weiteres gefährliches Riff zu sehen, doch erwies es sich als harmloses braunes Seegras, das auf der Meeresoberfläche trieb. Das Schiff lief in die Gewässer um Neuguinea ein, und man wollte in der Hoffnung an Land gehen, Kokosnüsse und Bananen zu erhalten. Die Einheimischen zeigten sich aber unfreundlich. Sie schrien und schleuderten Brandstöcke, die so ungestüm brannten, dass die Engländer zunächst meinten, die Eingeborenen verfügten über Musketen und Schießpulver. Da die Besatzung sich darin einig war, dass man keine Zeit hatte, das Volk eingehender zu studieren, fuhr man weiter. Die Entdeckungseuphorie war zum Großteil verschwunden. Zudem machte sich bei der Mannschaft ein Phänomen bemerkbar, dem Banks einen höchst modernen Namen verlieh:

> Der größte Teil der Besatzung ist ganz außer sich vor Heimweh, wobei die Ärzte so weit gehen, das Phänomen unter dem Namen *Nostalgie* als Krankheit einzustufen; in der Tat kann ich kaum jemanden auf dem Schiff finden, der von ihren Auswirkungen frei wäre – bis auf den Kapitän, Dr. Solander und mich, da wir drei unseren Geist fast ständig beschäftigt halten. Meiner Ansicht nach stellt dies das beste, wenn nicht das einzige Heilmittel gegen Nostalgie dar.

Die *Endeavour* segelte durch die Arafurasee und fuhr an den Aru- und Tanimbar-Inseln vorbei. Bald kam die Küste von Timor in Sicht. Bis sie vor Timor eintrafen, gab es für die Naturforscher noch viel Interessantes zu tun, für die Astronomen dagegen nur noch wenig. Eines Abends beispielsweise sah man um zehn Uhr am Nachthimmel einen dünnen Vorhang rötlichen Lichts – das Südlicht. Nur zehn Grad vom Äquator entfernt, handelte es sich eigentlich um einen seltenen Anblick: Es bedeckte eine Fläche von etwa 20 Grad über dem Horizont und umspannte acht oder zehn Kompassstriche.

Tags darauf befand sich die *Endeavour* vor dem Westende der Insel Timor, von der die kleinere Insel Roti durch eine schmale Meeresstraße getrennt ist, die von Nord nach West verläuft. Wieder sah man an Land Eingeborene; manche von ihnen trugen Stahlmesser europäischer Herstellung. Am nächsten Tag sichtete man ein weiteres Korallenriff und kurz darauf lag die *Endeavour* vor Java. Auf der Insel sah man weitere Eingeborene sowie ein vertrautes großes Tier, von dem man fast vergessen hatte, dass es existierte – ein Pferd. Auf dem Pferd saß ein Reiter, der einen blauen Rock und eine weiße Weste trug, dazu einen Hut mit Spitzenbesatz. Er war der erste Weiße, den sie seit der Abfahrt aus Rio sahen, wo sie zwei Jahre zuvor auf der anderen Seite des Globus gewesen waren.

10. KAPITEL

Heimreise

Die Insel Suva war einer der fernsten Außenposten Niederländisch-Indiens. Die Eingeborenen kamen in ihren Booten ans Schiff, um Früchte und Kokosnüsse zu tauschen, und machten Zeichen, das Hauptdorf und das Handelszentrum lägen in einer Bucht an der Leeseite der Insel. Die *Endeavour* hisste am Fockmast die englische Flagge. Als man in dem Dorf eintraf, wurde man mit einem Salut, bestehend aus drei Kanonenschüssen, begrüßt, und an Land wurde die niederländische Flagge gehisst. Der örtlich Radscha war hoch erfreut, das Schiff mit Büffeln, Schweinen und Geflügel versorgen zu können, unterstand in seiner Funktion als Handelsagent aber offenbar den holländischen Behörden. Er war ein gewiefter Politiker, der die Offiziere fürstlich bewirtete, jedoch stets im Hinterkopf behielt, ihnen ein Bestechungsgeld zu entlocken, ehe er das dringend erforderliche Frischfleisch lieferte. Da Java und die Hafenstadt Batavia einige Tagesfahrten nach Westen entfernt lagen, konnte Cook die möglichen Komplikationen ignorieren, die sich hier wegen der Korruption und aufgrund innenpolitischer Verhältnisse ergeben könnten. Er erhielt genügend Vorräte, um die dringlichsten Bedürfnisse befriedigen zu können, und setzte so bald als möglich wieder Segel.

Zehn ereignislose Tage fuhr das Schiff weiter nach Westen, wobei es weit von der Küste Javas absteuerte. Tupia, der sich von Kindheit an von frischem Gemüse ernährt hatte, litt wie-

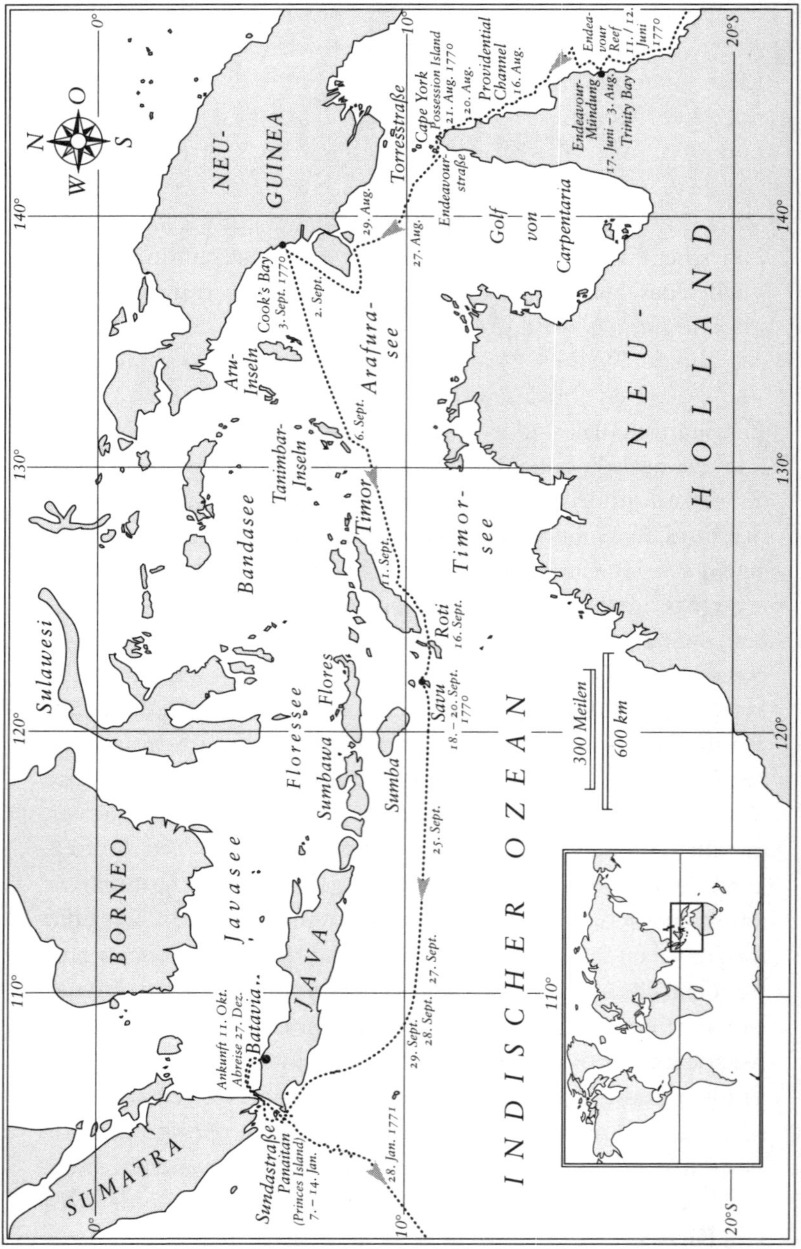

N
O
S
W
SUMATRA
BORNEO
Sulawesi
NEU-
GUINEA
JAVA
Javasee
Bandasee
Floressee
Arafura-
see
Timor-
see
Sumbawa
Flores
Sumba
Timor
Roti
16. Sept.
Savu
18.–20. Sept.
1770
Tanimbar-
Inseln
Aru-
Inseln
Cook's Bay
3. Sept. 1770
2. Sept.
6. Sept.
11. Sept.
29. Aug.
27. Aug.
Torresstraße
Cape York
Possession Island
21. Aug. 1770
20. Aug.
Endeavour-
straße
Providential
Channel
16. Aug.
Golf
von
Carpentaria
Endeavour-
Mündung
17. Juni – 3. Aug.
Trinity Bay
Endea-
vour
Reef
11./12.
Juni
1770
NEU-
HOLLAND
INDISCHER OZEAN
300 Meilen
600 km
Ankunft 11. Okt.
Abreise 27. Dez.
Batavia
Sundastraße
Panaitan
(Princes Island)
7.–14. Jan.
28. Jan. 1771
29. Sept.
28. Sept.
27. Sept.
25. Sept.
0°
10°
20°S
110°
120°
130°
140°

der unter den Auswirkungen des Skorbuts, und bei Charles Green machten sich schließlich die Belastungen der langen Reise bemerkbar. Als das Schiff England verlassen hatte, war noch kein *Nautischer Almanach* für das Jahr 1770 herausgekommen. Weil also kein aktuelles Jahrbuch zur Hand war, wurde es während der Reise immer schwieriger, die geographischen Längen exakt zu ermitteln. Da eine gute Strömung die Fahrt begünstigte, wich die gegisste Besteckrechnung bei Erreichen des javanischen Westkaps vor der Sundastraße vier Grad ab. Die *Endeavour* hatte zwar Land- und Seekarten über diesen Teil der Welt an Bord, doch waren diese äußerst ungenau, und so kamen einige Zweifel hinsichtlich der Position auf, als das Schiff in die Sundastraße einlief. Die Meeresstraße war die Passage nach Batavia und führte zwischen den Inseln Java und Sumatra hindurch. »Viele Segel sind jetzt in solch schlechtem Zustand, dass sie kaum dem geringsten Windstoß widerstehen«, schrieb Cook. Das Großmarssegel war von oben bis unten eingerissen. Aber nicht nur die Segel und die Takelage waren zerschlissen: Der Kapitän hatte noch kaum eine Ahnung davon, wie sehr die Würmer die Planken am Unterschiff bereits zerfressen hatten; teilweise waren sie nur noch hauchdünn. Ein holländisches Schiff kam vorbei und die Schiffe tauschten Grüße und Neuigkeiten aus. Besonders eine Nachricht war für die Veteranen von der *Dolphin* von Interesse. Sie erfuhren nämlich, dass die *Swallow*, das damalige Begleitschiff der *Dolphin*, das sie zuletzt in der Magellanstraße gesehen hatten, zwei Jahre zuvor Batavia angelaufen und somit die Fahrt über den Pazifik überstanden hatte. Bald tauchte die *Endeavour* aus der Sundastraße auf und umsegelte die Landspitze Bantam. Es folgten vier schwere Tage, an denen die *Endeavour* gegen widrige Winde und Strömungen ansegelte, aber am 11. Oktober lief sie endlich in die Batavia-Bucht ein. Cook schickte seinen Ersten Offizier an Land. Er sollte sich beim Gouverneur entschuldigen, dass man keinen Salutschuss abgegeben habe: Die meisten Geschütze ruhten vor dem Endeavour-Riff auf dem Grund des Pazifiks.

Im Hafen lagen 20 Schiffe vor Anker. In der Mehrzahl waren es niederländische Fahrzeuge, aber man sah auch einen englischen Kauffahrer, die *Harcourt*, und zwei weitere Fahrzeuge aus englischen Häfen in den östlichen Meeren. Eines der holländischen Schiffe entsandte ein Boot, damit es mit der *Endeavour* Verbindung aufnahm. Die Niederländer wirkten kränklich und bleich, die Seemänner der *Endeavour* waren dagegen bei vorzüglicher Gesundheit. Sie gerieten bei dem Gedanken, ein paar Tage an Land zu verbringen, in Hochstimmung. Gut gelaunt hänselten sie ihre niederländischen Berufsgenossen und verspotteten sie wegen derer käsiger Gesichtsfarbe. Hätten die Seeleute den wahren Grund gekannt, wäre ihnen die gute Laune vergangen – sie hatten nämlich einen der ungesündesten und tödlichsten Häfen der Welt angelaufen.

»Ich habe zu erwähnen vergessen, dass bei unserer Ankunft hier nicht ein einziger Mann auf der Krankenliste verzeichnet war; Leutnant Hicks, Mr. Green und Tupia waren die Einzigen, die aufgrund der langen Reisedauer Beschwerden hatten«, schrieb Cook. Einmal vom Gesundheitszustand der Mannschaft abgesehen – es blieb ihm keine andere Wahl, als eine Zeitlang in Batavia zu bleiben. Es war der einzige Ort im Osten, an dem Schiffsreparaturen ausgeführt werden konnten, und die *Endeavour* befand sich in einem viel zu schlechten Zustand, als dass sie ohne eine umfassende Instandsetzung und Überholung an Kiel und Boden weiterfahren konnte. Und da er wusste, dass die Holländer jede Erkundung dessen, was sie als ihre eigenen Gewässer ansahen, mit Argwohn betrachteten, sammelte er alle Tage- und Logbücher der Reise ein und wies seine Männer an, gegenüber den Holländern nicht auszuplaudern, wo sie gewesen waren und welche Entdeckungen sie gemacht hatten.

Batavia war zu Beginn des 17. Jahrhunderts von den Niederländern als Zentrum ihres Handels mit Ostindien gegründet worden. Im Laufe des 18. Jahrhundert hatte sich die Stadt zu einem großen kosmopolitischen Seehafen entwickelt. Es gab dort eine Zitadelle, ein beeindruckendes Rathaus und mehrere große Kirchen verschiedener Konfessionen. Die Einwohner waren zum überwiegenden Teil Holländer, doch lebten hier auch viele Deutsche, Dänen, Schweden und Ungarn, dazu einige wenige Engländer, Franzosen und Italiener. Die Altstadt an der Südseite bestand aus Blockhütten, in denen zahlreiche Chinesen lebten.

Batavia wies die Architektur einer hübschen holländischen Stadt auf. Es gab hier sogar von Bäumen gesäumte Grachten, auf denen der örtliche Handelsverkehr abgewickelt wurde. Das Problem war nur, dass Batavia in den Tropen lag und nicht auf der gemäßigten Breite von Amsterdam. Im 18. Jahrhundert verschüttete ein Erdbeben sämtliche Wasserzuflüsse. Infolgedessen waren die Kanäle zu stehenden Gewässern geworden, in denen Stechmücken brüteten und sich in Myriaden vermehrten. Es mag verwundern, dass die Niederländer, die daheim als sehr sauber und stolz auf ihre Häuser galten, das ganze 18. Jahrhundert über an Batavia als Hauptstützpunkt festhielten, obwohl sich die Stadt schnell den Ruf erwarb, eine Brutstätte der Malaria und aller möglichen Arten tropischer Krankheiten zu sein.

Das alles musste Cook und seinen Offizieren wohl bekannt gewesen sein; aber die Männer trafen bei exzellenter Gesundheit ein, weshalb Batavia anzulaufen als kalkulierbares Risiko galt, das man eingehen konnte. Banks beschreibt in seinem Tagebuch treffend die Hauptgründe, warum es sich bei Batavia um eine tödliche Falle handelte. So behauptete er, dass die Bäume, welche Schatten spendend die Kanäle säumten, die Luft nicht etwa kühlten, sondern die drückende tropische Schwüle nur noch verstärkten:

> Statt die Luft zu kühlen, steuern die Kanäle nicht wenig zu ihrer Aufhitzung bei – dies gilt vor allem für die stehenden, die zahlenmäßig bei weitem überwiegen –, indem sie die intensiven Sonnenstrahlen zurückwerfen. In der Trockenzeit stinken sie fast unerträglich; in der Regenzeit treten viele von ihnen über die Ufer, wodurch die unteren Stockwerke der angrenzenden Häuser mit Wasser volllaufen. Hinzu kommt,

dass, wenn man die Kanäle säubert, was recht häufig geschieht, da viele nicht tiefer als 3 oder 4 Fuß sind, der dunkle Schlick, der herausgenommen wird, an den Ufern liegen bleibt, das heißt mitten auf der Straße, bis er so hart geworden ist, dass man ihn bequem in Boote verladen kann; dieser Schlick stinkt höchst unerträglich; doch wie sollte es auch anders sein, besteht er doch hauptsächlich aus menschlichem Kot, von dem die Kanäle (da es in der ganzen Stadt keinen öffentlichen Abort gibt) allmorgendlich ihr regelmäßiges Quantum erhalten, sowie aus den schmutzigeren Haushaltsresten, die aufgrund der unüblichen Politik des Landes jeder hineinwerfen darf. Überdies liegt in den flachen Stellen der fließenden Kanäle, die in gewissem Grade von den oben erwähnten Nachteilen frei sind, mitunter ein totes Pferd: eine Plage, zu deren Behebung – wie man mir sagte – niemand beauftragt wird. Das mag ich sehr wohl glauben, denn ich erinnere mich, dass in einer der Hauptstraßen über eine Woche lang ein toter Ochse lag, bis ihn schließlich die Flut forttrug.

Es ergaben sich kleinere Sprachschwierigkeiten, was gewissermaßen auch ein Segen war, denn so konnten sich die Besatzungsmitglieder nicht so leicht mit den Niederländern darüber unterhalten, wo man gewesen war und welche Entdeckungen man auf der Fahrt gemacht hatte. Es muss den Matrosen schwer gefallen sein, nicht zu prahlen und mit ihren Berufsgenossen über die jüngsten Erfahrungen zu reden, darüber, wo sie gewesen waren, und über das, was sie erlebt hatten. Seeleute sind zwar auf der ganzen Welt sehr geschickt darin, Sprachbarrieren zu überwinden, in Batavia erwies sich diese Hürde jedoch als sehr nützlich.

Die Holländer beharrten darauf, dass man ihnen ihre Dienste, also die Reparatur des Schiffs, zu einem guten Preis entlohnte. Cook wollte, dass seine Mannschaft die Arbeiten selbst erledigte, aber aufgrund der gesetzlichen Bestimmungen konnten die Holländer eine solche Unregelmäßigkeit nicht zulassen.

Die Instandsetzungsarbeiten waren nicht ganz billig, die Kosten blieben allerdings im Rahmen dessen, was sich die Navy mühelos leisten konnte; als man schließlich mit den Arbeiten begonnen hatte, war Cook von der Qualitätsarbeit der holländischen Schiffbauer gewaltig beeindruckt. Unter der Wasserlinie, wo Satterly, der Schiffszimmerer, nicht hatte hingelangen können, war der Loskiel völlig verschwunden, der Hauptkiel war stark beschädigt, außerdem war ein Großteil des Bodenbeschlags verloren gegangen. Die Seeleute und Schiffszimmerer wunderten sich selbst, dass es ihnen gelungen war, unter diesen gefährlichen Umständen mit einem derart mitgenommenen Schiff so weit zu segeln. Zwei Planken waren von den Korallen bis auf einen Achtelzoll durchsägt worden und die Würmer hatten sich bereits ins gesamte Rippenwerk hineingefressen.

Für den nächsten Abschnitt der Reise waren neue Vorräte einzukaufen. Es galt, Berichte zu schreiben und sich um den Papierkram zu kümmern. Man wollte erfahren, was in der Welt geschehen war, seit das Schiff mehr als zwei Jahre zuvor Europa verlassen hatte. Da gab es beispielsweise Neuigkeiten über Bougainvilles Reise zwei Jahre zuvor sowie weitere Nachrichten über die Emsigkeit der Franzosen im Pazifischen Ozean. In regelmäßigen Abständen verließen Schiffe Batavia und fuhren nach Europa. Da Cook der Admiralität unbedingt eine Nachricht über seine Fahrt zukommen lassen wollte, vertraute er das kostbare Päckchen mit der Abschrift seines Logbuchs einem niederländischen Schiff namens *Kronenburg* an, das am 23. Oktober Batavia verließ.

> Ich sende hiermit eine Abschrift meines Tagebuchs, welche den derzeitigen Stand der Aufzeichnungen wiedergibt, wiewohl ich glaube, dass sie zumal ein ausreichendes Bild desselben zeichnet. In diesem Tagebuch habe ich mit ungeschminkter Wahrhaftigkeit und ohne jedwede Verbrämung alle Begebenheiten der Reise aufgezeichnet und alle Dinge solchermaßen nach meinem besten Vermögen geschildert und

dargelegt, wie ich es für unablässig hielt. Waren die Entdeckungen dieser Reise auch nicht sehr gewaltig, so glaube ich, sie waren dennoch dergestalt, Eurer Lordschaft zur Kenntnis gebracht zu werden; und wiewohl ich auch den umstrittenen südlichen Kontinent nicht entdecken konnte (welcher möglicherweise gar nicht existiert), worin ich aber all mein Streben setzte, so bin ich doch zuversichtlich, dass mir das Misslingen einer solchen Entdeckung nicht zur Last gelegt werden kann.

Wie konnte er nur behaupten, dass die Entdeckungen, die er während der Fahrt gemacht hatte, nicht groß waren? Noch immer schien es Cook zutiefst zu bedauern, dass er das große Südland nicht gefunden hatte. Im Weiteren lobt er in seinem Bericht die Anstrengungen der ganzen Mannschaft, die »die Gefahren und Widrigkeiten während der gesamten Reise mit genau jenem Mut und jener Unerschütterlichkeit und Geschicklichkeit bewältigte, die immer und zu jeder Zeit die Ehre des britischen Seemannes ausmachten, und ich habe die große Genugtuung, sagen zu dürfen, dass ich nicht einen einzigen Mann während der ganzen Reise durch Krankheit verlor.« Krankheit – das bedeutete für Cook der gefürchtete Skorbut. Tod durch Aufzehrung, Epilepsie und Trunkenheit sowie Depression – das schloss seine Definition des Wortes nicht ein.

Hätten wir das Glück gehabt, sehr viel öfter an Land gehen zu können, so hätten wir im zweiten Teil der Reise sehr viel mehr erreicht, als es der Fall ist; aber auch so glaube ich, dass diese Fahrt für bedeutend und umfassend gehalten wird, wenn nicht sogar für bedeutender und umfassender als irgendeine, die bisher aus demselben Grund in die Südsee unternommen worden ist.

Dies kam den Tatsachen schon sehr viel näher als die bescheidene Behauptung, er habe keine großen Entdeckungen gemacht, aber Cook fand sie wohl immer noch zu prahlerisch.

Also änderte er einen Teil des Entwurfs, wobei die Wortwahl danach sehr viel zurückhaltender ausfiel: »Ich glaube, dass diese Fahrt für so umfassend gehalten wird wie irgendeine, die aus demselben Grund in die Südsee unternommen worden ist.« Großzügig würdigte er den Beitrag der Botaniker: »Die vielen überaus wertvollen naturgeschichtlichen Entdeckungen, die Mr. Banks und Dr. Solander machten, und die vieler anderer Dinge, die für die gebildete Welt von Nutzen sein werden, dürfen einiges zum Erfolg dieser Reise beigetragen haben.« In Batavia wollten sich Banks und Solander, die begierig waren, hinsichtlich der dortigen Flora und Fauna neue Erkenntnisse zu gewinnen, ins Landesinnere begeben und Proben sammeln. Jedoch wurde ihr Tatendrang stark beeinträchtigt, nachdem Daniel Solander an Malaria erkrankt war. Banks zog mit seiner Gruppe ins Hotel und sah sich nach einem geeigneten Haus um, das er während seines Aufenthalts in Batavia beziehen konnte.

Die Niederländer luden Cook und die Herren Wissenschaftler ein, der Zeremonie zur Ernennung der Flottenchefs beizuwohnen. Das war eines der bedeutenden, alljährlich stattfindenden Ereignisse im Kalender Batavias. Man warb dafür mit den Worten, es handele sich dabei um eines der größten Spektakel, die Batavia zu bieten habe, aber Cook fand die Feier schlecht organisiert und die Flotte stark unterbemannt.

In der Stadt erfolgte die Personenbeförderung in vielgestaltigen Sänften und Kaleschen. Wenn die Reichen die Stadt verließen, fuhren sie in Kutschen und ließen sich von einer großen Anzahl Bediensteter begleiten. Die Männer kleideten sich in seidene Westen und samtene Jacken, dazu trugen sie Hüte mit viel Seide und Stickereien; einige trugen auch Perücken. Die Frauen bevorzugten Kattunkleider, manche in europäischer Manier, andere nach der malaiischen Mode. Die wohlhabenderen Frauen gingen selten zu Fuß: Sie fuhren in Kutschen, die mit Schnitzereien versehen und vergoldet waren, während ihre Zofen auf den Trittbrettern mitfuhren. Am meisten zeigten sich zweifellos Tupia und sein Junge Tayeto von Batavia begeistert. Bei seiner Ankunft litt Tupia zwar immer noch an den

Folgen der Reise und des Skorbuts, doch sobald Banks eine geeignete Unterbringungsmöglichkeit gefunden und ihn an Land gebracht hatte, erholte sich der Tahitianer, und schon bald ging es ihm wieder viel besser. Banks schildert eine lustige und amüsante Szene, bei der die beiden Tahitianer vor lauter Freude ausgelassen durch die Straßen tanzten und über die Sehenswürdigkeiten staunten, die sich ihren Blicken darboten:

> Wegen der Sehenswürdigkeiten, die sich ihm boten, hob sich [Tupias] Stimmung, die lange sehr schlecht gewesen war, gleich nach der Ankunft; sein Junge Tayeto, der stets kerngesund gewesen war, stand kurz davor, durchzudrehen. Häuser, Kutschen, Straßen, kurz: alles waren für ihn Sehenswürdigkeiten, die er oft beschrieben gehört, aber nie richtig verstanden hatte, und so betrachtete er sie alle mit mehr als Erstaunen. Nahezu verrückt ob der zahllosen Neuheiten, die seine Aufmerksamkeit von einer zu anderen lenkten, tanzte er auf den Straßen und untersuchte alles nach besten Kräften. So gehörte zu Tupias ersten Beobachtungen, dass die einzelnen Leute verschiedene Kleider trugen; als man ihm sagte, in dieser Stadt trügen alle Menschen ihre Landestracht, wollte er selbst auch eine solche haben, woraufhin man ihn zum Schiff schickte und Südsee-Stoff holen ließ; danach ging es ihm täglich besser, sodass ich nicht im Geringsten an seiner Gesundung zweifelte, auch wenn wir aller Wahrscheinlichkeit nach des Längeren hier bleiben werden.

Tupia und Tayeto waren auf seltsame Weise vom eigenen Bild und dem ihrer Begleiter hingerissen, das sich ihnen in einer Gerätschaft namens Spiegel bot – ein weiteres Wunder der westlichen Welt. Von Parkinson erfahren wir, dass Charles Green großes Interesse an den beiden Tahitianern zeigte und viel Zeit damit verbrachte, ihnen Englisch beizubringen. Als Banks mit Tupia auf den Straßen spazieren ging, kam aus einem der Häuser ein Mann und sprach sie an – der Mann war überzeugt, er habe Tupia schon einmal gesehen. Offenbar war

Banks' tahitischer Freund nicht der Erste aus seinem Volk, der Batavia besuchte. Banks lauschte interessiert der Erzählung über Bougainvilles Reise, vor allem dem Detail, dass der Franzose auf seiner Rückreise etwa eineinhalb Jahre zuvor in seinem Gefolge einen Tahitianer namens Ahutoru gehabt habe. Selbst die Sache, dass es sich bei dem Botaniker des Franzosen um eine Frau gehandelt hatte, war in den Klatschzirkeln Batavias wohl bekannt.

Wir erwärmen und erfreuen uns an der Schilderung der beiden Tahitianer, da wir darin die frische, unschuldige Freude eines Naturvolkes bei seinen ersten Erfahrungen mit der westlichen Welt sehen. Es gehört zur traurigen und schrecklichen Ironie des Schicksals der Reise, dass sich binnen weniger Tage beide Tahitianer mit Malaria ansteckten. Joseph Banks ließ für sie auf einer der bewaldeten Inseln vor den Toren der Stadt ein Zelt errichten, dort, wo die saubere Meeresbrise über sie hinwegstrich. Alles war vergeblich, denn schon binnen weniger Tage starb Tayeto. Der arme Tupia war untröstlich und weinte um seinen Freund. Er selbst starb nur einige Tage darauf.

Weitere Besatzungsmitglieder erkrankten. Das Unglück wollte es, dass zu denen, die am schlimmsten litten und besonders früh starben, auch William Monkhouse, der Arzt, gehörte. John Reynolds, der Diener des Astronomen, starb, und kurz darauf erlagen drei Matrosen ihrer Krankheit. Praktisch niemand auf der *Endeavour* blieb von der Malaria verschont; auch Banks selbst war schwer krank – »die Anfälle waren so heftig, dass ich all meiner Sinne beraubt und so hinfällig war, dass ich kaum noch eine Treppe hinabsteigen konnte«. Solander war der Schwelle des Todes sehr nahe. Bald schien John Ravenhill, der alte Segelmacher, der Einzige zu sein, der nicht unter dem Fieber litt – was Cook außerordentlich fand, da Ravenhill fast täglich betrunken war. Der einzige kleine Trost war, dass die Holländer darauf bestanden, für die Reparaturen am Schiff ihre eigenen Arbeitskräfte einzusetzen, denn Cooks Leute wären sowieso viel zu krank gewesen, um die Arbeiten selbst auszuführen.

Den Weihnachtstag des Jahres 1770 verbrachte man in Batavia. Zum Feiern war aber nicht die richtige Zeit: Dermaßen viele Besatzungsmitglieder waren krank und deshalb unfähig, ihren Aufgaben nachzugehen, dass Cook sich nur eines wünschte: den Hafen so rasch wie möglich zu verlassen – ein Wunsch, der schon tags darauf in Erfüllung ging. Sieben Leute der *Endeavour* waren gestorben; die Unterzahl der Besatzung wurde dadurch ausgeglichen, dass man weitere Männer anheuerte, darunter John Marra, einen Iren aus Cork, dem sehr daran gelegen war, sich der Besatzung anzuschließen: Die Niederländer fahndeten nach ihm, weil er von einem ihrer Schiffe desertiert war. Kurz vor dem Auslaufen sprach Cook mit einem holländischen Kapitän, der ihm versicherte, er könne von Glück reden, dass wenigstens die Hälfte seiner Mannschaft noch am Leben sei. Sobald sie auf dem offenen Meer waren, ließ die Furcht vor der Malaria nach. Solander genas, war jedoch überhaupt nicht beruhigt, denn ängstlich musste er zusehen, wie die Stechmücken aus den stehenden Kanälen Batavias nun in der Trinkwassertonne des Schiffs brüteten.

Die *Endeavour* benötigte elf schwere Tage, bis sie sich mit einer geschwächten Mannschaft durch die Sundastraße gekämpft hatte, und deshalb beschloss Cook, auf einer Insel namens Panaitan (Princes Island) anzuhalten, um das Schiff neu zu verproviantieren und auf die Fahrt quer über den Indischen Ozean vorzubereiten. Am 16. Januar verließen sie das Gebiet des Indischen Archipels mit Ziel Kap der Guten Hoffnung. An diesem Punkt der Reise waren die meisten Besatzungsmitglieder von dem Fieber, mit dem sie sich in Batavia infiziert hatten, nahezu genesen. Ein anderer Kapitän wäre jetzt wohl weitergesegelt, aber – typisch für ihn – Cook hielt an, um Trinkwasser und Lebensmittel an Bord zu nehmen. Binnen weniger Tage kam zur Malaria die Ruhr hinzu, und während die *Endeavour* langsam westwärts segelte, erkrankten immer mehr der Besatzungsmitglieder. Cook gab sich die Schuld, auf Panaitan Halt gemacht zu haben, da dort die Früchte oder das Wasser verunreinigt gewesen sein mussten, wie er glaubte. Weil die Insel wegen der schlechten Qualität des Wassers auf englischen Schiffen keinen guten Ruf hatte, versetzte er es, in der Hoffnung, es auf diese Weise zu reinigen, mit Limettensaft. Die *Endeavour*, die den Atlantik und den Pazifik mit weniger Krankheitsfällen und einer gesünderen Mannschaft als irgendein anderes Schiff überquert und nur wenige Wochen zuvor mit einer gesunden und fröhlichen Mannschaft Batavia verlassen hatte, fuhr nun in den Indischen Ozean, als wäre es ein Hospitalschiff; täglich erkrankten mehr Leute. Es gab einen Zeitpunkt, da nur acht, neun Männer so gesund waren, dass sie die Segel bedienen konnten.

Am 24. Januar starb John Truslove, ein Korporal der Seesoldaten. Ihm folgte Banks' Sekretär Herman Spöring. Dann starb der Zeichner Sydney Parkinson, der so hart gearbeitet und so viel dafür getan hatte, die Reise in Bildern festzuhalten. Es lohnt, darüber nachzudenken, was Joseph Banks zu diesem Zeitpunkt fühlte: Er hatte zwei schwarze Diener, seine beiden Künstler, seinen Sekretär und die beiden Tahitianer verloren – von seiner ursprünglichen Gruppe waren nur noch Dr. Solander, zwei Diener und er selbst übrig. John Ravenhill, der alte Segelmacher, starb am selben Tag wie Sydney Parkinson – er war der Malaria entgangen, aber nicht der Ruhr. Als Nächster starb Charles Green, um dessen Gesundheit es nie besonders gut bestellt gewesen war, der sich jedoch für seine Wissenschaft so sehr engagiert hatte, dass er noch in geschwächtem Zustand mit seinem Sextanten auf dem Achterdeck gestanden und Messungen vorgenommen hatte, als die *Endeavour* am Großen Barriereriff fast zerschellt wäre. Am darauf folgenden Tag starben Sam Moody und Francis Haite, zwei Maate des Schiffszimmerers. Tags darauf starben vier Seeleute. Die Decks wurden zwar geschrubbt und mit Essig besprenkelt, aber für die Erkrankten kam alles zu spät. Täglich ging es mit dieser makaberen Geschichte weiter, und immer mehr Leichen wurde in der See bestattet. John Bootie und John Gathery starben, tags darauf Samuel Evans. Am 5. Februar war die Zahl der Verstorbenen auf 24 gestiegen. Jonathan Monkhouse, der Bruder des Arztes, der Mann, der das »Füttern« am Endeavour-Riff bewerkstelligt hatte, wurde in die Musterrolle der Toten eingetragen wie auch John Satterly, der Zimmermann, der am Endeavour River das Schiff so glänzend repariert hatte. Vor Ende Februar starben noch fünf weitere Seeleute. Cook betete, dass es die letzten gewesen sein mochten.

Die furchtbare Überfahrt nach Kapstadt endete am 14. März, als die *Endeavour* in die Table Bay einlief. In der Bucht ankerte eine kosmopolitische Mischung von Schiffen – Cook zählte acht Holländer, drei Dänen, vier Franzosen und einen englischen Kauffahrer namens *Admiral Pocock*, der die *Endeavour* mit elf ihrer Kanonen freigebig willkommen hieß. Erste Priorität hatte für Cook, Vorkehrungen für die kranken Besatzungsmitglieder zu treffen; schnell hatte man sich darum gekümmert. Als er mit den Kapitänen der anderen Schiffe Neuigkeiten austauschte, stellte er fest, dass auch deren Besatzungsmitglieder auf dem Weg von Batavia hierher unter der Ruhr gelitten hatten, obgleich sie nicht auf Panaitan angehalten hatten, um Früchte und Wasser an Bord zu nehmen – also lag die Ursache sowohl für die Malaria als auch die Ruhr in Batavia. Einige Tage darauf traf ein weiterer englischer Kauffahrer ein, die *Holton*, die aus Indien kam; sie hatte auf der Fahrt 40 Mann verloren, und die Seeleute litten zudem stark unter dem Skorbut, obwohl sie noch kein Jahr aus England fort waren.

Viel Mitgefühl durfte Cook also nicht erwarten. Die abgehärteten Kapitäne der Schiffe, die in der Table Bay ankerten, empfanden den Verlust von 30 Mann als ganz normal. Man akzeptierte die schauderhaften, unhygienischen Verhältnisse an Bord schlicht als unvermeidlich. Cook bildet hierin eine herausragende Ausnahme – denn anders als die große Mehrheit der Seekapitäne hatte er selbst einmal unter Deck gedient. Er hatte zu seiner eigenen Genugtuung bewiesen, dass ein Kapitän, so er in jedem Hafen, den er anläuft, gewissenhaft Frischkost und Wasser erwirbt, die Auswirkungen des Skorbuts und anderer Krankheiten vermeiden kann. Dennoch konnte er damals noch nicht wissen, wie man jene Schiffskrankheiten bekämpfte, welche vielen seiner Besatzungsmitglieder das Leben gekostet hatten. Wie wir gesehen haben, hat er bei der Fahrt einige seiner Seeleute auf die unterschiedlichste Weise verloren. So hatte es an Bord auch einen Todesfall aufgrund von Tuberkulose und einen Selbstmord gegeben. Die Verluste jedoch, die auf der Überfahrt von Batavia zum Kap der Guten Hoffnung zu beklagen waren, übertrafen die Anzahl der Männer, die man während des voraufgegangenen Abschnitts der Reise verloren hatte, um ein Vielfaches. Es war eine furchtbare Tragödie angesichts dessen, dass Cook mehr als zwei Jahre lang in Fragen der Gesundheit und der Sicherheit seiner Mannschaft eine so große Sorgfalt hatte walten lassen.

Wären diese tragischen Umstände nicht gewesen, so hätte man es sich in Kapstadt durchaus gut gehen lassen können. Es gab interessante Gesprächspartner, die Klatsch und Nachrichten aus England boten. Das Kap diente zahlreichen Nationen als bedeutendes Handelszentrum, weshalb hier auch ein derartig großes Kommen und Gehen herrschte, dass praktisch täglich ein neues Schiff in den Hafen einlief, wobei die Seeleute begierig danach Ausschau hielten, ob der Neuankömmling die Heimatflagge führte. Am Kap konnte man Männer anheuern, um die verlorenen Mannschaftsangehörigen zu ersetzen. Von der Hafenmauer führte ein hölzerner Landungssteg ins Wasser, wodurch die Schiffe den großen Luxus genossen, ihre Fässer über Röhren mit Leitungswasser füllen zu können. Die vom Tafelberg kommenden sauberen Winde bliesen frisch über die Bucht. Die Botaniker werkelten vor sich hin und sammelten Proben, jedoch in bedrückter Stimmung, weil Parkinson und Spöring gestorben waren. Die Offiziere wurden von dem gerechten und fortschrittlich eingestellten Gouverneur Ryk Tulbeagh bewirtet, dem ersten Gouverneur, der ausländische Schiffe nach Kapstadt hereinließ. Er stand im Ruf, gegen jede Form der Bestechung immun zu sein, und erledigte seine Amtspflichten seit zwanzig Jahren ohne Fehl und Tadel. Es gab sogar willkommene weibliche Gesellschaft in Kapstadt; Banks spendete der dortigen Damenwelt ein großes Kompliment:

> Im Allgemeinen sind die Damen hübsch, mit reiner Haut und heller Hautfarbe. Einmal verheiratet, sind sie – ganz im Gegenteil zu den Damen in meiner Heimat – die besten Hausfrauen, die man sich vorstellen kann, und großartige Mütter. Hätte ich eine Ehefrau gesucht, so wäre dies, glaube ich, der Ort vor allen anderen, die ich kennen gelernt habe, wo ich am ehesten etwas Passendes für mich gefunden hätte.

Es gab Neuigkeiten von den Astronomen Mason und Dixon, die im Jahr 1761 in Kapstadt den Venusdurchgang beobachtet hatten. Es gab hier Weinberge, Obstplantagen und Küchengärten sowie eine ganze Menagerie mit afrikanischen Tieren: Strauße mit ihren langen Hälsen, Antilopen, Zebras und Emus. Der tatendurstige John Gore fand einen einheimischen Führer und erklomm den Tafelberg, wo er – wie er sagte – Wölfe und Tiger sah (vermutlich waren es Erdwölfe und Leoparden); er brachte Pflanzen zurück, die in Blüte standen, und schenkte sie den Sammlern. Alle nötigen Dienstleistungen waren am Kap zu erhalten, zudem bekam man jede Menge Verpflegung zu sehr vernünftigen Preisen. »Ich habe an Land das beste und fetteste Rindfleisch gegessen, da ich je verzehrt habe«, behauptete Cook und erwarb für die Mannschaft sogleich einen ganzen Ochsen. Er war zwar magerer und dünner als derjenige, von dem er dort zuvor gegessen hatte, nach der Kost der vorausgegangenen zwei Jahre aber immer noch eine große Delikatesse. Cooks Beschreibung des Tafelbergs, dessen Gipfel die Wolken durchstieß, klingt ein klein wenig poetisch, was für den nüchternen und ruhigen Entdecker durchaus untypisch war:

> Am Nachmittag beobachtete ich am südöstlichen Horizont einen dunklen, schweren Dunst gleich einer Wolkenbank; gleichzeitig versammelten sich weiße Wolken über dem Tafelberg, sicheres Anzeichen für einen herannahenden Sturm aus dieser Richtung, der gegen 4 Uhr mit großer Kraft zu

wehen begann und mehr oder weniger für den Rest der 24 Stunden weiterblies, während der Tafelberg ständig von weißen Wolken gekrönt war und es trocken und klar blieb.

Cook hielt nicht viel von dem Umland, das seiner Ansicht nach öde und unbewaldet war. Zwar hatte niemand die Zeit – oder die Mittel – ins Binnenland zu reisen, um die Afrikaner in ihrer heimatlichen Umgebung kennen zu lernen, aber Banks schnappte eine schrecklich bigotte Erzählung eines Reisenden über die Hottentotten auf und erzählte sie weiter. Sie beleidigt nicht nur diese Menschen, sondern bringt auch ein absurdes prädarwinistisches Dogma über ihren Platz auf dem Baum der Entwicklungsgeschichte zum Ausdruck:

> Es bleibt mir nun nichts mehr, als ein, zwei Worte bezüglich der Hottentotten zu sagen, von denen die Reisenden so oft sprechen; von diesen werden sie im Allgemeinen als die Außenseiter der menschlichen Rasse beschrieben, als ein Volk, dessen geistige Fähigkeiten denen der Tiere so wenig überlegen sind, dass manche zu der Annahme neigen, sie seien eher mit Affen als mit Menschen verwandt.

Das Schiff blieb etwas über einen Monat in Kapstadt, bevor es am 16. April in See stach. An die Stelle der verstorbenen Seeleute traten zehn Männer, die am Kap angeheuert hatten; die meisten übrigen Kranken hatten sich, bis auf zwei Ausnahmen, wieder erholt und waren gesund. Robert Molyneux, der Schiffsmeister, der mehr als jeder andere dazu beigetragen hatte, die *Endeavour* durch die tückischen Riffe an der australischen Küste zu führen, starb, als sie aus der Table Bay ausliefen. »Ein junger Mann mit guten Seiten«, schrieb Cook. »Doch leider gab er sich der Unbesonnenheit und Unmäßigkeit hin, wodurch ebenjene Krankheiten hervorgerufen wurden, die sein Leben beendeten.« Cook war immer schnell bei der Hand, die Seeleute wegen ihrer Trinkgewohnheiten zu kritisieren, aber in diesem Fall war die Bemerkung wahrscheinlich ungerechtfertigt. Der andere Schwerkranke war Zachariah Hicks, Cooks Erster Offizier, derjenige, der als Erster die Ostküste Australiens gesichtet hatte.

Aus Cooks Logbuch geht hervor, dass man den Längengrad noch immer westlich von Greenwich maß, weshalb man sich nun allmählich dem vollständigen Kreis von 360 Grad näherte. Am 29. April wechselte die Länge von über 359 auf unter ein Grad. Nimmt man den Meridian in Greenwich als Ausgangspunkt, dann war die *Endeavour* an diesem Tag um die Welt gesegelt; Cook notiert das auch in seinem Bordbuch. Aus irgendeinem Grund, der vermutlich mit seiner Krankheit zusammenhing, war Joseph Banks mit seiner Zählung zwei Tage im Rückstand geraten – die Überschreitung der Datumsgrenze erklärte, warum er einen Tag hinterhinkte, doch warum er den anderen Tag vergessen hatte, war ihm selbst unerklärlich. So bleiben wir ratlos zurück und fragen uns, warum er den Irrtum während des Aufenthalts in Kapstadt übersah. Am darauf folgenden Tag wurde im Morgengrauen ungefähr sechs Leagues nach Norden die Insel Sankt Helena gesichtet. Als das Schiff näher kam, sahen die Seeleute so viele Masten, dass Cook fürchtete, ein Krieg sei ausgebrochen. Auf der Reede lagen die HMS *Portland*, eine Sloop namens *Swallow* sowie eine Flotte von zwölf Indienfahrern, die Vorbereitungen trafen, nach England zu segeln. Cooks Befürchtungen erwiesen sich als unbegründet, doch fand er heraus, dass die englische Flotte wegen der Falklandinseln in der Tat mit Spanien aneinandergeraten war.

Einige Tage später konnte die *Endeavour* gemeinsam mit der Handelsflotte losfahren – das war eine willkommene Abwechslung nach der langen, einsamen Fahrt der voraufgegangenen Jahre. Die Flotille fuhr in den Atlantik, nahm die Passatwinde auf und kreuzte nordwärts in Richtung Europa. Sollte sich das Wetter verschlechtern, würden die Segel und die Takelage verhindern, dass sein Schiff das Tempo der übrigen Flotte mithalten konnte. Da Cook sich dessen bewusst war, übergab er das Logbuch und die wertvollen Tagebücher der

Offiziere an Kapitän Elliot von der HMS *Portland*, wobei er die Gelegenheit nutzte, den Arzt der *Portland* herüberzuholen, um Zachariah Hicks untersuchen zu lassen. Der Leutnant war so ausgezehrt und geschwächt, dass man um sein Leben fürchtete. Der Arzt zog unverrichteter Dinge wieder von dannen.

Es war drückend heiß. Am 15. Mai fand ein weiteres seltenes astronomisches Ereignis statt, nämlich eine Sonnenfinsternis. Ein solches Schauspiel durfte man sich auf keinen Fall entgehen lassen, doch damit die Länge und Breite eines Fleckchen Ozeans zu bestimmen, war für die Schifffahrt ohne jeden Nutzen. Ohne seinen Freund Charles Green beobachtete Cook die Sonnenfinsternis »nur zum Zweck des Beobachtens«. Später am selben Tag erachtete man eines der Marssegel am Fockmast für völlig zerschlissen, weshalb man es durch eines der Bramsegel ersetzte.

Am 26. Mai fand an Deck eine weitere traurige Zeremonie statt. Zachariah Hicks war gestorben. Der Mann, der das australische Festland als Erster gesichtet hatte, wurde auf See bestattet, und so sollte er seinen Freunden und Familienangehörigen zu Hause nie erzählen können, was er alles erlebt hatte. Gott sei Dank war Hicks der Letzte, der auf der Fahrt sein Leben ließ – es sei denn, man zählte Banks treue Hündin dazu, die berühmte Känguru-Jägerin, die eines Nachts laut aufjaulte und dann in tiefen, stummen Schlaf fiel. Am Morgen fand Banks seine »Damenhündin« kalt und leblos auf dem Schemel in seiner Kajüte, wo sie normalerweise übernachtete.

Cook musste eine neue Großmarspardune anbringen lassen, da die alte mehrfach gerissen war. Bis sie heimische Gewässer erreichten, würden sie noch mehrere Wochen segeln, und täglich fiel die *Endeavour* weiter hinter der übrigen Flotte zurück. Während einiger Tage, als sich das Wetter verschlechterte, war die Flotte nicht zu sehen, aber als die Sicht dann besser wurde, sah man die Segel wieder am Horizont. Erneut brach die Großmarspardune an der Luvseite, außerdem meldete der Schiffszimmerer, der Mast sei in der Spitze gebrochen. Zwei Bramsegel zerrissen und flatterten nutzlos im Wind.

»Takelage und Segel sind jetzt in derart schlechtem Zustand, dass täglich das eine oder andere entzweigeht«, schrieb Cook. Es entstand eine weitere Verzögerung, während der der Zimmerer reparierte, was zu reparieren war. Der Konvoi war eben noch im Luv unter dem Horizont auszumachen. Am nächsten Morgen war die *Endeavour* jedoch wieder ganz auf sich allein gestellt, denn kein einziges Schiff der Handelsflotte war mehr zu sehen.

Die seemüde *Endeavour* fuhr langsam weiter, und mit jedem Tag wurden die Breitengrade ein wenig erklommen. Sie passierten ein niederländisches Segelschiff und tauschten unterwegs auch Neuigkeiten mit einer amerikanischen Brigg aus Boston aus. Am Morgen des 7. Juli durchquerte das Schiff den Golf von Biskaya und näherte sich den heimischen Gewässern. Eine Brigg tauchte auf. Sie kam ihnen entgegen und zeigte die englische Flagge. Sie wurden mit nordenglischen Akzenten begrüßt: Es war ein Sklavenschiff aus Liverpool, das erst vor einigen Tagen vom Mersey-Fluss ausgelaufen war. Später am Tag kam ihnen eine weitere ausfahrende Brigg aus London entgegen, die drei Tage zuvor von den Scilly-Inseln ausgelaufen war. Dabei fanden die Entdecker heraus, dass man ihr Schiff als verloren aufgegeben hatte. Zum ersten Mal hörten sie, was in *Bingley's Journal*, einem Klatschblatt, abgedruckt worden war: Der im voraufgegangenen September erschienene Artikel machte der Leserschaft weis, die *Endeavour* sei von spanischen Schiffen versenkt worden:

> Vermutlich ist einer der Gründe für die derzeitigen Kriegsvorbereitungen eine im Ministerium eingetroffene Geheimmeldung, wonach das Kriegsschiff *Endeavour*, das mit den Astronomen in die Südsee entsandt worden war, um Beobachtungen vorzunehmen, und anschließend eine neue Route einschlagen sollte, um Entdeckungen zu machen, mit allen Leuten an Bord gesunken sei: versenkt auf Befehl eines eifersüchtigen Hofes, der in der Südhemisphäre bereits andere Feindseligkeiten gegen uns begangen hat.

> Mr. Banks und der berühmte Dr. Solander befanden sich an Bord des oben genannten Schiffs. Es steht zu befürchten, dass jene dasselbe Schicksal ereilt hat wie die übrigen Besatzungsmitglieder.

Die *Endeavour* hatte noch nicht einmal Batavia erreicht gehabt, als dieses Gerücht veröffentlicht wurde. Cook nahm jedoch an, dass seine Frau mittlerweile durch die *Kronenburg*, die fünf Monate zuvor vom Kap der Guten Hoffnung abgesegelt war, unterrichtet worden war. Die Nachricht über ihre Ankunft in Batavia war in London bereits im Januar mit den letzten Ankünften aus Ostindien eingetroffen, weitere Einzelheiten hatten die Öffentlichkeit allerdings erst im Mai erreicht, als ein neuer Schwung von Zeitungsartikeln erschien. So mag es vielleicht nicht verwundern, dass die Mannschaft eines Londoner Schiffs der Falschmeldung in *Bingley's Journal* noch Glauben schenkte.

Drei Tage später – Young Nick hockte gerade in seinem Krähennest im Topp – erscholl ein Ruf, der demjenigen nicht unähnlich war, den Nick am anderen Ende der Welt ausgestoßen hatte, als das Schiff seinen Landfall vor der Küste Neuseelands machte. Diesmal aber hatte der junge Nick nicht neues Land, sondern ein sehr altes und vertrautes Gestade gesichtet. Alle Herzen schlugen höher, als man das Kap, das sich soeben über dem Horizont zeigte, als »The Lizard« erkannte. Tags darauf passierte man Plymouth Hoe und die vertrauten Landmarken an der Küste Devons, und als der nächste Tag heraufzog, lagen sie bereits vor Dorset. Ungeachtet des Zustands der Segel und der Takelage segelte die *Endeavour* ungetrübt die Südküste Englands entlang. »Winde aus SW, eine frische Brise, mit der wir schnell aus dem Ärmelkanal hinausfuhren«, notierte Cook. »Um halb 4 nachmittags liefen wir am Bill of Portland und um 7 am Peverell Point vorbei. Um 6 Uhr morgens passierten wir Beachy Head in einer Entfernung von 4 oder 5 Meilen, um 10 Dungenness in einer Distanz von 2 Meilen, gegen Mittag waren wir auf gleicher Höhe mit Dover.«

Die *Endeavour* brachte Mappen voller Zeichnungen und Skizzen des Südpazifiks mit nach Hause. Sie brachte Beobachtungen des Venusdurchgangs vor der Sonnenscheibe, Beobachtungen eines Merkurdurchgangs und Dutzende von Ergebnissen zurück, die dabei halfen, die Breite und Länge vieler wenig bekannter beziehungsweise bis dahin unbekannter Regionen der Erde zu bestimmen. Küstenansichten, Logbücher und Tagebücher und Segelanweisungen. Der Laderaum war randvoll mit naturgeschichtlichen Exemplaren aller Art, genug, um die Royal Society für Generationen mit der Kategorisierung und Katalogisierung zu beschäftigen. Sie brachte Landkarten und Seekarten von fernen, fruchtbaren neuen Ländern auf der anderen Seite des Erdballs zurück: von Ländern, die später von Großbritannien kolonisiert und Teil eines weltweiten Reiches wurden, in dem die Sonne nie unterging.

Es mag eine erfundene Geschichte sein, doch als der arg mitgenommene Nordseekohlensegler die Reede bei Portsmouth passierte, sollen die Dreidecker der englischen Kriegsflotte beigedreht haben und ihm mit ihren 32-Pfündern Salut entboten haben. Zwei Monate zuvor war Cooks Bericht aus Batavia bei der Admiralität eingetroffen. Alle Zeitungen hatten über die erwartete Ankunft und die Entdeckungen der Reise berichtet. Die Familien, Freunde und Bekannten der Besatzung wussten, die *Endeavour* war auf dem Heimweg. Die ganze Nation wusste um ihre Heldentaten. Die ganze Nation wartete darauf, sie zu begrüßen.

Hat es je eine Entdeckungsfahrt gegeben, vorher oder nachher, in der sich so viele Aspekte der Natur- und Geisteswissenschaften verbanden? Es fällt schwer, irgendein Wissensgebiet zu finden, das die Reise nicht berührte: Mathematik und Astronomie, Navigation, Anthropologie, Botanik, Naturgeschichte, Geographie, Geologie, Zeichenkunst, Kunst, Kartographie, Medizin, Militärwissenschaft, Linguistik und viele andere – ganz zu schweigen von den Bewirtschaftungs- und organisatorischen Fähigkeiten, die nötig waren, die *Endeavour* drei Jahre lang auf der anderen Seite des Erdballs zu versorgen und die Mannschaft bei guter Gesundheit und guter Stimmung zu halten.

Gemeinsam hatten die Seeleute in ihrem Schiff aus hölzernen Wänden die Welt umfahren, angetrieben nur durch Segel aus Leinenstoff, die von Tauen aus Hanf gehalten wurden. Gemeinsam hatten sie das Weltmeer bereist. Dabei waren sie schutzlos den Elementen Luft und Wasser, Wind und Wellen preisgegeben. Im Schweiße ihres Angesichts und allein mit ihrer Muskelkraft hatten sie an den Tauen und Kabeln gezogen, hatten sie mit Geschick und Können Großsegel, Marssegel und Bramsegel gesetzt, um den Wind einzufangen. Sie hatten ihre *Endeavour* durch Korallenriffe, Flussmündungen und Häfen navigiert, durch fremde Gewässer, in denen zuvor noch kein Schiff gefahren war. Sie hatten ihre Position auf der großen Kugel der Erde gefunden, indem sie mit Quadrant und Sextant die Distanzen zu den Sternen maßen, wobei ihnen bei ihren Berechnungen lediglich der *Nautische Almanach*, zerfledderte Logarithmentafeln und die Trigonometrielehre halfen. Sie hatten den Planeten Venus vor der Oberfläche der Sonne beobachtet und die Größe des Sonnensystems anhand der Astronomische Einheit zu messen versucht – die schon damals die Längeneinheit zur Berechnung der Entfernungen zu den Sternen und der Dimension des Universums war. Sie hatten den Stürmen vor Kap Hoorn getrotzt und waren gegen den Orkan vor Kap Maria van Diemen angesegelt. Sie hatten alle Pumpen bemannt, mit allem, was sie hatten, als der Pazifische Ozean in den Laderaum strömte. Sie hatten an der Reling gestanden und gemeinsam in den Abgrund des Todes geblickt, als das Schiff vor dem Großen Barriereriff dem Untergang geweiht schien. Sie hatten ihre Schiffskameraden an Malaria und Ruhr sterben sehen. Sie gedachten Peter Flowers, der Diener Richmond und Dorlton, William Greenslades, Alexander Buchans, John Readings, Forby Sutherlands, Charles Greens, Sydney Parkinsons, Herman Spörings, John Ravenhills, John Satterlys, der Monkhouse-Brüder, Robert Molyneux', Zachariah Hicks' sowie eines Dutzend weiterer Kameraden, die nicht mehr unter ihnen weilten. Die Leichen ihrer Freunde waren auf dem ganzen Globus verstreut, doch alle hatten ihren Beitrag zu dieser Reise geleistet, und sie waren auch noch in den Gedanken und Erinnerungen der Seemänner, als diese ihre *Endeavour* an den weißen Klippen vorbei durch die Straße von Dover steuerten.

»Nach Hause ist der Matrose zurückgekehrt, nach Hause vom Meer.« Welche Gedanken gingen den Seeleuten wohl durch den Kopf, als die *Endeavour* bei Deal in der Grafschaft Kent vor Anker ging und die Mannschaft englischen Boden betrat? Die meisten dachten zunächst an ihre Familie, ihr Zuhause in den Hafenstädten oder in den Heimatdörfern im Herzen des ländlichen Englands. Die weniger Glücklichen dachten nur an die paar Tage Landurlaub, die sie haben würden, ehe sie wieder anheuerten. Joseph Banks dachte an das Aufsehen, das er in der feinen Londoner Gesellschaft erregt hätte und den Eindruck, den er gemacht hätte, wenn die bedauernswerten Tupia und Tayeto die Malaria überlebt hätten. Er machte sich Gedanken, dass er nun hinsichtlich Miss Harriet Blossets zu einer Entscheidung kommen musste. Cooks Gedanken waren gespalten. Er konnte erst entspannen, wenn er seine Pflicht getan und der Admiralität in London Bericht erstattet hatte. Dann wollte er zu seinem Haus in der Mile End Road fahren und seine geduldige Frau Elizabeth und seine beiden jungen Söhne James und Nathaniel sehen. Würden sie ihren Vater wiedererkennen, nachdem dieser drei Jahre auf See verbracht hatte? Würde ihr Vater sie wiedererkennen, nachdem er so lange fort von zu Hause gewesen war?

Mit einem Teil seines Herzens war er bei seiner Frau und den Kindern, ein anderer Teil sehnte sich danach, die Küste Englands hinaufzusegeln, um seine alte Heimat Yorkshire zu besuchen, dort alte Freunde und Jugendbekanntschaften zu treffen und mit ihnen in der heimischen Mundart Neuigkeiten auszutauschen und zu plaudern. Da war aber noch ein anderer Teil in seinem Herzen, der weit, weit weg war. In dem noch nicht in die Karten eingezeichneten Teil des Stillen Ozeans gab es nach wie vor ein riesiges Gebiet, in dem noch nie ein Schiff gesegelt war, und so warteten noch viele Inseln darauf, entdeckt und kartiert zu werden. Ungeachtet all dessen, was er gesagt und getan hatte, in einem wichtigen Punkt konnte er sich nicht hundertprozentig sicher sein: Noch immer bot jenes große südliche Meer Platz für einen größeren, unentdeckten Kontinent, das wusste er.

Bereits jetzt plante er eine weitere Reise. Seine Gedanken waren gänzlich den drei vorausgegangenen Jahren verhaftet. Mit Wehmut dachte er an die Tage, an denen man mit jeder neuen Morgendämmerung neue Kaps und Landspitzen entdeckt hatte. An den Morgendunst, wenn sich die Sonne steil aus dem Stillen Ozean hob. Er sah sich auf dem Achterdeck um, während das Schiff sich nach Steuerbord neigt und sich hoch droben alle Segel bauschen und in der Brise flattern. Die hohe pazifische Dünung bricht sich hart in Luv und schleudert den salzigen weißen Gischt hoch über das Deck. Die Seeleute klettern wieder die Takelage zu den Rahen hinauf, ein Mann zieht das Senkblei nach oben und singt die Wassertiefe aus, ein Matrose ist im Topp und deutet nach vorn auf einen neuen, unbekannten Horizont. Auf ein in den Karten nicht verzeichnetes Meer, in dem noch kein Schiff gesegelt ist.

Finis

Ich muss zurück, zum Meer hinab,
Zu Himmel und einsamer See.
Und nichts will ich als ein schlankes Schiff
Und den weisenden Stern in der Höh,
Das Knacken des Rads und des Windes Lied
Und der Segel Glanz und Schwung,
Und den grauen Nebel im Antlitz der See
Beim Einbruch der Dämmerung.

John Masefield

Anhang

1 Messung der Erdumfangs

Eratosthenes von Alexandria gelang es im Jahre 250 v. Chr. als Erstem, den Umfang der Erde zu messen. Ihm war bekannt, dass sich die Sonne um zwölf Uhr mittags am Tag der Sommersonnwende am Boden eines Brunnens in Syene spiegelte, die Sonne also genau im Zenit stand. Um zwölf Uhr mittags am selben Tag wich die Sonnenhöhe in Alexandria in einem Winkel von 7,2 Grad von der Vertikalen ab. Daraus schloss er, dass die beiden Orte auf dem Kreisbogen der Erdoberfläche 7,2 Grad auseinander lagen. Eratosthenes maß die Entfernung zwischen den Städten Alexandria und Syene, die annähernd in Nord-Süd-Richtung zueinander lagen, und ermittelte auf diese Weise für den Umfang der Erde den recht genauen Wert von 250 000 Stadien, was etwa 40 000 km entsprach.

In späteren Zeiten versuchten Astronomen diese Zahl präziser zu bestimmen. So errechnete beispielsweise Strabon einen Erdumfang von

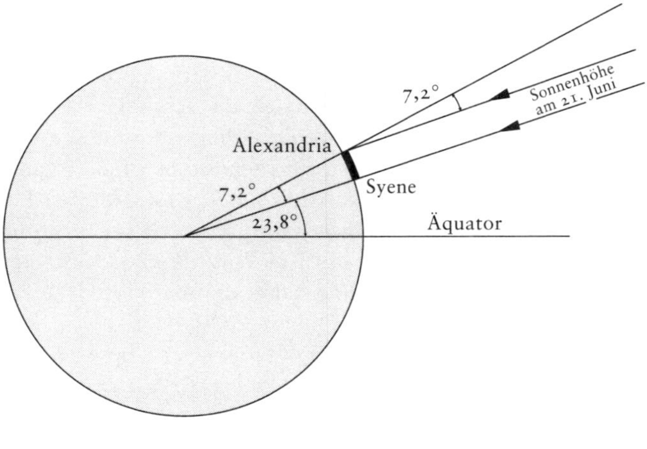

180 000 Stadien (ungefähr 28 800 km). Kolumbus schenkte bedauerlicherweise der weniger genauen Zahl, die Strabon ermittelt hatte, Glauben und ging deshalb davon aus, dass die westliche Route nach Indien sehr viel kürzer sei, als die östliche.

2 Die Astronomische Einheit

Keplers Gesetze der Bewegung der Planeten und Newtons Gesetz der Schwerkraft gestatteten es, die Bewegungen der Planeten mit großer Genauigkeit vorherzusagen. Wenn sich die mittlere Distanz von der Erde zur Sonne berechnen ließ, dann konnten alle planetaren Entfernungen mit derselben Präzision ermittelt werden; das Längenmaß hierfür war unter dem Begriff »Astronomische Einheit« bekannt. Diese Konstante war allerdings nur schwer zu messen, weil man hierfür einen Fixpunkt zwischen der Erde und der Sonne benötigte. Im 17. Jahrhundert stellte Edmund Halley die These auf, wonach man die Astronomische Einheit mittels des Venusdurchgangs genau messen könne, und erarbeitete die Vorgehensweise für die dazu nötigen astronomischen Beobachtungen. Dabei sah er sich mit zwei wesentliche Schwierigkeiten konfrontiert: Zum einen mussten die Beobachtungspunkte des Planetendurchgangs möglichst weit auseinander liegen, um eine möglichst hohe Messgenauigkeit zu erreichen (daher die Fahrt in die Südhemisphäre). Zum anderen handelte es sich bei einem solchen Durchgang um ein sehr seltenes astronomisches Ereignis, weshalb es Halley nicht vergönnt war, das Phänomen noch zu seinen Lebzeiten selbst beobachten zu können. (Viele Leser kennen den ähnlich gelagerten Fall im Hinblick auf den Halleyschen Kometen.)

Die astronomischen Beobachtungen mussten mithin an zwei Orten auf der Erde vorgenommen werden, deren Entfernung voneinander bekannt war. Der genaue Zeitpunkt, an dem die Venus die Sonnenscheibe durchquerte, musste an jedem Beobachtungsort gemessen werden; das Verhältnis der Ein- und Austrittszeiten ermöglichte es dann den Mathematikern, für die Parallaxe der Venus, das heißt den kleinen Winkel zwischen den beiden Sichtungen, einen Wert zu ermitteln. Kannte man diesen Winkel, der etwa 40 Winkelsekunden betrug, ließ sich die Entfernung zur Venus und damit die Astronomische Einheit bestimmen.

Die Erde umkreist die Sonne eher in Form einer Ellipse als in einem vollkommenen Kreis. Die variable Entfernung der Sonne von der Erde war allerdings wohl bekannt und ließ sich ohne große Mühe kalkulieren.

Halley errechnete, dass man die genauesten Messergebnisse erhielt, wenn man die Zeit des äußeren und inneren Kontakts der Venus mit der Sonnenscheibe ermittelte, und zwar beim Eintritt wie beim Austritt. Die Astronomen konnten dann die Zeit des Durchgangs errechnen und die übrigen Berechungen vornehmen. Allerdings war ihm nicht bekannt, dass die Scheibe der Venus nicht als scharfer Kreis erschien, sondern von einem Dunstschleier, einer »Atmosphäre«, umgeben war. Dies sollte auch der Grund sein, warum sich die Astronomen nicht über den Zeitpunkt des inneren und äußeren Kontakts mit der Sonnenscheibe einigen konnten.

Die Beobachtung selbst war für Astronomen insofern sehr ungewöhnlich, als man sie bei hellem Sonnenschein vornahm. Dabei durfte man die Sonne nicht mit bloßem Augen beobachten. Zur Projektion eines Bildes auf einen Schirm bediente man sich Teleskope, wie man es heutzutage auf ähnliche Weise bei Fotoaufnahmen macht; daher die tragbaren Observatorien, mit denen die Beobachtungen vorgenommen werden konnten, ohne Gefahr zu laufen, aufgrund der Sonnenstrahlen zu erblinden.

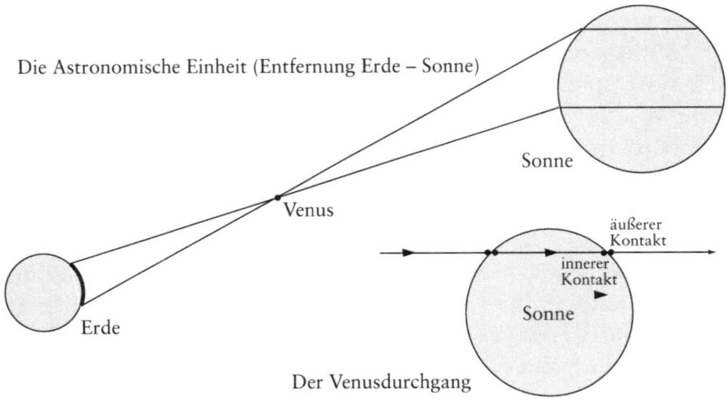

3 Die Entfernung zwischen Sternen

Die Astronomische Einheit war die entscheidende Maßeinheit zur Berechnung der Entfernungen zwischen den Sternen. Den Astronomen war klar, dass sie, während die Erde ihrer Umlaufbahn um die Sonne folgte, erkennen müssten, wie sich die näher gelegenen Sterne vor dem

Hintergrund der fernen Himmelskörper bewegten. Diese Erscheinung ist unter dem Begriff »stellare Parallaxe« bekannt.

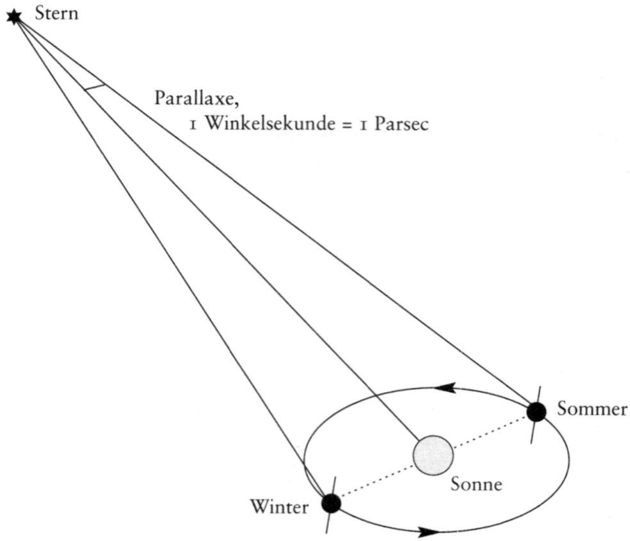

Die Astronomen des 18. Jahrhunderts waren nicht in der Lage, die Parallaxe zu ermitteln. Dies konnte nur zweierlei bedeuten: entweder war die Erde doch das Zentrum des Universums oder die Sterne lagen eine unglaublich weite Distanz auseinander. Tatsächlich aber war der Winkel der Parallaxe so klein, dass er selbst bezüglich der Sterne, die der Erde am nächsten lagen, weniger als eine Winkelsekunde betrug; im 19. Jahrhundert jedoch, als schließlich die Fotografie zur Verfügung stand, konnte man die Parallaxe aller nahen Sterne messen. Dabei fotografierte man einen Stern in Zeitabständen von einem halben Jahr, und zwar von entgegengesetzten Enden der Erdumlaufbahn. Die beiden Fotos konnten übereinander gelegt werden, wobei man die fernen Himmelskörper in eine Linie brachte, und dann konnte die winzige Änderung der Position des näheren Sterns gemessen werden. Kannte man die Parallaxe und die Astronomische Einheit, so ließ sich mittels einer einfachen Formel die Entfernung des Gestirns ermitteln (Entfernung des Sterns = Astronomische Einheit durch Sinus der Parallaxe).

4 Die Entfernung zwischen Galaxien

Die Galaxien sind viel zu weit entfernt, als dass man sie durch die Parallaxe messen könnte, doch lassen sich ihre Entfernungen schätzen, indem man nach Cepheiden (veränderliche Sterne) sucht. Wenn ihre Helligkeits-Periode gemessen werden kann, dann lassen sich auch ihre Entfernungen berechnen. Die Entfernung zu den näher gelegenen Cepheiden in unserer Milchstraße musste mittels der Parallaxe gemessen werden, bevor die Perioden-Leuchtkraftbeziehung verwendet werden konnte.

5 Der Rand des Universums

Die fernen Galaxien sind so weit entfernt, dass man einzelne Sterne nicht sehen kann. Die Farbspektren der Milchstraßen zeigen eine Verschiebung hin zum roten Ende des Spektrums; anhand des Umfangs dieser Rotverschiebung lässt sich die Entfernung der Galaxie messen. Hier streifen wir übrigens die Allgemeine Relativitätstheorie.
Die Astronomie hat seit der Fahrt der *Endeavour* einen weiten Weg zurückgelegt, aber die Astronomische Einheit ist immer noch die entscheidende Maßeinheit zur Bestimmung der Größe des Universums.

Quellen

Primärliteratur

J. C. Beaglehole (Hrsg.), *The Endeavour Journal of Joseph Banks 1768–1771*, Sydney 1962.

J. C. Beaglehole (Hrsg.), *The Journals of Captain James Cook on his Voyages of Discovery*, Hakluyt Society Extra Series Nr. XXXIV.

Edmund Halley, »A method of measuring the solar parallax from the Transit of Venus …«, in: *Royal Society Philosophical Transactions* XXIX, 1716.

»The method taken for the preserving the Health of the Crew … [Abhandlung über Skorbut], James Cook FRS *Royal Society Philosophical Transactions* LXVI, 1776.

»Observations made, by appointment of the Royal Society, at King George's Island in the South Sea …«, in: *Royal Society Philosophical Transactions* LVIII, 1767.

Sydney Parkinson, *A Journal of a Voyage to the South Seas*, London 1773.

Manuskripte (teilweise von der Hakluyt Society im oben genannten Bd. XXXIV veröffentlicht):

Ship's Log	British Museum Add MS 8959
Charles Clerk	PRO Adm 51/4548/143-4
John Gore	PRO Adm 51/4548/145-6
Zachariah Hicks	PRO Adm 51/4546/147-8
Robert Molyneux	PRO Adm 51/4546/152
William Monkhouse	British Museum Add MS 27889
Richard Pickersgill	PRO Adm 51/4547/140-1
Francis Wilkinson	PRO Adm 51/4547/149-50

Sekundärliteratur

J. C. Beaglehole (Hrsg.), *The Life of Captain James Cook*, London: Hakluyt Society 1974.
J. Hawkesworth, *An account of the Voyages undertaken … for making discoveries in the Southern Hemisphere,* London 1773.

Register